東亜同文書院卒業生の軌跡を追う

藤田佳久 ［編］

あるむ

はじめに

藤田佳久

　本書は戦前の中国上海にあった東亜同文書院（のち大学）の卒業生たち
の軌跡を追い、その果たした役割を検討しようとしたものである。

　東亜同文書院は、その前身ともいえる岸田吟香の協力を得た荒尾精によ
る清国時代の漢口で試練の産声を上げた私塾的な漢口楽善堂（1886）、そ
れをさらにビジネススクールとして上海で発展させた日清貿易研究所への
浮上（1890）、また近衞篤麿による南京同文書院の開設（1900）という経
緯の上に、1901年に同じく上海の地に設立された。このような誕生のプ
ロセスから見ても、東亜同文書院は紛れもなくビジネススクールとしての
性格は明白であった。これは前二校を主導した上での荒尾精の構想、つま
り、当時の東アジアへの列強の進出に対して日清間の貿易開発と両国の経
済発展により、抵抗力を強め、少しでも阻止することで東アジアの安定を
図ろうとする意図の実現であり、それに近衞の日清間の文化教育交流の目
的も加わり、その構想に共感し、荒尾が早世した後、院長に就任した根津
一が、東アジアの儒教的倫理観を冠として、東亜同文書院（以下書院）を
ビジネススクールとして育て上げたからである。

　ビジネススクールの名称を持った学校は、当時のヨーロッパの宗主国に
も見えるが、その内実は大きく異なる。書院は外地で地に足をつけ、貿易
では列強の方法とは違い、中間業者（買弁）抜きで取引のできる徹底的な
現地語（ここでは清国語）と英語の修得をはかったこと、貿易品の探索の
ための脚のみの踏査旅行を 5 〜 6 人平均のグループで 3 ヶ月あまり実施
し、中国本土だけでなく、東南アジアや満洲にも及ぶ700コースにものぼ
る大旅行を行い、それらの膨大な記録を残したこと、一方、座学では貿易
システムの慣行から商取引慣習、さらに会計まで幅広く学修し、しかも基

I

礎科目も設け、貿易人としての養成をはかったこと等は、ほかに例を見ない存在であったからである。

　書院は文字通り日本初のビジネススクールであるが、そのグローバル性から見れば、世界初のビジネススクールだともいえる。しかも、学生を各府県の県費生の形で募集し、優秀な学徒たちを集めた。授業料と小遣いが提供され、しかも当時の国際都市で学べるとあって、高等教育への進学の道が新たに開かれた意味は大きく、各県 2 〜 3 名の枠を巡って競争は激しかった。のちに私費生にも 30 人の枠が設けられると、志願者は 1,000 人から 3,000 人に達し、大学昇格時には、東京帝大より難しい学校として陸士、海兵とともに書院もならんだほどであった。大学昇格後は、ビジネスにアカデミーの世界も加わって、ユニークな大学となっている。

　書院はのちの大学昇格も含め、45 年という半世紀の歴史を持っている。卒業生は約 5,000 人に及ぶ。1901 年に開学した書院は、1945 年の終戦まで存続し、20 世紀の前半期の清国から民国時代への激動の時代を経験した。武昌で生じた辛亥革命（1911）には、大旅行を終えて長江を帰路にあった 2 班が、清国と革命軍の戦いのまっただ中に入り込み、書院生だとわかった上で、革命軍との交流をし、丁重に扱われ、帰路についている。彼らの体験は、歴史の生き証人となっている。

　革命が成功したとはいえ、新生中国の政権は不安定で、軍閥が地方政権となり、争いが絶えず、土匪が各地に登場し、社会不安が高まった。五・四運動や五・三〇運動による排外、排日運動もナショナリズムをもたらしていた。書院生はそれを大旅行を介して現地で実感している。やがて、満洲事変、満洲国の成立、そして日中戦争へと突き進むと、政治や軍事には距離を置いていた書院も、大学昇格後の 1943 年には、日本政府主導の学徒出陣により、地元居留民団と軍部の勢いに押され、戦場やその後背地に出陣する一方、繰り上げ進学や卒業など、学業が混乱せざるを得ない局面になった。しかし、終戦後、書院大学最後の学長本間喜一が、第一次世界大戦直後のドイツ留学の経験を生かし、学業半ばの学生たちを上海へ迎え、翌年には、日本での受け皿として、愛知県の豊橋市に 6 大都市以外最初の旧制大学として愛知大学を設立し、書院生のみならず、外地からの引き揚げ学生の受け入れ大学として出発した。

　ところで、ビジネス教育を受けた卒業生たちは、当初は日本企業の清国への進出も殆どなかったため、根津院長は盛んに起業を勧めた。多くの書院生は、3年間の学びを経て卒業と同時にいきなり自らの起業という試練に立ち向かうことになった。上海の町は小さかったが、直前に生じた義和団の乱で多くの清国人が租界のある上海へ逃げてきたため、一時的に人口が急増した。そんな中で、たとえば牛乳販売店経営など、書院卒業生たちは情勢を見つつ自ら工夫し、対応した。一方で、日露戦争が卒業直前に勃発したことが契機となり、一部は通訳従軍をしたが、多くは報道界、外務省、清国各学校の教習、南満洲鉄道、日本から進出し始めた三井洋行などの商社や運輸会社など、当初から就業先は多種多様で、第1期生から活躍の舞台は国際的であった。そこには清国を対象とした書院の国際的ビジネス教育が背景にあったということが出来る。さらに、各海運会社をまとめ、1907年に日清汽船を立ち上げた白岩龍平のように、書院のルーツである日清貿易研究所出身者たちの活躍の場も加わり、彼らの就業先は展望に満ちたものであった。

　その後、1911年の辛亥革命で誕生した中華民国は、不安定であったが、書院は近衛の構想どおり、政治には距離を置き、儒教をベースにした根津精神を冠として書院教育を進めていった。その間、日本からの進出企業も増え、最大の不況時も満洲国の誕生による雇用に救われながら、商社、メーカー、金融、運輸、ジャーナリズム、外務省、教育、研究者及び文化、自営などの分野へと進出し、大陸だけでなく、内地での就業も増加していった。

　国際都市であった上海での体験と東南アジアから満洲まで歩き回った書院生の大旅行の体験は、農村出身者も多かった彼らにコスモポリタンとしての性格を身に付けさせ、国際的ビジネスマンとしての必須条件を生み出し、一層彼らの国際的活躍を可能にしたものと思われる。それはすでに戦前に芽生えて成長していたが、戦後の GHQ のコントロールがなくなった後、書院生は一気にその先陣を切って海外市場へ目を開き、進出した。貿易商社や関連産業のリーダーとなり、さらに彼らのジャーナリズムもそれを支え、書院ワールドが「ジャパン　アズ　ナンバーワン」といわせたほど

の戦後における日本の高度経済成長を支えたといっても過言ではない。書院出身者は戦後帰国したさいに、スパイ学校出身だというイデオロギー的風評を浴びせられ、それへの反発で一切口を開かなかったことがあった。しかし、書院卒業生の国際的な活躍が次々と生まれる中で、メディアは彼らが出身校を明かさないため、「「幻」の名門校・東亜同文書院」出身として紹介した。このような中で、それまでの書院に対するイデオロギー的風評は次第に変化していった。

　1989年に起こったベルリンの壁の崩壊は、書院卒業生にきせられていたイデオロギーの壁をも崩壊させた。こうして書院の実像に光が当てられるようになったのである。それまで、書院研究を一人進めていた筆者は、多くのメディアが実像を求めて筆者の所へ集まって来たことで、直にその変化を実感した。

　本書は以上のような書院の展開を踏まえ、ビジネス教育の成果である書院卒業生の就業軌跡を追った。

　構成は6本立てである。第1章のカナダのレジナ大学のポール・シンクレア准教授は、対象国のビジネス言語習得プログラムについて、書院と、戦後設立されたアメリカ　サンダーバードの高等専門学校のケースを丁寧に比較し、現地での書院の中国語教育が世界では先駆的であったことを明らかにしている。書院のこのような世界的評価は、それがすでに1世紀以上前に始まったという歴史性と大旅行を踏まえた地域研究の先駆性も踏まえ、現代においても再評価されるべき価値を持っていると位置づけている。

　第2章は、愛知大学東亜同文書院大学記念センターの研究員であり、愛知大学の非常勤講師も担当し、『東亜同文書院の教育に関する多面的研究』（不二出版、2019年）の大著を著した石田卓生氏の論考で、東亜同文書院とそのルーツ校である日清貿易研究所の卒業生の中から活躍した3人を選び、在学中と卒業後のそれぞれの世界を股にかけた活躍と、彼らを支えた両校の精神の発露を明らかにしている。

　第3章は、台湾の中央研究院台湾近代史研究所の許雪姫所長による台湾出身の書院卒業生の中から3人を事例的に取り上げ、激動する戦後の台湾と大陸において、それぞれの異なる就業とその状況について実証的に明ら

かにしている。許所長はこれまでも満洲での台湾人を追うなど幅広く研究を進めており、これまで知られてこなかった書院生の人生に光を当ててきた。

　第4章および第5章は、本書編集担当の藤田の論考である。論旨は前述したように、書院のビジネス学校としての教育が、戦前戦中の激動の東アジア史の中で最後の一瞬を除けば、ほとんどぶれずに一貫して行われ、そのことが戦前の中国、特に戦後の日本の高度経済成長に大きく貢献したという仮説を実証する試みを行った。また第5章の中では、戦時中の書院大学生に焦点を当て、繰り上げ卒業生、戦後愛知大学への編入生、戦後愛知大学が設立される前に帰国し、戦後の一橋大学への編入生の軌跡も追った。また、補論的に香川県を事例的に取り上げて同県出身の書院卒生の動向を示した。

　第6章は、愛知大学を卒業後、富士ゼロックスへ入社し、その後同社の文書および敬語トレーナーとして各界への指導者として活躍し、日本寮歌祭実行委員会のリーダーとしても活躍されている小川悟氏による、東亜同文書院卒業生の各分野での活躍データである。『東亜同文書院大学史』（創立八十周年記念誌）に各期の記録がまとめられているが、それらも踏まえ綜合編集した力作で、本書の価値はこのデータ集をもって定まったのではないかと思われるほどである。書院が大陸にあったが故に国内ではその実態がわからず、前述した風評被害もあったが、このデータにより書院の本来の姿が理解されるものと確信したい。

　以上の各論を踏まえ、以下本論で展開される書院ワールドをお楽しみいただき、書院の教育や卒業生の動向から、書院の歴史的意味や現代的意義をくみ取っていただけたら幸いである。

目　次

東亜同文書院の先駆的中国教育と「アメリカ対外貿易学院」の「Tri-Partite」カリキュラム

ポール・シンクレア
（カナダ・レジナ大学）

はじめに

　1980年代半ば、ダグラス・レイノルズの研究により英語圏の学者たちに東亜同文書院の存在が明らかにされた（Reynolds, 1985）。レイノルズは1986年 *Journal of Asian Studies* 誌で発表した "Chinese Area Studies in Prewar China: Japan's Tōa Dōbun Shoin in Shanghai, 1900–1945" の中で、1950年代アメリカの大学で開発されてきた「地域研究」教育方法が実際には19世紀末から日本人の手により既に実施されたのではないかという課題を取り上げた。その1980年代以降、東亜同文書院の歴史的もしくは政治的な側面が詳細にわたり研究された一方で、同院の革新的な教育方法については研究が進んでいない。

　レイノルズの研究から30年を経た現在、東亜同文書院の時代を先取りしたカリキュラムを再検討する価値がある。その理由として、まず、中国の経済発展に伴い、19世紀末上海で起きた中国語教育熱と同じようなブームが近年起こっていること。また、現在北米の各地の大学において、東亜同文書院が開発したのと同様の国際人材養成プログラム、つまり、中国語環境の職場で活躍できる人材養成を目的としたプログラムが設けられていることが挙げられる。さらに、現在の北米各大学のビジネススクールで行われている MBA、経営者訓練、大学院の海外調査計画などは革新的であると見なされているが、実は様々な点において100年前に中国大陸にあった東亜同文書院の教育者の手によって既に試みられているものなのであ

る。このような観点に基づき、今回の研究では、1946年アリゾナ州で設立された American Institute of Foreign Trade（AIFT）を取り上げ、その学校で行われていた「Tri-Partite」カリキュラムを紹介する。

　AIFT が東亜同文書院と類似している点は多い。まず、戦後廃棄された空軍飛行場に設立された AIFT は主流の大学教育の枠から離れ、政府や国軍との密接な関係を持っていたこと。次に、東亜同文書院が隣国である中国の話し言葉を重視したのと同様、AIFT も隣国、つまり中南米の言葉であるスペイン語とポルトガル語の教育に力を注いだ。そして、AIFT のカリキュラムは言語教育、実務的なビジネス内容、地理・歴史・文化を含む「地域」三つの部分に分かれていたこと。また、卒業生が専門地域の工業、言語、文化及び地理に精通するようにフィールドワークがカリキュラムに組み込まれたこと。最後に最も重要な類似点として、東亜同文書院とAIFT は言語教育と国際ビジネス教育を一体のもの、分けられないものとして見なしていたことが挙げられる。

　これらの他に目立たない類似点もあった。東亜同文書院が日本の主流大学教育制度から遠く離れたものであったと同じように、AIFT もアメリカの伝統的な高等教育環境の枠にはうまく収まらないものであった。ビジネス界や政府機関間で AIFT は好評判を得ていたにもかかわらず、AIFT の歴代学長たちは他の大学から認めてもらうために苦労した。設立当初から両機関とも資金調達に苦労し、社会的、政治的、経済的な変動によりカリキュラム内容を調整してきた。しかし、東亜同文書院も AIFT もそれを乗り越える財産をもっていた。活発的な卒業生たちは各産業や専門分野に分散して就職し、両機関の後の発展に多く貢献した。東亜同文書院のカリキュラムと同じように、AIFT の独特なカリキュラムは後に主流の高等教育機関で取り入れられ、再現された。AIFT と同様、1997年、東亜同文書院のカリキュラムを手本にした「現代中国学部」が愛知大学に設立された。1960年代 AIFT は「American Management Association」のような大学認証機関と協力して、AIFT のカリキュラムをより正統的なビジネススクールに導入するように努力した。

　この論文において、AIFT の商務、言語、地域を含む「三角的」カリキュラムを検討していく。まず過去70年間政治的また歴史的な要因がどのよ

うな影響をビジネス言語教育の発展に及ぼしたかについて論じ、アメリカの大学制度の中で、言語教育が存続にかかわる危機に度々直面したことを取り上げる。その次に、AIFT の歴史をたどっていく。最後に、東亜同文書院と AIFT のカリキュラムの要点を比較する。この比較がこれからの大きな課題を提示していくことになる。長期的な展望にたつと、両機関が開発してきたビジネス言語教育モデルの実際の価値はどこにあるか。高等教育機関中の言語教育の開発に政府機関が果たす役割とは何か。実用的ビジネス言語教育は大学教育の中に（ビジネス学科のプログラムを含む）将来を見いだせるのか、などの課題である。

1　「アメリカ対外貿易学院」[1]とアメリカのビジネス言語教育の発展

　「American Institute of Foreign Trade」を論じる前に、まず、北米の大学機関においての「ビジネス言語教育問題」に触れる必要がある。ここ 50年間、大学の中のビジネススクールはビジネス上での外国語の果たす役割について注意を払ってこなかった。そして、これらのビジネススクールが本当の意味でのビジネスを教えないとの痛烈な批判を受けてきた[2]。このような認識のもとでは、「本当」のビジネスとされている科目——会計学、財政学、経済学など——から遠く離れた外国語が重視されなかったことは当然である。一方、リベラルアーツ学科の文学や言語学専門の大学教育者にとってはビジネス教育が言語教育の中で重要な地位を占めるという認識もなかった。ビジネス言語教育は単に観光、医学、技術用外国語などのように「目的別の言語教育」の一環でしかない、と考える傾向が強かった。しかし、実際のビジネス現場における外国語の必要性は従来の文学部と商学部がもっていたビジネス言語教育に対するとらえ方は適切でないことが明らかである。国際ビジネスを行っている企業や組織では日常業務を遂行するにあたり外部から通訳者を雇うのではなく、社内で外国語能力を持つ人材を有することが必要であると痛感している。契約締結、プロジェクト開発、仲介業者の選択、外国語での説明書の編集のような一般業務でさえ、現地の外国語能力、現地に対する理解及びビジネスノウハウがいずれも不

可欠である³。さらに、アメリカにとって中国や日本のように戦略的ライバルになる国では現地通訳に頼ることが特に不利であった。終戦後から1980年代に至るまで、国際ビジネスの現状を分析・理解・把握しその観点からビジネス言語教育に取り組む高等教育機関はAIFTしかなかった。

　AIFTの出発点は歴史的にみると、第二次世界大戦に遡る。アメリカにおいて1930年代までは、国際研究や教育が大学以外の組織で行われていた。外国に関する情報は主に宣教師及び宣教師の子女、外国特派員記者、外交官などを通して国に入ってきていたのである。特に東南アジア、中国の情報についてはその傾向が顕著であった。これは宣教師が特にこれらの地域の布教に力を入れたからである⁴。この流れは第二次世界大戦を境に変化する。

　1940年代初め、アメリカ軍は日本語を操れる人材の不足に深刻な不安を抱いた。海軍が20万人の下士官兵を調査すると、日本語の話し言葉と書き言葉が両方できる人材は12人しかいないと分かったからである。当時、日本語教育を行っていた大学は五つか六つの大学に限られ、さらにそれらの大学の卒業生は決して軍が期待していたような「言語専門家」ではなかった⁵。そこでアメリカ軍は早急に言語専門家育成に取り組み始め、1943年、シャーロッツビルでの会議で「Foreign Area and Language Program」（外国語と地域プログラム）を設立した。「Army Method」、つまり「軍方式」と呼ばれた教育方法は言語教育に従来とは全く異なる考え方を提唱した。その考え方とは、外国をアメリカ軍が占領した場合を想定し、士官や兵士は言語教育だけでなく、それより以上のもの、占領国の地理、歴史、政治および文化まで精通する必要があるというものである。

　この「地域研究」を軸とする言語教育方法は瞬く間にアメリカの他の大学間に普及していった。1940年代半ばまでには、ノースウエスタン大学の「Latin American Studies」、エール大学の「Far Eastern and Russian Studies」、ワシントン大学の「Far Eastern Institute」及びハーバード大学の「Regional Program on China and Peripheral Areas」などのプログラムが次々と設立された⁶。この「地域研究」はアメリカ各大学の高等言語教育に現在に至るまで大きな影響を及ぼすことになる⁷。

　その一方で、1945年には、アメリカの社会に新しい転機が訪れた。戦争

中海外に派遣されていた数千万人の退役軍人が一般市民として各職場や市民生活に戻ってきたのである。そして、終戦とともに不必要になった軍事生産力を海外市場を開発する膨大な工業生産力に転換した。AIFT 創設メンバーである、二人の空軍大佐 Finley Peter Dunne と W. Stouder Thompson はこのビジネスチャンスに注目し、「アメリカはこの先何年にもわたって海外貿易量を大きく拡大することができるであろう」と述べた。しかしながら同時に、「アメリカは海外輸出に不可欠である資源と技術があるが、海外貿易に必要な人材不足の問題は深刻である」と勧告した[8]。

　この二人の大佐は AIFT のカリキュラム開発の指導に当たって、学者でなく Barton Kyle Yount という米国陸軍の軍人でありながら教育資格に優れた人物を採用した。Yount は1942年から1946年にわたり第三空軍の司令長官及び空軍訓練軍団を歴任し、戦時中の革新的な言語教育に精通していたのみならず、200万人もの軍人を統括・管理する経験も有していた。また、Yount はハワイ、フランス、中国、日本に駐在経験があったことから言語教育を国際的視点から見ることができた。ここで Yount が述べたことを引用する。

　　アメリカの企業や政府が外国に派遣している若者たちは多くの場合海外での仕事をするにあたり、十分な訓練を受けておらず、企業や政府の代理として働くことに適していない。アメリカを代表するにあたり最適な人材とはビジネスを通じ地元の人と密に交流できる人であることは間違いない。地元の人との接触を通し、現地の習慣、心理状態や考え方がわかるようになるからである。その国をアメリカの友人にできるか、またはアメリカの敵にするかはこれらのアメリカを代表し外国に滞在している若者たちである。

　AIFT は政府との深い繋がりなしでは成功できなかった。Dunne と Yount は戦後使用されなくなった軍用飛行場「Thunderbird Field No. 1」が廃棄され、戦後余剰品とされる可能性が高いと軍とのつながりを通して気づいた。非営利的で非課税の国家利益につながる教育機関に割引で提供する「余剰物資法」を通して、飛行場の跡地を割引価格で手に入れられると考えた。

査定価格 407,000$USD の基地を有力退役軍人を通して100パーセントの割引、つまり無料で手に入れた。売却手続終了後、二人が基地を無料で入手したことがインサイダー取引に当たる疑いが濃厚になり、下院の余剰品委員会会長となる Roger Slaughter 議員に取り調べられた。しかし、Dunne と Yount は上手に自分の立場を弁護し、嵐が去るのを待った。

　1946年の AIFT のコースカタログが示すように、AIFT はアメリカが国際貿易における世界的リーダーになることを意識する一方、カリキュラムの重点は中南米に置いた。

　　アメリカは重要な物品・サービスの供給源として、また外国物品・サービスの大量購買者として将来的に国際貿易に大事な役割を果たす。その役割が同じ西半球にある中南米の隣国で特に重要になる。
　　国際貿易の中南米への拡大過程に積極的に参加する若者にとって、ビジネスチャンスはいくらでもある。しかし、そのビジネスチャンスを確実につかむためには、その国の歴史、文化、習慣などの実用的な知識、スペイン語とポルトガル語の高度な語学力、国際貿易とその貿易の経営に幅広い知識や経験が不可欠である[9]。

　AIFT は従来にない全く新しい高等教育モデルの確立を目指した。1946年のコースカレンダーでは以下のような気概がみられる。「AIFT は他のビジネススクールと違って、より短期間で、より専門的なコースを提供する。普通の大学のように学位を授与しようとすると科目履修課程で制限にしばられるため、当校は卒業生に一般学位でなく、卒業証明書を授与する。」「履修科目は大学の学部であるというよりも、大学院に近いものである。」AIFT のカリキュラムは大学の学位とならないが、難易度の高いものであった。そして AIFT は学生たちに実用的な能力を身に付けさせることを目標とした。「当校のプログラムは、一年間に凝縮された高度に実用的なもので、アメリカの海外政府や企業の一員として海外で活躍する人材を教育することに的を絞ったものである。」[10]

　70年後である現在の視点から見ると、当時の AIFT のカリキュラム開発と第二次世界大戦中アメリカ軍が開発してきた「Foreign Area and Language

Program」との類似性は大変興味深い。先述したように、終戦後「地域研究」
という外国研究・教育方法がアメリカ内の一流大学の文系学部カリキュラ
ム作成に影響に及ぼしていた。しかし、当時の大学制度の中で教鞭をとっ
ていた学者や教育者が「地域研究」の学術的な面を取り上げ、研究・教育
対象としてみるようになった一方で、「地域研究」の実用的な外国語教育
方法論はないがしろにされた。これとは対照的に AIFT は戦争中の実用的
な外国教育をそのままカリキュラムに取り入れようとした。AIFT の1946
年のコースカタログの表紙には次のような語句が書かれている：「革新的
な教育機関——AIFT。AIFT は現代的かつ能率的でその成果が実証され
ている教育方法を通し、中南米の国々で生活し、ビジネスができる人材を
育成する。」

　この AIFT のプログラムは「Tri-Partite」（3部からなる）と呼ばれるよ
うになった。「Tri-Partite」は「貿易」、「中南米言語と地域」、「言語トレー
ニング」の三つの「分野」に分けられた。

　「貿易」は「輸出者、輸入者、銀行家、会計士、マーケティング責任者、
港・電力会社管理・責任者、輸送関連担当者、セールスマン、会社の事務・
人材・管理部門担当者、保険会社の代表、技術者、生産部長など」に中南
米市場を紹介する必修科目。

　「中南米言語と地域」は「学生に堪能なスペイン語とポルトガル語能力
を身に付けさせ、中南米の国々及びその地域の民俗、地理、歴史、政治、
経済、社会、商業を熟知させる」ことを目的としたものだった。学生はさ
らに中南米に精通している教授の下で選択した1、2国についてより深く
研究した。

　「言語トレーニング」は「戦争中の『Army and Navy Specialized Training
Programs』が開発した最新の言語教育技術を採用。学生は多人数のクラス
で言語学の理論や文法の分析を学んだ後。スペイン語やポルトガル語が母
国語の指導者のもと、より少人数クラスにて話し言葉の練習を行った。

　以上の「Tri-Partite」カリキュラムには注目すべき点が多々ある。まず、
1946年のコースカタログが「Army and Navy Specialized Training Programs」
という「軍方式」に言及したことは AIFT が第二次世界大戦で開発してき
た「地域研究」方法論を再現しようとしていたことを示している。さらに、

当時の「Tri-Partite」には非常に現代的な面が見受けられる。21世紀当初、影響力を持つ米国現代語学文学協会は対外戦争や貿易摩擦の渦中にあったアメリカ国内で当時の高等教育機関での言語教育が機能していないことを認め、言語教育の新しい道を探りだした（MLA Ad Hoc Committee on Foreign Languages）。同様の動きはつい最近でも起こっている。アメリカ高等言語教育の中心的存在である『Modern Language Journal』の2012年特集号で21世紀の現実に当てはまっていない高等言語教育を革新する方法として、AIFTの「Tri-Partite」カリキュラムが再び取り上げられたのである。以下の図1からみられるように、「ビジネス内容」、「地理的な知識」及び「文化的な知識」の組み合わせになる2012年の「Tri-Partite」構成は1946年AIFTのカリキュラムと酷似している[11]。

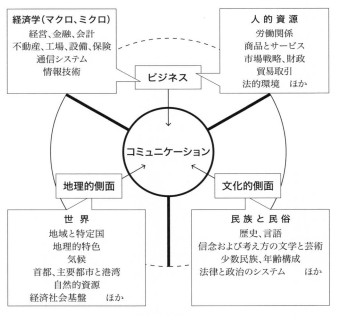

図1　「Tri-Partite」教育方式モデル[12]

　言語教育を中心に置いたAIFTのビジネス教育が実際に注目を浴びだしたのは創立より数十年もたった後の1980年代半ばになってからであった。

その AIFT が高等ビジネス教育に占めた特別な役割を理解するためまず1980年代当初に遡る必要がある。

　1982年、アメリカの新聞は一般市民に馴染みがないビジネス問題について報道し始めた。ダイナミック RAM チップ市場というものだ。1947年にベル研究所でトランジスタが開発されて以来、世界の半導体市場をごく僅かの米国企業が独占してきた。1981年時点、モトローラ、インテル、テキサスインスツルメントなどの米国企業が64K のダイナミック RAM チップ市場で10億ドルもの売上高を誇っていた。しかし、情勢は大きく変化しはじめ、日立、富士通、日本電気など日本企業が新しい256K チップで市場を独占し始めた。それに加え、対米貿易で、日本がオレンジ、たばこ、米、電気通信、自動車部品などに課した関税問題をめぐって日米貿易は緊張を高めた。1979年から1980年代半ばにかけて、米国の対日貿易赤字は90億ドルから370億ドルまで増加した[13]。

　アメリカ政府は言語、文化、地理、歴史がよくわからない日本、韓国などの国がアメリカの重点産業でアメリカを打ち負かそうとしていることに危機感を募らせた。ロナルド・レーガンの国家優位性教育委員会は1983年発表された『危機に立つ国家：教育改革の必要性』で次のように述べている。

　　　我々は現在危険にさらされている。商業、産業、科学、技術開発など過去優位を誇った産業分野で世界各国の競争相手にその優位性を脅かされている。学校や高等教育機関が国家の繁栄に以前貢献したことに誇りを持つのは当然である。しかしながら、わが国の教育基盤が揺るぎ始め、それがゆくゆくは我国及び国民の将来を脅かすことになり、他国が我々が成功してきた教育の分野で我々を凌駕するという考えられないことが現実になっている[14]。

　1980年代、アメリカ政府は外国語教育が国の競争力維持のため重要な役割を果たすと確信し、国際貿易を目的とした言語教育を強化した。その一例として、アメリカ連邦議会が1988年に通過させた「包括通商競争力法」は「アメリカの通商で必要な人材や情報を国内中の大学での国際教育、外

国語トレーニングを通して補う」ことを目的としたものであった。「包括通商競争力法」により設立された17の「国際ビジネス教育・研究センター」が現在でもアメリカ各地の大学にある[15]。

　このように、国際的視野に立ち、実用的でかつ独自の教育を行うAIFTはちょうど時代の潮流にのる形でいい時期にいい場所に存在した。当時の国の国際教育に対する強い関心を生かして、学術研究に大きな比重をおく大規模の大学では取り上げることができないイノベイティブなプログラムを開発してきた。その一例として、AIFTが始めた留学プログラムがある。AIFTは1970年に学生に国際実地体験を与えるため、学生を短期留学プログラムでメキシコのグアダラハラ県に送った。1980年には（当時「アメリカ国際経営大学院」と称されていた）AIFTは西洋の大学が中国の大学とほとんど交流がなかったにもかかわらず、北京の対外経済貿易大学と提携し、学生を中国の現地プログラムに派遣して国際ビジネスを勉強させた。その時代は外国人が北京をでて旅行するのに許可が必要であったが、「経貿大学」の留学グループは中国各地を訪ね、5000マイル以上の調査旅行を行ってきた。これをきっかけとして、AIFTは中国以外の国の現地留学プログラムを相次いで実施した。

　AIFTより一般の大学の方が先進的な技術をもっていたにもかかわらず、AIFTは情報技術を国際ビジネス教育課程の学習に組み込むことに長けていた。AIFTはすでに1959年には先進的な語学ラボをもっていた。1990年代半ばには、チャールズシュワブ証券やUSWestやモトローラの情報技術関係の子会社の社長を歴任した「アメリカ国際経営大学院」（AIFT当時の名称）の最高情報責任者は各寮をネットワークでつなぎ、通信教育制度を設定し、CD-ROMでの授業内容を開発した。AIFTは現在でいう「経験的学習法」の分野での先導者の一つであった。1958年設立された「InterAd」のマーケティング科目では学生は商品と対象国を選択し、その商品を対象国の市場へのマーケティング戦略を立案・実施するものだった。この「InterAd」は非常に評判のいいコースで、学生の最終プロジェクトである「InterAd」に企業が大いに興味を示し、企業は自社の海外市場開拓の一環としてこのコースを通じ学生のチームの協力を得るため、一人の学生の学費ほどの対価を払うこともあった。

　また、AIFT は同窓会を通しての卒業生との関係作り、寄付を集めることにも普通の大学より長けていた。1950年までには、AIFT は堅実な資金集めの方法を確立し、当時の貨幣価値で1875ドルを集めていた。1958年までには同窓生からの寄付は 5 万 7 千ドルに上り、この額は当時の学校の経営予算の10パーセント以上を占めるほどであった。同時に、AIFT 卒業生の仕事上の成功も AIFT のビジネス界中の評判や地位を高め、他大学におけるビジネスプログラムがなかなか実現できない宣伝効果をもたらした。卒業生が世界各地に羽ばたいていき、またさまざまな分野で成功し、ビジネスのメディアに注目を浴びた。いうまでもなく、卒業生同士の仕事での繋がりも AIFT のネットワーク拡大に貢献した。

　その一方で、AIFT の主流の大学制度の中での不安定な地位が最初から学校の先行きに陰りがさしていた。まず財政問題があった。私立大学は大きな寄付基金を通して長期的に設備投資を計画し、安定した学生数の入学により収入を確保できる。州立大学は州からの資金援助があり、学生の学費納入に頼る必要がない。しかし、大学という地位を得ていない AIFT には私立大学や州立大学がもっていた一定の財源確保源が一切なかった。1946年に AIFT の創設者が「余剰物資法」を通して Thunderbird 飛行場を無料で入手した時、10年間国際貿易を中心とした学校を運営することが条件であった。設立当初より学校はその条件を守るために常に予算面の問題に悩んだ。無料で手に入れた施設とはいえ、元飛行場であった学校施設はもともと学校設立のために計画し建築されたわけではなく、またその施設は老朽化し常にメンテナンスの問題が浮上していたからである。また学校の立地条件もメンテナンス作業の必要性に拍車をかけた。砂漠にあったキャンパスでは水不足が長年の厄介な問題で、ポンプ施設がしばしば故障し、道路の状態は悪化し、屋根は雨もりがひどかった[16]。

　運営資金確保のため AIFT は一般企業の寄付に頼る必要性が徐々にでてきた。学生に教育を施すという目標を達成すると同時にビジネス界での評判を築かなくてはいけなかった。AIFT が開校される前より、創設者である Dunne と Thompson は、シティバンク、ゼネラル・エレクトリック、ウェスティングハウス、20世紀フォックスなどの大企業を訪れ、アメリカの一流企業が AIFT の卒業生を雇う関心が実際にあるかについて確かめた。

のちに、学校はビジネス界から資金提供を受けられるように多様な手段を編み出した。その例として、1971年から1989年まで学長であったWilliam Voris は以前飛行場の滑走路であった当時使用されていないキャンパスの40ヘクタールの土地に気づき、そこにビジネス・パークを開設することを考案した。開発業者が「キャンパスのような」建物を建築し、国際的な研究所や企業に売り出せると考えた。ゆくゆくは組織や企業がAIFT卒業生を雇うであろうから、土地の相補的な使用になるという発想であった。また2004年には、ある卒業生から多額の寄付を受けた際、校名を彼の名前に従って「Garvin School of International Management」に変更せざるを得なかった。

　AIFTの高等教育制度での不安定な立ち位置は、カリキュラム開発にも深い影響を及ぼした。1950年代初め、AIFTの学生たちは学士号習得のため、卒業後ヒューストン大学に進学を希望した。これらのことから高等教育の主流の枠外にあったAIFTは、自校での教育が大学教育と同等のものであることを証明する必要性を大いに感じていた。1950年代の終わりには、認定機関からビジネススクールとしての認可を受ける必要性に大いに迫られた。1963年、AIFTはついに「American Management Association」に加盟し、正式にビジネススクールとして認可してもらえるように動き始めたが、「North Central Association」という認定機関によりようやくビジネススクールとしての公式な認可を受けることができたのは、1969年になってからであった。

　またAIFTのビジネススクールとしてのアイデンティティを構成していった別の要因は他の主流の高等教育機関の間の常に変化していた地位関係、AIFT学内の様々な変遷が挙げられる。AIFTの短期集中の厳しい学習環境は学部というより大学院の様式に似ているため、学生に単位を与えることができる主流の高等機関の中でのAIFTの位置付けを探っていた時、AIFTは大学院という立ち位置を選ぶことにした。1967年「ビジネススクールの大学院」となって、当時アメリカで流行していた「経営学修士」と区別するために「国際経営修士」の学位だけを授与するようになった。また、創設以来、4回にもわたって学校名も変更してきた。年代別に学校名を記すと、1967年、「Thunderbird Graduate School of International Management」、

1974年、「Graduate School of International Management」、2004年、「Garvin School of International Management」、そして、2007年の「Thunderbird School of Global Management」となる。以上のように主流の高等ビジネス教育機関の一校となった結果、「貿易」、「地域」、「言語」を重視する「Tri-Partite」カリキュラムが弱体化せざるを得なかったと思われる。なぜならばヨーロッパと違い、北米では「実用商務から離れすぎ」や「経営学を科学的に扱わない」などの批判に常に直面していた主流のビジネススクールはAIFTが学生に身に付けようとした言語能力や文化理解などの「ソフトスキル」をあまり認めなかったからである[17]。現在の「Thunderbird School of Global Management」のプログラムでは語学クラスの履修が求められていない上、外国語の必修単位もない。

　以上の通り、必要性に迫られビジネススクールになったことで、AIFTのカリキュラムの中で「Tri-Partite」の優位性が低くなった。AIFTは1980年代に経営学の大学院に変容したことで、「国際ビジネス教育」を行っている他の大学のビジネススクールとの競争に巻き込まれたからである。1950年代末、米国の政府は「National Security Education Program」（国防教育プログラム；のちに1965年の「高等教育法」の「Title VI」）を通し、学習する機会の少ない外国語の教育の重要性を認知し、大学教育における外国語教育を積極的に支援し始めた。最初は言語教育と国際ビジネスの両方を同時に教えるプログラムはAIFTにしかなかった。しかし、1980年代になると、先述した「Centers for International Business Education and Research」がアメリカ各地に設立され、グローバル・ビジネス内容と外国語を同時に教えるようになっていった。サンディエゴ州立大学はその一例で、Title VIを通して資金提供を受け、優れた国際ビジネスプログラムを設立した。その良い評判は現在でも続いている。一方では、AIFTが開発してきた「Tri-Partite」教育の姿が消えていった。2012年には400万ドルもの負債を抱えた「Thunderbird School of Global Management」は企業への売却を検討し、同窓生から強い反発を受けた。AIFTの後身である「Thunderbird School of Global Management」は現在アリゾナ州立大学に所属し、学部、大学院、マネジメント教育プログラムなどを通して普通のビジネス教育を提供している。

2 東亜同文書院と「アメリカ対外貿易学院」

　以上、AIFT を紹介し、AIFT が発展させてきた「Tri-Partite」カリキュラムの歴史的な背景を論じてきた。前述の通り、AIFT はその学校構想、教育理念、カリキュラム開発などの面で注目に値する独自の特徴をもっていた。実はこれらの特徴は東亜同文書院のものと非常に似ている。

　東亜同文書院と AIFT は多くの面において共通の特色がある。少数精鋭の教育方針であったことがまず挙げられる。口頭言語の教育が重要視されていない時代に、両校の教育課程では学生は少人数のグループで外国語の話し言葉を勉強し、流暢な口頭言語能力を身に付けようとした。AIFT のキャンパスの芝生で少人数からなる学生のグループがスペイン語を母語とした教師と練習している写真が残されている。これと同様に、東亜同文書院の徐家匯キャンパスの庭で、中国人の教師と少人数のグループの書院生が基礎の口頭中国語を練習している写真が見られる[18]。両校共キャンパス及び学習環境が主流の大学教育現場から物理的にも遠く離れ、孤立されたキャンパスで、学生はほとんどの時間を勉強に注ぐように構成されたものであった。「サンダーバード飛行場」跡にできた AIFT キャンパスはフェニックスから30分離れた砂漠の中に立地していた。東亜同文書院のキャンパスも様々な面で孤立されていた。東亜同文書院の前身であった楽善堂が1886年漢口での設立以降、歴代同院のキャンパスは地理上かつ心理上常に公共租界及び当時の国際社会の外側に存在した。書院生が日本にいる家族から離れ、慣れ親しんだ日本語の教育環境との接触がほとんどない状況におかれ、政情が不安定で変化の著しい中国のビジネス現場で働いていたため、お互いに支え励ましあっていた[19]。

　AIFT と東亜同文書院のカリキュラムは相互に類似していただけでなく、両方とも第二次世界大戦中アメリカ空軍と陸軍で開発してきた地域研究の手本となる「外国と地域プログラム」と酷似していた[20]。1943年にバージニア州のシャーロットヴィルでアメリカ軍より正式に発表された「外国と地域プログラム」は「占領地の事情と特色に関する知識」、「外国語トレーニング」、「軍事・政府関係の状況で民生的な専門知識の応用」の三つの部分に分けられた。三つ目の「軍事・政府関係の状況」を「ビジネス関係の

状況」にすると、よく知られている AIFT 当初のカリキュラムが戦争中の「外国と地域プログラム」の元にしたものであったということがわかってくる。戦争中の軍による「外国語トレーニング」と AIFT の「Tri-Partite」カリキュラムは東亜同文書院の「外国語」（英語と中国語）、「地域」（地理、歴史、法律）、ビジネス（硬貨、戦略、企業）を組み込んだ1901年の独自のカリキュラムとたいして相違がない[21]。

　AIFT と東亜同文書院は両校とも卒業生同士の強い繋がりをもっていた。両校の大多数の卒業生は国際ビジネスや外国語とあまり関係していない分野でも活躍するようになった。AIFT の後身となる「Thunderbird School of Global Management」の文書保存元担当者である Nelda Crowell はバンコクで同窓会に参加した際、多くの同窓会の会員がバンコクでのアメリカ商工会議所会員であったことを覚えている[22]。この幅広い分野での卒業生の活躍は、在学生の就職活動の大きな助けになった[23]。東亜同文書院の卒業生も同じような傾向がみられる。書院の卒業生は占領された満洲国で軍や政府機関に職を得た以外に、伊藤忠、三井、日商岩井、丸紅などの民間商社において、書院で受けたトレーニングを直接生かせる職場に就職した。しかしこれらの分野に限らず、銀行や金融、外交、輸送、鉱業、繊維製造業など、直接関係のないような分野でも卒業生が活躍した。また、終戦のため上海で書院のカリキュラムを修了できず日本に帰国した学生たちの中には、その後日本の大学に入り直し、卒業後、学者になった者も多くいる。放送界やメディア関係の産業でも卒業生は成功を収めた。中国大陸での中国語、日本語、英語の新聞界の道に進んで、戦後日本での出版業界で出世する者もいた[24]。言うまでもなく、多くの業界で影響力を持つようになった東亜同文書院の卒業生は同院を支える重要な基盤となっていった。

　しかし、このような明らかな類似点と違い、AIFT と東亜同文書院は目立たないが似ている点もあった。まず両校ともその創立経緯において軍や政府との結びつきがあったことである。AIFT と東亜同文書院の両校とも当初はあくまでも国益のために作られた存在であった。AIFT は「余剰物資法」を通してキャンパスの土地をただで手に入れ、カリキュラムを戦争中の軍トレーニング・プログラムを手本にカリキュラムを作った。東亜同文

書院の創設者はいずれも創設の前の時期のみ政府や軍とつながりがあった。書院の親組織の東亜同文会の会長になる近衛篤麿は軍国主義に反対し、藩閥中心の明治政府へも距離を置き、文化・教育事業を行う機関の開発に力を注いだ。そして、各県費により入学生を募集するシステムを導入し、書院の自立化の道をめざしている。近衛が発想した文化を通して日中関係を強める努力は、実はのちの1899年（明治32年）の2度目の海外出張時にロシアにも滞在した時にロシアの東アジア戦略を知り、ロシアを孤立させるための政治的な目的も加わったように考えられる。荒尾精と根津一はかつて二人とも陸軍参謀本部支那部に在籍していた時期もあった。特に根津は1895年の日清戦争の頃、参謀本部から中国大陸の情報収集のため、中国に派遣されていた。このことより根津は他国に関する情報の重要性を意識していたと考えられる。このような軍や政府との密なる結びつきにも関わらず、AIFTと東亜同文書院はどちらも軍事や外交を目的とした外国語トレーニングを目的とした学校にはならず、根津は軍籍を脱ぎ、国際ビジネスを重視することを主眼に置き、研究ベースの大学におけるビジネススクールが提供できない教育内容を実施していった。

　また、AIFTと東亜同文書院の両校はカリキュラム開発時に意図的に既存の大学教育システムから距離を置いた。（教育機関として確立され成功を収めたから大学の世界から認められたかったにもかかわらず、両校はカリキュラムを開発してきたとき、高等教育の主流から遠く離れていた。）AIFTのカリキュラム開発担当者は大学の教授でなく、軍の訓練担当責任者であった。同様に、1901年当初の東亜同文書院のカリキュラムは西洋の言語を研究する帝国大学という既存の大学からではなく、19世紀末漢口にあった目薬と書籍を販売する楽善堂から着想を得た。そしてまた両校の政府機関との関係は一般の大学のものとは違っていた。東亜同文書院は文部省ではなく外務省の管轄である。AIFTと東亜同文書院の創設者が、調査旅行、母国語の先生からの言語学習、留学などの活動をカリキュラムに取り入れたのは他の大学より早かった。その上、両校は外国語教育は国際ビジネス教育から切り離すことができないものと見なしていた。一般の大学の言語教育者や学者がビジネスの中での言語教育の重要性及び独自性を認めるのは21世紀になってからである[25]。対象言語も大学の教養学部と

異なってた。AIFT と東亜同文書院の設立当初、世界中の大学はヨーロッパ言語の書き言葉とヨーロッパの文化のみを重視していた。一方で、東亜同文書院は現代中国語に、AIFT は中南米の言葉に重点を置き、それらの言語は当時の既存の大学の研究対象の枠の外にあるものであった。現在のグローバルな視点から見ると、当時両校が行っている言語教育は時代の先を見つめた非常に先駆的なものと見受けられる。

　さらに、AIFT と東亜同文書院は両方とも海外市場開拓という名のもとで作られたとはいえ、実は国の危機感が生み出したものといえる。1950年代の AIFT 設立時、アメリカが海外市場開拓のために外国語に堪能な人材の深刻な不足に直面していたこと、1980年代、アメリカの重要産業であった半導体のグローバルな市場で東アジアの競争相手がアメリカを追い上げていること、などの要因があったと先述した。またロシアとの競合、対日ビジネス、中国、日本での既存のビジネスを保守する目的もあった。これらの要因が、ビジネスと外国語教育を結合させようとする AIFT を後押しした。東亜同文書院の教育も AIFT 同様のその当時の国政の不安感を反映しているといえる。

　安藤彦太郎、魚返義雄、倉石武四郎などの戦後の中国学者たちは、戦前の日本人の中国語教育を非学問的、非科学的であると批判的にとらえていた。しかし、戦前の中国教育は実用的な必要性から生まれてきたものである。1862年に幕府に派遣された使節団が「千歳丸」で上海に到着した際、随行員は中国公用語となる北方の話し言葉も上海の港で使用されていた方言も理解できなかった。中国人との意思疎通の唯一の手段は「筆談」であり、「筆談」は教養のある中国人にしか通用しなかった。これらの事情により使節団は実用的中国語力の欠乏を痛感した。使節団員の高杉晋作はイギリス人ローバト・トムが1840年に執筆した『イソップ物語』の中国語訳である『伊娑菩喩言』を上海の書店で買い求め、日本に持ち帰り、関心を抱いた[26]。

　1880年代に入るとまた別の危機が日本の外国語教育界に降りかかった。起業家であった岸田吟香は目薬を中国で販売するためには中国語が堪能な人材が必要であることを認識していた。このことが、当時漢口に存在した楽善堂と上海にあった日清貿易研究所の設立の動機になったことは学界で

周知されている。しかし三井物産や日本郵船会社や横浜正金銀行などの日本企業が日清戦争と日露戦争の間の期間、両替、輸送、技術移転などの分野で中国人と直接取引を開始したことが日本人に外国語教育への危機感をもたらすきっかけとなった。従来ヨーロッパの企業が中国商人と商談していた際には、仲介の役割を果たす中国人の「買弁」に頼らざるを得なかったが、日本の会社は買弁を通さずに直接取引することに決めた[27]。1901年、東亜同文書院設立時に教授であった根岸佶は中国のギルド、ネットワーク、買弁制度などに強い関心を抱き、日本人が実際に中国人と直接に取引するためには、高い中国語能力と中国商習慣、文化に関する知識が不可欠であると確信した。東亜同文書院は30年という長い時間をかけ、中国商習慣や商取引について研究した詳細な結果を4巻にわたる中国語教本、『華語萃編』にまとめた[28]。これは、いかにその当時の日本が現代中国語に精通する人材不足への対策に追われていたかがうかがえる。

　最後に、両校が既存の大学システムの中に入っていなかったことは、既存の学校が享受できる資金調達制度の対象にならず、財政確保のため多くの困難に面したことを意味する。AIFTが「国際ビジネスでは国のトップ」として名声を得ていた時代さえも、学校施設の補修、改築のための予算が非常に限られており、常に学校運営のための予算確保に苦労していた。東亜同文書院の前身であった楽善堂と日清貿易研究所も同様に資金確保に悩ませられた。貴族階級に属し、国政に影響力のある近衛篤麿の熱心な支援をもっても、東亜同文書院の上部組織となる同文会と東亜同文会は大掛かりな文化的教育的な事業を立ち上げるための資金が常にあったわけではない。東亜同文会は1901年度、東亜同文書院に当時の価格で1万円の予算しかつけなかった。この予算では施設維持や学生の留学経費さえ支出することが困難であった。AIFTと東亜同文書院の歴史より、教育界に改革をもたらす組織を維持していくためには、資金調達は非常に重要な学校運営上の項目であるということが分かる。逆に言えば、世界経済や政治の変動により、現在の大学などの高等教育機関がAIFTと東亜同文書院と同じように教育改革に迫られる時、資金確保の点で問題が起こる可能性があることが言える。

おわりに

　東亜同文書院が19世紀から開発してきた教育方法は現在でも非常に有効であることが、アメリカのビジネス言語教育の変遷よりうかがえる。現在でも常に政府機関や一般企業は大学が「外国語」、「地域」、「ビジネス」に精通する人材を養成するように求め続けているからである。大学は学生が卒業後すぐグローバルな職場で働けるような能力を身に付けるためのプログラムを提供できるように、政府は毎年多大なる額を大学に投資する。しかし、政府機関やビジネス界では学生が大学で受ける教育が今日の変化し続けるグローバルなビジネス環境に適していないといまだに懸念している。

　しかしながら、技術革新が進んだ今日、堪能な言語能力、外国に対する深い理解、ビジネススキルなどを学生に身に付けさせるのは以前ほど困難ではない。航空運賃、通信コストや留学経費などの低下により、AIF が取り組んできた「Tri-Partite」教育を実施することは昔に比べ飛躍的に容易になった。また、情報技術の進化により、言語学習の技術が大きく改善され、e コマースなどの影響でビジネス情報の収集がオンラインで容易に入手できるようになった。現在の大学生にとって外国は非常に身近なものになり、かつての学生たちが経験した外国との言語的、文化的、地理的、心理的な距離を現在の学生たちは感じていない。日常生活の中で、海外から商品を簡単に購入し、気軽に海外旅行をして、大学の教室では海外からの留学生と一緒に勉強している。東亜同文書院や AIFT が開発してきた「Tri-Partite」の教育をより一層大きな規模でより充実させた内容で教える高等教育機関が近い将来でてくるかもしれない。

　これまで見てきた通り、AIFT と東亜同文書院が行ってきた「Tri-partite」教育は既存の大学のシステムの中では十分に実施することが困難である。第一に、各大学が次々と個々のプログラムを作成し、試行錯誤するばかりで、各大学の各プログラムを把握し、統一を図ることができないからである。なぜなら、政府への資金援助申請時に、各大学は過去成功してきたプロジェクトを参考にせず、その場しのぎで新しいプログラムを提案するからだ。第二に、一見革新的に思われる教育プログラムは実は過去すでに存

在していることが多い。現実的に、現在大学で行われている言語プログラムは基本的に「Centers for International Business Education and Research Programs」からほぼ変わっていない。グローバルなビジネス環境に適していると最近関心が高まり、新しい教育方法として注目されているモデルが実は、「言語」、「地域」、「ビジネス」などの内容を組み込む「Tri-partite」モデルを基礎にしているものだ[29]。第三の点として、大学のビジネススクールそのものと政府の大学統括機関が言語教育をビジネス教育の重要な教育項目として見なしていないことが挙げられる。AIFT が大学機関として認定を受けて以来、その特色であった「Tri-partite」教育は停滞し、次第に廃れていった。政府からの資金援助を受けるため学校の地位を大学機関として変容させたが、政府の指針に沿うために、ファイナンス、会計、マーケティング、人材開発、組織論などの一般のビジネススクールと同じプログラム以外の科目を充実させるには制約上困難になった。以上のことにより AIFT や東亜同文書院が開発してきた「Tri-partite」のカリキュラムは高等職業訓練の場である日本の専門学校や北米のポリテクニック、もしくは将来できるであろう、遠隔地学習センターのような新しい教育モデルに適しているかもしれない。

　現在の視点からみると、AIFT と東亜同文書院は当時急速に進行していた世界のグローバル化に対応していたことは明確である。グローバル化が進む際、既存の高等教育の枠を超えた教育内容が必要となり、教育内容の革新を迫られる。現在の飛躍的なグローバル化は、AIFT と東亜同文書院が推し進めていた「言語」、「地域」、「ビジネス」の「Tri-partite」モデルの重要性を再認識させられる。

注

1　筆者は2019年に AIFT を取り上げアメリカの戦後のビジネス言語教育をソフトパワーの源として検討する論文を『文化軟実力』という中国語の雑誌で発表する。その論文でAIFTの言語教育が国の「道具」として開発され、英国文化振興会（British Council）、日本の国際交流基金やポルトガルのインスタントカメス（Instituto Camões）、ブラジル文化センター（Centro Cultural Brasileiro）、フランス文化協会（Alliance Française）などの組織の言語教育との類似点があると指摘する。20世紀初めの東亜同文会がどれほどソフトパワー拡大を目的とする西洋の文化組織と類

似しているかについて問う価値がある。

2　Clinebell, S. K., & Clinebell, J. M. (2008). The Tension in Business Education between Academic Rigor and Real-world Relevance: The Role of Executive Professors. *Academy of Management Learning & Education*, 7(1), 99–107.

3　Duggan, S. (2009). What Business Wants: Language Needs in the 21st Century, Washington: National Security Education Program.

4　McCaughey, R. A. (1980). In the Land of the Blind: American International Studies in the 1930s. *The Annals of the American Academy of Political and Social Science*, 449, 1–16.

5　Matthew, R. J. (1947). *Language and Area Studies in the Armed Services: Their Future Significance.* Washington: American Council on Education.

6　Hall, R. B. (1949). *Area Studies: With Special Reference to Their Implications for Research in the Social Sciences.* Ann Arbor: University of Michigan.

7　Pollock, A. (1982, February 28). Japan's Big Lead in Memory Chips. *New York Times*. Retrieved from https://www.nytimes.com/1982/02/28/business/japan-s-big-lead-in-memory-chips.html

8　Thunderbird School of Global Management. (1996). *50th Anniversary 1995*. Glendale: Thunderbird School of Global Management.

9　Arizona State University. (2017). Thunderbird School of Management Course Catalog. Retrieved from https://repository.asu.edu/collections/263

10　同上。

11　Doyle, M. S. (2012). Business Language Studies in the United States: On Nomenclature, Context, Theory, and Method. *The Modern Language Journal*, 96(1), 105–121.

12　同上。

13　Japan Times. (2017). Echoes of 1980s Trade War Seen in Trump Comments on Japan. *Japan Times*. Retrieved from https://www.japantimes.co.jp/news/2017/01/20/national/politics-diplomacy/echoes-1980s-trade-war-seen-trump-comments-japan/#.Wn8ME-jwbIV

14　National Commission on Excellence in Education. (1983). *A Nation at Risk: The Imperative for Educational Reform.* Washington: US Department of Education.

15　Centers for International Business Education and Research. (2017). Centers for International Business Education and Research. Retrieved from http://us-ciberweb.org/

16　前掲注8と同じ。

17　Rubin, R. S., & Dierdorff, E. C. (2013). Building a better MBA: From a decade of critique toward a decennium of creation. *Academy of Management Learning & Education*, 12(1), 125–141.

18 滬友会（1982）『東亜同文書院大学史』548頁。

19 同上132頁。

20 Reynolds, D. R. (1986). Chinese Area Studies in Prewar China: Japan's Tōa Dōbun Shoin in Shanghai, 1900–1945. *The Journal of Asian Studies*, *45*(5), 945–970.

21 前掲『東亜同文書院大学史』132頁。

22 Arizona Memorial Project. (2017). Oral History Interview with Nelda Crowell: Listening to Glendale's Past. Retrieved from http://azmemory.azlibrary.gov/cdm/ref/collection/gpllgp/id/91

23 前掲注8と同じ。

24 前掲『東亜同文書院大学史』272–358頁。

25 前掲注11と同じ。

26 安藤信広（2011）「『イソップ物語』受容の一側面：『伊娑菩喩言』の日本における受容について」『東京女子大学比較文化研究所紀要』第72巻、1–16頁。

27 根岸佶（1948）『買弁制度の研究』日本図書。

28 松田かの子（2001）「官話教科書『華語萃編』の成立に関する一考察」『藝文研究』第80巻、178–194頁。

29 前掲注11と同じ。

第2章

日清貿易研究所・東亜同文書院の教育と卒業生の軌跡

——高橋正二・坂本義孝・大内隆雄を事例として

石田卓生

はじめに

　本章は戦前上海にあった東亜同文書院と日清貿易研究所の教育を卒業生のキャリアとの関連性から検討するものである。学校そのものではなく、その卒業生を扱うのは、一つには、学校の教育活動の成果を見たり、評価したりするに際して卒業生が注目されるからである。学校のイメージが卒業生の事績に関連付けられることは一般的なことであろう。二つには、卒業生は学校で受けた教育を基礎としてキャリアを形成していくのであるから、卒業生の活動から出身校の教育を帰納的に捉えることができると考えるからである。

　本章は東亜同文書院と日清貿易研究所を同時に取り上げるが、もちろん、この二つの教育機関は全く別の組織であり、明治時代に編まれた東亜同文書院の学校史である松岡恭一・山口昇編『沿革史』（東亜同文書院学友会、1908年）でも「固ヨリ日清貿易研究所ハ我東亜同文書院ノ前身ニハ非ズ〔略〕実際上亦何等関繋スル所無キモノナリ」[1]と述べられている。しかし、同書は紙幅の半ばを日清貿易研究所に割き、巻末に付した「東亜同文書院学友会名簿」では日清貿易研究所の元教職員や元学生・卒業生を「特別会員」としており[2]、両者が深い関係にあることをあらわしている。さらに、「当時該所ニ関係セラレシ人士ガ現今我同文書院ニ警策セラル、ガ故ニ、世人往々研究所ヲ認メテ書院ノ起源トナスモノアリ」[3]とも述べられており、東亜同文書院創立当初から日清貿易研究所はその実質的な前身校と見

られていたことがわかる。このように両者にはつながりが認められるのであり、東亜同文書院を考えるに際しては、その「起源」とされた日清貿易研究所も検討する必要があると考える。

さて、本章では多くの卒業生の中から高橋正二、坂本義孝、大内隆雄を取り上げる。4,000人以上の卒業生[4]の中でこの3人に注目するのは、卒業後の彼らが中国との関わりを重視する教育文化活動に従事していたからである。東亜同文書院という教育文化活動を考察するには、同類の教育や文化方面で活動した卒業生を事例とすることが参考にしやすいと考える。

1 日清貿易研究所と東亜同文書院について

まず日清貿易研究所と東亜同文書院の概要を見ていこう。

日清貿易研究所は1890年に荒尾精（1859–1896）によって上海に設立された3年制の高等教育程度の学校である。荒尾自身は陸軍将校であったが、日清貿易研究所自体に軍事色はなく、「日清貿易ニ関スル必用ノ教育ヲ授ケ日清貿易商ニ適当セル技倆ヲ具ヘシムル」[5]ことを目指し（図1）、福澤諭吉の弟子で長崎商業学校校長を務めた猪飼麻二郎（1856–1901）を教頭に招聘するなどしてビジネス教育を行った。荒尾が「日清貿易研究所ハ日清貿易商会ノ付属トナシ」[6]、「卒業後ハ各生徒ヘ日清貿易商会ノ社員証券ヲ付与シ其社ニ従事スルモノニハ相当ノ給料ヲ与ヘ」[7]と述べているように、日清貿易研究所はもともと彼が設立を計画していた貿易会社「日清貿易商会」の社員養成部門として設立されたものであるが、資金不足もあって150名余りが学んだだけで1893年に閉じられた[8]。

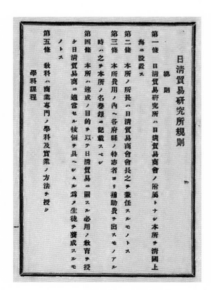

図1 『日清貿易研究所規則』
（国立公文書館所蔵）

　東亜同文書院は1901年に日本と東アジア諸国との親善促進を目的とする東亜同文会が高等教育程度の学校として上海に設立したものである。当初は 3 年制だったが、1921年に 4 年制の旧制専門学校となり、1939年には予科 2 年、学部 3 年の旧制大学になっている。開校の実務を担ったのは退役軍人の根津一（1860–1927）である[9]。彼は荒尾の盟友であり、日清貿易研究所の運営にも携わっていた。根津以外にも東亜同文書院には日清貿易研究所の関係者が参加している。中国語を教えた御幡雅文（1859–1912）は日清貿易研究所の教員であったし、東亜同文会の会長・近衛篤麿（1863–1904）の中国問題についてのブレーンである白岩龍平（1870–1942）は日清貿易研究所で学んだ人物であった。後述する教員の高橋正二も日清貿易研究所の卒業生である。このように日清貿易研究所関係者が運営に携わった結果、東亜同文書院の教育内容は日清貿易研究所のビジネス教育を踏襲するものとなった。

　さて、東亜同文書院と日清貿易研究所について、日本の中国侵略と結びつけて批判的に見る向きがある。それは荒尾や根津が軍人であったことや両校の関係者の多くが日本が中国を侵略していく時期にあって中国に関わる活動に従事していたことからなされているものと考えられる。

　しかし、日清貿易研究所については、これが時期的に日清戦争よりも前であることに注意しなければならない。当時、清国は列強の圧迫を受けているとはいえ世界屈指の大国であった。その一方、日本は近代化を進めてはいたものの極東の小国でしかなかった。それは日清貿易研究所の卒業生が活動するとされたビジネスの世界においても同様である。例えば、1889年の日本昆布会社の設立は清国商人に握られていた昆布貿易の主導権を奪取するためであったし[10]、1891年上海領事鶴原定吉（1857–1914）は日本産石炭の清国への輸出が清国商人に主導されていると問題視している[11]。つまり日本人自身が清国の優位を認識していたのである。このことについて荒尾は次のように述べている。

　　我国人にして支那貿易に関係せしものなきにしもあらざるも、一人として其利益を博したる者とてはなく、大抵失敗破産の淵に沈み、日清貿易に従事するものは、早晩敗北の覚悟んかる可からすと云ふの有様

を呈しつゝある[12]

　そして、荒尾は次のように断言した。

　　我商人は日清貿易に関し、支那商と対立して競争し得るの資格を有せ
　　ぬ[13]

　こうした問題を解決するために清国との貿易に関する専門家養成を目指
す日清貿易研究所は設立されたのであり、そこには必然性があったのであ
る。
　東亜同文書院についても日本の中国侵略との関わりのみで捉えることは
できない。そもそも、この学校の開校は清国側に認められたものであった。
それは、近衛篤麿が両江総督・劉坤一（1830-1902）を訪問して協力を取
り付けていたことや[14]、開校式に清国の実業家で政界にも影響力を持つ盛
宣懐（1844-1916）が出席していたことにもあらわれている[15]。くわえて、
東亜同文会は1902年日本に留学する清国人のための東京同文書院を設立
している。日本人が学ぶ上海の東亜同文書院と中国人が学ぶ東京同文書院
は対をなしており、この二校は日清両国をつなぐ教育事業だったのである。
　また、東亜同文書院と日清貿易研究所の卒業生の多くが日中戦争へと至
る時代にあって中国に関わり続けたことを日本の中国侵略と結びつけるの
は短絡的であろう。彼らは中国を専門として学んだのであるから、そのキャ
リアが中国に関わるものになるのは自然なことである。

2　日清貿易研究所卒業生高橋正二について

(1)　日清貿易研究所の教育と高橋正二のキャリア形成
　高橋正二（1870-1936）は筑後国の久留米城下（現・福岡県久留米市）
に藩士・高橋正幸の三男として生まれた。1886年福岡県立久留米中学校
（現・福岡県立明善高等学校）を卒業すると私立東京英語学校（現・日本
学園中学校・高等学校）に入学する。1888年には宮武外骨（1867-1955）
の兄・宮武南海が経営する東京学館に勤務しており、そこでは『速成簿記

学独修商用単式之部』（東京学館独修部、
1889年）を刊行している。1890年久留
米市選抜清国派遣留学生として日清貿易
研究所に入学し、1893年に卒業した。
日清戦争では陸軍省雇員として第 2 軍附
通訳官、戦後は台湾憲兵隊附通訳官を務
めている。1899年三井物産に入り、廈
門出張所や香港支店に勤務した。その後、
1902年から1907年まで東亜同文書院の
教員を[16]、1909年から1930年まで久留米
市商業学校（現・久留米市立久留米商業
高等学校）の中国語・習字担当教諭を務
め[17]、退職後は九州帝国大学本部嘱託と
して中国語を教えた。

図 2　久留米商業学校教員時代
の高橋正二

（久留米市立久留米商業高等学校・久
商百年写真集編集委員会『久商百年
写真集』久留米市立久留米商業高等
学校、1997年）

　高橋は『在清見聞録』全 5 巻、『日誌第二』（1891年 9 月–1892年12月31
日）という日清貿易研究所在学時期の記録を残している。

　『在清見聞録』の内容は清国の経済、地理、社会、人々の生活習慣など
広範にわたり、さながら清国についての百科事典のようである。とても学
生独りで調査・作成できるようなものではなく、日清貿易研究所の授業内
容が反映されているとものと思われる。また、文中には福沢諭吉『実業論』
（博文館、1893年）が引用されており、福沢の教え子・猪飼麻二郎が教頭
であったことを踏まえれば、日清貿易研究所では福沢の著作がテキストと
して用いられていた可能性がある。

　『日誌第二』からは日清貿易研究所の実態を知ることができる。例えば、
そこに記されている試験科目は「算術」・「作文」・「簿記」・「英会話」・「英
訳」・「英作」・「英書」・「英読」・「英文」・「清抄」・「清訳」あるいは「清
翻」・「清暗」・「清書」・「商地」（商業地理）・「経済」・「物品」である。目立っ
て多いのは「清」と「英」がつく科目である。「英」は英語系の科目、「清」
とあるものは中国語系の科目のことであり、それらの多さから日清貿易研
究所では中国語と英語を中心にした教育が行われていたことがわかる。

　高橋は日清貿易研究所を卒業した後も上海にとどまり、その上位の教育

機関として設立された日清貿易陳列所に入るが、1894年に日清戦争が起こると同窓生たちとともに通訳として従軍した。高橋たち日清貿易研究所卒業生が卒業直後に日清戦争に関わったことだけに注目すれば、日清貿易研究所と軍事がつながっていたように見えるかもしれない。しかし、これには当時の日本が抱えていた中国語教育をめぐる問題が影響していた。

　1886年から1897年の間、日本における主要な中国語教育機関・東京外国語学校（現・東京外国語大学）は廃止されており、日本の官立高等教育機関では中国語教育が行われていなかった。軍学校では中国語教育が行われていたものの、日本軍が重視していたのは西洋の軍事にならうために必要な欧米言語であり、中国語は常に傍流でしかなかった。こうした状況のなかで起こった日清戦争において、中国語を学んだ日清貿易研究所卒業生が中国語通訳として求められるのは当然のことであったといえよう。

　日清貿易研究所卒業生の通訳従軍について根津は次のように回想している。

　　　文明流ノ戦ヲナスニハ通訳ヲ精選シ良ク敵状ヲ探リ又言語ヨリ生ズル
　　　一般ノ誤解ヲ避ケ殊ニ無辜ノ良民ト衝突ヲ避ケザルベカラズ然ラザレ
　　　バ徒ラニ戦ノ範囲ヲ拡大シ無益ノ浪費ヲナシ剰ヘ各国ノ同情ヲ害スル
　　　如キコト多カラン。川上〔操六〕参謀長夙ニ之ヲ憂ヒ通訳生ヲ研究所
　　　卒業生ニ求メ来レリ[18]

　こうして日清貿易研究所卒業生たちは日清戦争に通訳として従軍したが、職業軍人でもない彼らが軍内でキャリアを積み上げていくことは不可能であった。

　もちろん、高橋にとっても軍の通訳はなりわいとはなりえなかった。その後の高橋は先に見たように三井物産の清国駐在を経て中国に関するビジネス教育を行う東亜同文書院教員や久留米市商業学校の中国語教員を務めるなど、常に中国ビジネスに関係し続けた。それは「私も単に現職〔軍人〕に従事し、洋剣を佩ひ、肥馬に跨りて一時の外観を衒ふに過ぎませねは、遂に軍人社会を脱し、商工業者に御仲間入をして商工業の周旋役とは身を変しました」[19]と語って日清貿易研究所を設立した荒尾精の活動を継承す

るものであったといえる。

(2) 東亜同文書院「大旅行」の揺籃

　さて、東亜同文書院の教育の特徴として「大旅行」と呼ばれるものがあった。これは学生が教員の引率を受けずに自力で中国各地の商業状況や生活習慣などを調査するというもので、その結果は卒業論文である「支那調査旅行報告書」にまとめられた。東亜同文会は、これを元データとして中国についての百科事典『支那経済全書』（東亜同文会、1907）、『支那省別全誌』（東亜同文会、1917–1920）、『新修支那省別全誌』（東亜同文会、1941–1946）を刊行している。

　この「大旅行」は第 5 期生によって1907年に始められているが、小規模ではあるものの第 1 期生から学生による調査活動は行われていた[20]。

　そうした活動が日清貿易研究所でも行われていた可能性がある。なぜ、そのようにいえるのかといえば、荒尾精は日清貿易研究所を開校する際に「各地商業観察」[21]を計画していたし、開校後の1891年にも「各港を巡回をなし上海と其異同を視察し又支那商の物品の需要使用法より運輸交通の売買法及び風俗等を研究せしめんと欲す」[22]と述べるなど現地調査を重視していたからである。この日清貿易研究所の現地調査についての具体的な資料はいまだ見いだし得ていないが、本章では高橋正二が卒業後に行った現地調査に注目する。それは吉川三次郎『清国福建浙江両省内鉄道線路踏査報告書』（三井営業店重役会、1901年）に「附録」として収められている高橋正二「閩浙両省視察報告書」（図 3 ）である。これは1901年 2 月から 6 月にかけて行われた三井物産による鉄道敷設調査の記録である。当時、高橋は三井物産廈門出張所に駐在しており、工部大学校出身の鉄道技師・吉川三次郎の調査に随行したのだった。高橋報告書の目次を引く。

　　福建省之部
　　　第一　漳州府　廈門漳州間運輸交通ノ状況　漳州地方ノ物産　漳州
　　　　　　地方ヘノ輸入品　南太武炭坑ノ状況
　　　第二　同安県：同安廈門間ノ交通；同安地方ノ状況
　　　第三　泉州府

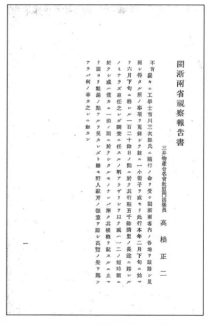

閩浙両省視察報告書

三井物産合名會社廈門出張員　高　橋　正　二

不肖嚢キニ工學士吉川三次郎氏ニ随行ノ命ヲ受ケ閩浙兩省内ノ各地ヲ跋跡シ見聞シ得タル所ノ事須ヲ蒐録シタル筐ニ一小冊子ヲ成セリ此行本年二月下旬ニ始マリ六月下旬ニ終ルノ間一百二十餘日ニ亘タリ其行程五千餘里ニ亙リテ殆ンド短時間ノミナラズ専任之レヲ調査ニ任スルノ暇アラザリシヲ以テ成ハ億カニ一治ノ間ニ於テシタルモノナレバ漸ク其概ヲ記スルニ止マリ固ヨリ粗漏ノ點アラバ冤カレズト雖モ野人獻芹ノ微意ヲ諒シ高賢ノ斧正ヲ賜ハラバ何ノ幸カ之レニ如カン

図3　高橋正二「閩浙両省視察報告書」
（吉川三次郎『清国福建浙江両省内鉄道線
路踏査報告書』三井営業店重役会、1901年）

　　　　　習慣
第二十五　福建、浙江両省ノ語言及土民ノ外国便ニ対スル状態

　この目次からもわかるように、高橋の報告は荒尾が日清貿易研究所の現地調査で課そうとしていた「支那商の物品の需要使用法より運輸交通の売買法及び風俗等を研究せしめん」というものであった。そして、それは東亜同文書院の「大旅行」とも同じスタイルである。さらに東亜同文書院との関わりで注意しなければならないのは、高橋が1902年から1907年にかけて東亜同文書院の教員であったということである。それは、ちょうど「大旅行」が制度化される時期であり、彼の経験がそこに生かされた可能性も考えられる。

　これまで「大旅行」を確立させたのは東京高等商業学校（現・一橋大学）出身の教員・根岸佶であるとされてきた。例えば、大学史編纂委員会編『東亜同文書院大学史』（滬友会、1982年）は「「調査大旅行」を立案し、準備し、その実行を指導したのは根岸であった」[23] としている。しかし、根岸には高橋のような具体的な現地調査の経験はなく、「大旅行」の立ち上げを彼一人の功績とすることができるのか疑問である。

　以上、見てきたように、高橋正二は日清貿易研究所を卒業すると、日清戦争での通訳従軍と短期間の三井物産勤務を経て東亜同文書院や久留米市立久留米商業学校の教員として中国に関わるビジネス教育に長く携わった。それは日清貿易研究所のビジネス教育を継ぐものであったといえる。

3　東亜同文書院第 1 期生坂本義孝について

　坂本義孝（1884–1946）は福島県石城郡内郷村小島（現・福島県いわき市内郷小島）で羽二重業を営む平民・坂本勝次郎の三男として生まれた。1901年福島県立磐城中学校（現・福島県立磐城高等学校）から東亜同文書院に進学する。1904年東亜同文書院を卒業すると営口税関に入るが、1907年には渡米して南カリフォルニア大学に学び[24]、さらに同大東洋科や日本領事館に勤務した[25]。1917年からはコロンビア大学で学んでいる。アメリカ経済学会誌『The American Economic Review』には、彼の学位取得

についての記録がある。

Doctoral Dissertations
Giko Sakamoto, B. S., Tung Wen College (Shanghai); A. M., Southern
California, 1913. *Labor Movement in Japan, 1868–1907*, 1920. Columbia.[26]
〔博士論文　坂本義孝　上海の東亜同文書院で学士号を取得。1913年
南カリフォルニア大学で修士号を取得。「日本における労働運動
（1868–1907）」コロンビア大学、1920年〕

　また、1919年にはワシントンで開催された国際労働機関（ILO）第1回
国際労働総会に日本政府代表補佐として参加している。その後、帰国する
と1921年東亜同文書院の教授となり、1925年には東亜同文書院内で中国
人教育を担当する中華学生部の部長となった。そうした学務の傍ら、スイ
スのジュネーブで開催されたILO総会、北京のキリスト教学生大会に出
席している。1931年に東亜同文書院を退職し、同年秋、杭州・上海で開催
された太平洋問題調査会（IPR）による第4回太平洋会議に新渡戸稲造と

図4　坂本義孝・太代子夫妻
（東亜同文書院大学記念センター所蔵）

ともに出席する。1934年頃には帰
国し、日中戦争中は近衛文麿（1891–
1945）のために活動したという[27]。
1943年再び上海に渡り、聖約翰大
学（St. John's University, Shanghai）
の教授となった。戦況悪化のために
1945年5月帰国するが、敗戦直後
に上海に渡り聖約翰大学に復帰して
いる。翌年、帰国するが間もなく病
死した。
　坂本はエルサレムを訪問するほど
熱心なキリスト教信者であった。も
ちろん、東亜同文書院はキリスト教
関係の学校ではない。開校時に示さ
れた教育趣意書「立教綱領」では次

42

のように西洋のキリスト教とは全く異なる儒学的な倫理観を重視すること
が述べられている。

　　徳教為経。拠聖経賢伝而施之。智育為緯[28]。
　　〔孔子や賢人の著作に基づく道徳教育を縦糸とし、知識・技能につい
　　ての教育を横糸とする〕

　東亜同文書院の創立者で院長職を20年余り務めた根津一は儒学の中で
も陽明学の信奉者であり、自ら倫理の授業を担当して王陽明撰『古本大学』
を講義していた。このように、東亜同文書院は儒学的な倫理観を重視して
おり、キリスト教信者にとって居心地がよかったようには見えない。
　しかし、坂本は「米国より帰国して直ちに根津先生に会晤した」[29]とい
うように根津との関係は良好であり、後に根津が院長を務めた時期の東亜
同文書院を「東亜に通有なる最高倫理価値を発揚するのが目的であつ
た」[30]と高く評価し、その学風を継承すべきであると主張している。こう
した坂本のキリスト教と根津の儒学を尊ぶ教育姿勢との親和性には、根津
が信奉した陽明学がキリスト教側から好意的に見られるものであったこと
が影響していると考える。このことについて内村鑑三は『代表的日本人』
で次のように述べている。

　　the writing of Wang Yang Ming, who of all Chinese philosophers, came
　　nearest to that most august faith, also of Asiatic origin, in his great doctrines
　　of conscience and benign but inexorable heavenly laws.
　　陽明学は数ある中国思想のなかでも、善悪の観念と寛容ながらも厳格
　　な天の法を説く崇高な教えという点で、同じアジアから生まれたかの
　　威厳ある〔キリスト教〕信仰に最も近い[31]

　このような陽明学を根幹に据える根津の教育はキリスト教信者の坂本に
とって受容しうるものであったのである。
　さて、坂本は東亜同文書院の教員以外にもさまざまな活動を行っている。
1927年からは上海日本人YMCAの理事長を務め[32]、また上海日本人

YMCA 外国語学校の校長職にも就いている[33]。彼は上海在住日本人キリスト教信者の指導者でもあった。しかし、それは日本の中国侵略が激しくなり、現地の抗日意識が高まっていく時期と重なっていた。

　1932年に日本人キリスト教信者代表5名が公開文書「Japanese Reply Missionaries Appeal」[34]を出しているが、その筆頭に坂本の名前が見える（図5）。この文書は中国のキリスト教系の雑誌『The Chinese Recorder and Missionary Journal（教務雑誌）』に掲載されたもので、第一次上海事変の最中、日本が非難されている状況にあって日本人キリスト教信者が平和を希求していることを表明するものである。誌面にこれと並んでいるのが上海のキリスト教有識者たちによる「An Open Appeal」[35]である。こちらの文書は1932年1月29日上海の虹口多倫路にあるキリスト教会・鴻徳堂で

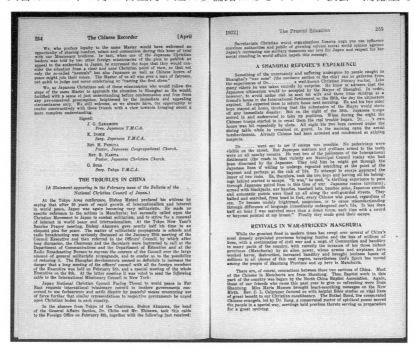

図5　日本人信者が出した公開文書
代表者筆頭に「J. G. SAKAMOTO　Pres. Japanese Y.M.C.A.」〔J・G・坂本　上海日本人YMCA理事長〕とある（*Japanese Reply Missionaries Appeal, The Chinese Recorder and Missionary Journal*（教務雑誌）, Vol. 63, 1932, p. 254）。

起こった日本軍による中国人牧師夫妻暴行事件に対する抗議である。

　坂本が上海日本人 YMCA 理事長を務めたのは、このように日本軍の蛮行についての文書と日本人キリスト教信者の平和の呼びかけが紙面に並ぶという皮肉な状況の最中であった。その中で彼は外務省に対して上海日本人 YMCA 外国語学校への補助を願い出ている[36]（図 6 ）。この学校にはもともと常に100名ほどの中国人生徒がいたのだが、第一次上海事変によって中国人の抗日意識が高まると、中国人生徒が30名までに激減してしまい[37]、資金に窮したのだった。坂本は補助申請について次のように述べて

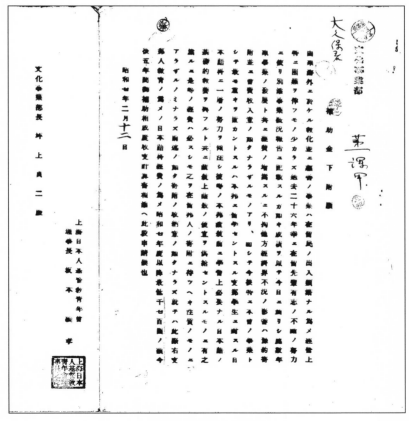

図 6 　「補助金下附願」
外務省文化事業部に上海日本人 YMCA への補助を求めるもの。

いる。

　　本会ノ事業トシテ最モ重キヲ置カントスルハ本邦ニ留学セントスル支
　　那学生ニ対スル日本語科ニ一層ノ努力ヲ傾注シ彼等ノ本邦渡航前ニ学
　　習上必要ナル日本語ノ基礎的教養ヲ与フルト共ニ渡航上諸版ノ便宜ヲ
　　供給セントスルモノニ有之[38]

　坂本は日中関係が悪化していくなかにおいても、なお日中間の文化交流
を進めようと尽力していたのである。
　こうした活動を考える上で注目するのは、坂本がアメリカ時代に弱者側、
被差別側の立場を体験していたということである。彼がカリフォルニアに
いた1913年に排日土地法（カリフォルニア州外国人土地法）が可決され
ている。当時、カリフォルニアの日本人は弱い立場に置かれた被差別階級
であった。
　そうした状況の中で奮闘する彼の姿が伝えられている。彼はアメリカ人
の日本人観をめぐって南カリフォルニア大学のジェイムズ・メイン・ディ
クソンと衝突していた。なお、このディクソンは帝国大学（現・東京大学）
で夏目漱石に英文学を教えていた人物である[39]。

　　〔1917年〕十一月六日、市教育課に於て多数教員の集会席上、南加
　　大学東洋科主任教授ディクソン博士の講演あり、日支関係を論じて日
　　本の特殊権益なるものは日本の野心権なりとて極力日本を罵倒し、河
　　上清を偽善者なりと罵りたるに対し領事館嘱託坂本義孝これを弁駁
　　す[40]

　知日家であるディクソンの徹底的な日本批判に対して坂本が敢然と反論
したというのである。この頃、彼は南カリフォルニア大学東洋科に勤務し
ており、この「弁駁」は職場の上役に歯向かうものであった。彼は間もな
くコロンビア大学に移っているが、この出来事が影響しているのかもしれ
ない。
　このように国家間、人種間における弱者の立場を体験していたことと、

46

坂本が日本の侵略を被る中国の人々と真摯
に向かい合おうとしたことは無関係ではな
いだろう。次男・坂本義和氏（東京大学名
誉教授）によれば、坂本義孝は「日本人は
信用できないが、中国人は信用できる。自
分が居るべきところは中国だ」[41]と話し、
さらに「日本は満洲事変以前の状態に戻る
べきだ」[42]という意見を抱く人物であった。

しかし、坂本の教育による日中文化交流
の取り組みは、日中戦争が激化していった
戦前においては実現性に乏しい理想主義的
なものとなっていった。それは彼の身の回
りにも見ることができる。

坂本の東亜同文書院の教え子で卒業後に
は母校で助教授となった台湾出身の彭盛木
（彭阿木・第23期生）は、国民党系の情報
活動に従事し日本軍に監視されていたと伝

図7　東亜同文書院助教授時代
の彭盛木

（『上海東亜同文書院第三十三期生
卒業記念写真帖』東亜同文書院、
1937年）

えられている[43]。当時の台湾は日本の植民地であり、彭にとって支配者で
ある日本は結局のところ敵でしかなかったのである。

また、洪水星という中国人の教え子は、東亜同文書院卒業後に坂本の斡
旋で京都帝国大学に留学し、さらに坂本の推薦で聖約翰大学の日本語教員
となっているが、満鉄調査部事件で逮捕された左翼主義者・大上末広の手
記に協力者として登場する。

　　自分は昭和六年九月に外務省の支那留学生を命ぜられ間もなく満洲事
　　変が始まりましたが同年十二月上海に行き田中忠夫と交際し田中の紹
　　介で朱其華に会い、又洪水星の紹介で某支那人に会い支那経済のマル
　　クス主義的研究を深め且つ資料を集めんとしましたが間もなく上海事
　　変が起ったので一時避難の目的を以って七年二月に大連に来て天野元
　　之助氏方に厄介になりました[44]

図8　大内隆雄、本名・山口慎一
(『卒業紀念写真帖』東亜同文書院、
1929年)

宗教を「民衆のアヘン」[45]とする左翼思想は、キリスト教信者である坂本にとっては警戒すべきものであった。彼は1930年の文章で「最近三四年間は中国内共産党の浸潤を伴ふて反基督教運動が跋扈」[46]と左翼系の動きを批判的に扱っているが、それは彼の身辺にまで及んでいたのである。

このように、根津が東亜同文書院で進めた教育を継承すべきであると主張し、教育によって日中をつなごうとする坂本の教育活動は、日本の中国侵略の激化と中国で左翼的活動が興隆していくなかで望むべくもない状況に陥っていったのだった。

4　東亜同文書院第25期生大内隆雄こと山口慎一について

大内隆雄（1907-1980）、本名・山口慎一は福岡県山門郡柳河町大字常盤町（現・福岡県柳川市常盤町）に士族・山口参七郎の長男として生まれた。福岡県立中学伝習館（現・福岡県立伝習館高等学校）で1年間学んだ後に1921年南満洲鉄道（以下、満鉄）が運営する長春商業学校（後に新京商業学校）に入り、1925年満鉄派遣学生として東亜同文書院に入学した。卒業後は満鉄の総裁室情報課や経済調査会資料編纂班に勤務し、『満鉄調査月報』の編集に携わった。同時に社外の『満洲評論』でも第2代編集責任者を務め、同誌上に評論や翻訳を発表している。しかし、1930年の治安維持法違反で検挙され、さらに1933年にも共産党一斉検挙によって摘発されると満鉄を解雇された。その後、東京滞在を経て1934年に「満洲国」に渡り、新京日日新聞社や満洲映画協会に勤務した。そこで彼は「満洲国」の中国語文学作品を大量に翻訳して日本人に紹介している[47]。1946年帰国すると宮崎県延岡市立図書館に勤務し、後に緑ヶ丘学園（現・聖心ウルス

ラ学園）の英語教員を務めた。著作は、本名によるものが『東亜新文化の構想』（満洲公論社、1944年）、『中国札記』（私家版、1958年）、大内隆雄名義では『満人作家小説集原野』（三和書房、1939年）、『満洲文学二十年』（国民画報社、1944年）などがある。

　さて、大内の東亜同文書院時代について、同期生の安沢隆雄は、大変な秀才であったと語り[48]、後輩で学内で積極的に左翼活動を行い[49]、戦後は日本共産党中央委員を務めた安斎庫治（1905–1993・第27期生）は「この人は長春商業を出てね、満鉄の給費学生試験をパスして。非常にできた人でした。たしか一番じゃなかったかな」[50]と回想している。彼は東亜同文書院の学生として極めて優秀だったのである。それは現役の学生であるにもかかわらず、東亜同文書院の教員が学術研究成果を発表する東亜同文書院の研究紀要『支那研究』や東亜同文会の機関誌『支那』に次のような文章を発表していることからもうかがい知ることができる。

　　翻訳「浙江省自治法（十五年一月一日公布）」（『支那研究』第7巻第
　　　　1号通号第10号東亜同文書院支那研究部、1926年）
　　「支那現代劇の概観」（上）（下）（『支那』第18巻第2–3号、東亜同文
　　　　会調査編纂部、1927年）
　　「支那に於ける資本主義発達の過程」（『支那』第18巻第6号、東亜同
　　　　文会調査編纂部、1927年）

　また、校友会幹事を務め、卒業記念文集『線を描く』（東亜同文書院、1929年）の編輯兼発行者となっているほか、講演部部員として1927年の四国遊説や1928年の東北遊説に参加し[51]、さらに学芸部部員としても活動した。

　学外では『上海毎日新聞』に文章を発表したり[52]、内山書店にも出入りして左翼作家連盟の田漢（1898–1968）や郁達夫（1896–1945）といった中国の文化人と交流したりした[53]。郁達夫の文章「公開状答山口君」[54]の山口とは彼のことである。

　こうした学生生活を送った大内は東亜同文書院における左翼活動者の草分け的存在であった。安斎庫治は次のように述べている。

この人はね、学生時代には左翼作家連盟の人たちなんかと大変密接に結び付いた人で、ある意味では同文書院に赤の種をまく上で非常に重要な役割を果たした人です。[55]

　大内の後輩で戦後は日本共産党参議院議員となった中西功（1910–1973・第29期生）の自伝にも大内が登場している。

　　山口〔大内隆雄〕氏は私への手紙でつぎのように述べている。
　　「書院への左翼思想の流入は昭和二、三年、小生が三、四年生だった頃でしょう。しかし、それは若干の個人が勉強していた程度で特にまとまりはなかった。小生が『無産者新聞』を取り寄せて数人に配ったことはありました。また『文芸戦線』に中国の詩の訳を小生が出したこともあります。中華学生部は五・三〇事件頃はかなり活動した人がいたようです。」[56]

　東亜同文書院内の左翼活動は、1931年の東亜同文書院学生ストライキと海軍少尉候補生への反戦ビラ配布で最高潮に達し、これらを指導した安斎が退学処分、中西が1年間の停学処分を受けるに及んで急速に終息して

図9　東亜同文書院第25期生校友会
前列向かって右から3人目が大内（『卒業紀念写真帖』東亜同文書院、1929年）

いったが、その始点には大内がいたのである。前述したように卒業後に彼は左翼嫌疑で検挙されるのだが、そうした思想的傾向が東亜同文書院時代にすでに認められるのである。

　しかし、大内は左翼思想だけに固執していたわけではなかった。彼は東亜同文書院の創立者・根津一についての研究にも取り組んでいる。1927年、死去した根津の追悼集会が東亜同文書院内で開かれた際、彼は根津（号・山洲）を顕彰・研究する学内団体「山洲会」の代表として「弔辞」を読んだ。そのなかで彼は次のように述べている。

　　私は先生の伝記編纂の仕事をお手伝ひしている関係で、先生がその晩
　　年に自らお書きになつたものを拝見することが出来ました……先生の
　　お仕事にならひ先生の御人格を慕はんとするのであります。[57]

　「伝記」とは根津一について編まれた東亜同文書院滬友同窓会編『山洲根津先生伝』（根津先生伝記編纂部、1930年）のことである。大内が入学した時期、すでに根津は引退しており、2人に面識はないのだが、大内は根津の伝記編纂や「山洲会」でその活動を知り、その著作を読み、その考え方を理解する機会があり、さらにそれにならおうとしていたのである。

　根津は日中提携論者であった。そのことは、彼が作成したと考えられる東亜同文書院の設立趣意書「興学要旨」にも明確に示されている。

　　講中外之実学。育日清之英才。一以樹清国富強之基。一以固日清輯協
　　之根。所期在乎保全清国而定東亜久安之策。立宇内永和之計。
　　〔書き下し〕中外の実学を講じ、日清の英才を育て、一つは以て清国
　　富強の基を樹て、一つは日清輯協の根を固む。期する所は清国を保全
　　して東亜久安の策を定め、宇内永和の計を立つるに在り[58]。

　また、中国での日本のイメージを極度に悪化させた対華21カ条要求について、次のように反対している。

　　日本の不正義に由るものにして、独り支那国民之れを暴戻視するのみ

ならず、支那在留諸外国人も其の日
貨排斥を以て日本の自業自得となす
所、惟ふに汝に出でたるものは汝に
反る。自ら犯すの罪は宜しく之れを
自ら償はざるべからず[59]

　このような根津の中国への姿勢を大内
は「山洲会」や伝記編纂作業のなかで知
ることができたし、さらに在学中の中国
人との交流を通して日本人と中国人の友
好関係構築を実体験もしていた。そうし
た学生生活を過ごした大内は、成立間も
ない「満洲国」の文化のあり方について、
次のように述べている。

図10　根津一
（『卒業紀念写真帖』東亜同文書院、
1929年）

　　これは奔放な空想である。だが、少しのヒントをでも与え得たなら
　と考へる、執筆の動機は現実的なものである。
　　第一に、満洲には各種の民族が雑居してゐる、そしてその文化の程
　度も違つてゐる。異なる色彩の民族文化の存在は眼前の事実であつて
　も無視することは出来ない。（社会主義ソ連を見よ、各民族はその特
　有の文化をますます発展せしめつゝある）
　　普通教育に必要な最大の注意点は、民族融和精神の浸透──いはば
　社会連帯心の養成であらう。侵略主義を排せよ。また卑屈な排外主義
　を圧するがいい。尤も、この根本には、各民族の実際生活に於ける平
　等がなければならぬのだが。──経済的にも、政治的にも、
　　一の共通語の普及は、極めて有益であるだらう。私は、それには支
　那語とエスペラント語とを推す。[60]

　「ソ連」をモデルとしている点において左翼的傾向がうかがうことがで
き、民族の平等や「満洲国」の「共通語」として日本語ではなく中国語を
挙げている点からは根津の日中提携の影響を見ることができよう。そして、

それらはすべて東亜同文書院での学生生活のなかに見いだすことができるものであった。しかし、彼が自身の理想を投影しようとした「満洲国」は実際には日本の中国侵略と一体だったのであり、彼の理想は破綻していたのである。

おわりに

　本章は東亜同文書院と日清貿易研究所の教育を卒業生の活動から検討した。

　日清貿易研究所の卒業生である高橋正二は、日清貿易研究所が養成を目指した日中貿易を担うビジネスマンとしての活動期間は短かったものの、長期にわたって中国に関わるビジネス教育に従事しており、そのキャリアは日清貿易研究所の教育活動を継承するものであったといえる。また、東亜同文書院の教員となった彼は、日清貿易研究所の教育や中国研究を東亜同文書院へとつなげる位置にいた。

　東亜同文書院第1期生である坂本義孝は、卒業後のアメリカ留学やILO総会への参加、上海の聖約翰大学の教授となるなど国際的な活動を展開した。彼は東亜同文書院の教員として中国人教育を担当しているが、その際、日中が共有する儒学的倫理観を重視した恩師・根津一の教育姿勢を受け継ごうとした。また、彼はキリスト教信者であり、東亜同文書院の外では上海日本人YMCA理事長を務めており、そこでも中国人教育を進め、日中の文化交流に尽力したのだった。しかし、日中関係の悪化と宗教に批判的な左翼思想が台頭するなかで、同僚や教え子といった近しい人々ですら抗日や左翼的活動に従事するようになり、さらにはキリスト教信仰をともにする中国人からも日本の侵略行為を問われる苦境に追い込まれたのだった。

　東亜同文書院第25期生の大内隆雄は、「満洲国」で大量の中国語作品を翻訳し、日本に紹介した。彼は東亜同文書院における左翼活動の起点に位置づけられる人物であるが、たんなる左翼主義者ではなかった。日中提携を希求して東亜同文書院を運営した根津一の事績を学び、それにならおうとしていたのである。しかし、大内の活動もまた坂本と同じく日本の中国

侵略の前に破綻を余儀なくされている。

　本章で取り上げた 3 人は、卒業後それぞれ異なるキャリアを歩んだが、高橋正二は日清貿易研究所の日中貿易に関するビジネス教育を受け継ぎ、坂本義孝は東亜同文書院中華学生部の中国人教育を受け継いで聖約翰大学や上海日本人 YMCA で中国人教育に取り組み、大内隆雄は東亜同文書院院長・根津一の日中提携の理想を「満洲国」で日本人と中国人が共立することで実現させようとするなど、全員が日中間の友好関係構築を目指すことを根幹として活動していた。そして、それは彼らが学んだ東亜同文書院や日清貿易研究所の教育と通底するものだったのである。

　なお、引用に際して旧字体を新字体に改めた。また、〔　〕内は筆者による。

　本章は JSPS 科研費基盤研究 (C) 26370747、JSPS 科研費基盤研究 (C) 18K00800、JSPS 科研費奨励研究 24903004 助成による研究成果の一部である。

注

1　松岡恭一・山口昇編『沿革史』東亜同文書院学友会、1908年、「沿革史編纂ニ就テ」2–3頁。

2　同上。

3　同書、 2頁。

4　東亜同文書院の正確な学生・卒業生の人数は不明だが、大学史編纂委員会編『東亜同文書院大学史——創立八十周年記念誌』（滬友会、1982年）では4,133名を確認することができる。

5　荒尾精「日清貿易研究所規則」日清貿易研究所、1889年、 1頁（「日清貿易研究所長荒尾精出願ニヨリ内閣ニテ刊行ノ書籍交付ノ件」1890年、『公文雑録』明治23年第 1巻、1890年、国立公文書館請求番号：纂00159100、件名番号：004）。

6　同上。

7　同文、 7頁。

8　日清貿易研究所の学生・卒業生の正確な人数は不明であるが、153名の氏名が確認されている（野口武「日清貿易研究所生一覧表の作成と『対支回顧録』編纂をめぐる若干の考察」『Occasional paper』No. 5、愛知大学国際問題研究所、2016年）。

9　根津一がどのように東亜同文会に参画するようになったのかについては、石田卓生「東亜同文書院の開校について——高昌廟桂墅里校舎について」（石田卓生『東亜同文書院の教育に関する多面的研究』不二出版、2019年、11–65頁）を参照されたい。

10　函館市『函館市史』通説編第 2 巻、函館市、1980 年、766–788 頁。

11　高橋正二『日誌』第二、1892 年 2 月 29 日。

12　江島茂逸編述『博多青年須読　荒尾精氏日清貿易談』江島茂逸、1909 年、3 丁裏。

13　同書、5 丁表。

14　近衛の日記（1899 年 10 月 29 日）には、東亜同文会の清国内での学校設立についての協力要請に対して劉坤一が「及ぶ丈の便宜を与ふべしと答へたり」と協力することを表明したと記されている（近衛篤麿『近衛篤麿日記』第 2 巻、鹿島研究所出版会、1968 年、444 頁）。

15　「上海に於ける南京同文書院の開業式」『東亜同文会報告』第 22 回、1901 年 7 月、東亜文化研究所編『東亜同文会史』霞山会、1988 年、333 頁。

16　高橋正二の東亜同文書院勤務期間については、1903 年 5 月 15 日 –1907 年 12 月 30日と記録されている（松岡・山口、前掲書、下編 97 頁）。

17　久留米市立久留米商業高等学校・久商百年史編集委員会『久商百年史』（久留米市立久留米商業高等学校、2002 年、141 頁）。なお、久留米商業学校の記録では高橋正二の出身校について「早稲田専門学校国語漢文科」と記している（久留米市立久留米商業高等学校・久商百年史編集委員会、前掲書、143、1235 頁）。

18　松岡・山口、前掲書、上編 27 頁。

19　江島、前掲書、3 丁裏。

20　大学史編纂委員会、前掲書、187–189 頁。

21　荒尾、前掲文、5 頁。

22　「荒尾所長二月廿八日演説筆記」『上海新報』第 49 号、修文館、1891 年 5 月 8 日、11 頁。

23　大学史編纂委員会、前掲書、262 頁。

24　*The economic policy of Japan during the Meiji era (1868–1912)* By Sakamoto, James Giko, University of Southern California, 1913,〔坂本・ジェームズ・義孝「明治時代における日本の経済政策（1868–1982）」南カリフォルニア大学、1913 年〕"Pro Quest", 27 Dec. 2916.

25　桜井寅之助『野鳥語』寶文館、1918 年、203、217、276 頁。

26　American Economic Association, *The American Economic Review*, Vol. 10, No. 3. 1920, p. 700.

27　大学史編纂委員会、前掲書、267 頁。

28　『東亜同文会報告』第 18 回、1901 年、9 頁。

29　坂本義孝「同窓会員として」『滬友』第 28 号、1925 年、39 頁。

30　坂本義孝「書院の反省時代」『滬友』第 24 号、1924 年、5 頁。

31　内村鑑三著・稲森和夫訳『代表的日本人』講談社インターナショナル、2002 年、

24–27頁。

32 1934年10月時点の上海日本人YMCA理事長は乾精末である（JACAR（アジア歴史資料センター）Ref. B05015864300）。

33 池田鮮『曇り日の虹――上海日本人YMCA40年史』上海日本人YMCA40年史刊行会、1995年、176–177頁。

34 Japanese Reply Missionaries Appeal, *The Chinese Recorder and Missionary Journal*（教務雑誌）, Vol. 63, 1932, pp. 253–254.

35 An Open Appeal, Id. at pp. 252–253.

36 上海日本人基督教青年会理事長坂本義孝発外務省文化事業部長坪上貞二宛「補助金下附願」1932年2月12日、JACAR（アジア歴史資料センター）Ref. B05015846800（第12画像）。

37 上海総領事村井倉松発外務大臣斉藤実宛「上海日本人基督教青年会ノ補助申請ニ関スル件」1932年6月6日、JACAR（アジア歴史資料センター）Ref. B05015846800（第3画像）。

38 上海日本人基督教青年会理事長坂本義孝発外務省文化事業部長坪上貞二宛、前掲文、JACAR（アジア歴史資料センター）Ref. B05015846800（第12画像）。

39 塚本利明・小泉伸世「James Main Dixon 伝補遺」『比較文学』第32巻、1990年、96頁。

40 南加日系人商業会議所『南加州日本人史』南加日系人商業会議所、1956年、355頁。

41 坂本義和発石田卓生宛書簡、2008年4月5日。

42 同上。

43 許雪姫「1937–1947年在上海的台湾人」『台湾学研究』第13期、国立中央図書館台湾分館、2002年。

44 小林英夫・福井紳一『満鉄調査部事件の真相――新発見史料が語る「知の集団」の見果てぬ夢』小学館、2004年、77頁。

45 カール・マルクスが1843年に「ヘーゲル法哲学批判序説」で述べたことば。

46 坂本義孝「青年会は何をしておるか」上海基督教青年会『上海青年』昭和5年7月号、上海基督教青年会、1930年7月。

47 岡田英樹によれば、訳者名が判明した「満洲国」当時の中国語文学作品の日本語翻訳142篇のうち、大内によるものは110篇にのぼる（岡田英樹『文学にみる「満洲国」の位相』研文出版、2000年、225頁）。

48 2006年7月22日に行った筆者による安沢隆雄への聞き取りによる。

49 竹中憲一編『安斎庫治聞き書き　日本と中国のあいだで』（皓星社、2018年、8頁）によれば、安斎は1930年に東亜同文書院内で「共青団」を結成している。

50 竹中憲一、前掲書、26頁。

51　大学史編纂委員会、前掲書、238頁。

52　後掲する郁達夫「公開状答山口君」によれば、山口慎一は1927年 3 月25日付『上海毎日新聞』の文芸欄に文章を発表している。

53　大学史編纂委員会、前掲書、230頁。

54　郁達夫「公開状答山口君」『洪水』半月刊、第 3 巻第30期、1927年 4 月 1 日。

55　竹中憲一、前掲書、26頁。

56　中西功『中国革命の嵐の中で』青木書店、1974年、53頁。

57　東亜同文書院滬友同窓会編『山洲根津先生伝』根津先生伝記編纂部、1930年、191-192頁。

58　前掲『東亜同文会報告』5 頁。

59　東亜同文書院滬友同窓会、前掲書、352頁。

60　大内隆雄「満洲文化建設私案」『満洲評論』昭和 7 年 4 月16日号、1932年、『満洲文学二十年』下巻、国民画報社、1944年、178-179頁。

第 3 章

東亜同文書院の台湾籍学生たち

——陳新座、彭盛木、王康緒を事例として

許雪姫（石田卓生訳）

はじめに

　東亜同文書院は1900年に設立され[*1]、1945年 9 月20日に閉校している[1*2]。その卒業生、中途退学者は全46期、計4,638人に及ぶ[2]。学生のほとんどは日本人であったが、キャンパスが上海にあったことから[3]、中国人が入学することもあった[4]。1895年に台湾が清朝政府によって日本へと割譲され、1900年には大韓帝国が日本に併合されており、そうした帝国日本の領土となった地域からも入学する者がいたのである[5]。

　さて、いったいどれほどの台湾籍の学生が東亜同文書院で学んだのだろうか。現在知りうる中で最も早い時期の台湾籍の卒業生は1919年に卒業した第16期生の林伯奏（灶）である[6]。本章は、まず第16期生から第46期生の中で、どれほどの台湾籍学生が卒業したり、中途退学したりしたのかを確認し、次に彼らがどうしてこの学校を選んだのか、また卒業したり、中途退学したりした後はどうしたのかということについて、特に 3 人を事例として取りあげて考察する。

　現在、台湾であれ、日本であれ、学校史の編纂には力が入れられており、日本では日本の大学に留学しに来た台湾籍の人や中国人、朝鮮人について注目されている[7]。そうしたものには例えば奈良女子高等師範学校がある[8]。筆者はこれまでにも海外の台湾人について研究を進めており、特定の学校について卒業生の足跡を考察した論文を作成しているが[9]、日本の学校、あるいは日本が中国に設立した学校に学んだ台湾籍の人々にことさら注意を傾けたことはなかった。そこで、本章は、すでに廃校となった日本が上

海に設立した学校である東亜同文書院を取りあげる。

　東亜同文書院について関心を抱くのは、彭盛木（彭阿木）に対する興味からである[10]。2013年に発表された武井義和（当時、愛知大学東亜同文書院大学記念センター研究員）「東亜同文書院で学んだ台湾人学生について」[11]〔以下、武井論文〕は、多くの情報を提示しているものの、卒業生や中途退学者の名前は全てアルファベットに換えて伏せており、最も重要な『学籍簿』[*3]を参照しているにもかかわらず、卒業生の「氏名」という肝心な情報が挙げられていない[12]。しかも一部の卒業生については資料が十分ではないため、本章では、その動向をはっきりさせるために、一人一人の氏名を探し出し、また本人や家族を探し訪ねることで、卒業後の状況を明らかにしていきたい。

　台湾籍学生の多くが鬼籍に入る現在、この課題を考察するに際して、当事者からの聞き取り調査を行うことができないこと以外にも、『学籍簿』を実見することができないことは大変遺憾なことであるし、さらに克服しがたい政治的問題もそこには存在している。東亜同文書院出身者は中国や台湾にいるが、東亜同文書院の学歴を公言できない人もいるのである[13]。かつて筆者は卒業生陳新座の親族を台湾で探し出して聞き取りと資料調査を行ったことがある。その際、教育分野に従事していた親族は、陳新座が日本の外交官であったことについて筆者が研究を進めることを阻止しようした[14]。このような姿勢というのは、『KANO——1931海の向こうの甲子園』[*4]という野球映画を見て、どうして登場人物が日本語でしゃべる必要があるのだろうかと質問する人と同じである[15]。台湾という土地に住み続けてきた人々は、日本統治時代の台湾の歴史について理解に乏しく、あまつさえそれに対して恐怖を抱いているのである。

　本章は、まず上海の東亜同文書院大学にどれくらいの台湾籍学生がいたのかを確認し、次に彼らの卒業後の動向について触れ、さらに三人の台湾籍学生に絞ってその動向を捉えることで、全体像を把握できないまでも、その一端を垣間見たい。

1　檔案資料と先行研究

(1)　檔案資料

　東亜同文書院の研究に関して、とりわけ学生の研究において最も重要なものは『学籍簿』である。この『学籍簿』をはじめ東亜同文書院に関する多くの資料を所蔵する日本の愛知大学（東亜同文書院大学記念センター）は、『学籍簿』の閲覧について、卒業生本人や関係者による研究利用以外では、卒業生親族の同意書の提出が必要であり、事実上、学外者は実見することはできない。このほかに東亜同文書院や滬友会の関連刊行物も重要な参考資料である。例えば、東亜同文書院編『創立三十週年記念東亜同文書院誌』（上海：東亜同文書院、1930年）、大学史編纂委員会編『東亜同文書院大学史——創立八十周年記念誌』（東京：滬友会、1982年）がある。日本の外務省史料『東亜同文書院関係雑件』[16]には、「人事関係」[*7]、「大学設立関係」[*8]、「卒業者及成績関係」[*9]、「年報関係」[*10]等が含まれており、そこには例えば助教授彭阿木の給与、研究報告題名、成績、さらに大学設立時の文書もあるものの関係文書が完備されているわけではない。滬友会[*11]による『会員名簿』（1940年）、『東亜同文書院大学史』（1955年）、『東亜同文書院大学同窓会名簿』（1980、1987、1998年）には卒業生の氏名が記録されている。また、陳祖恩『上海日僑社会生活史（1868–1945)』にも東亜同文書院についての記述がある[17]。卒業生や中途退学者個々人については、紳士録や評伝を通して日本統治時代の履歴を知ることができるし、また新聞によって戦後の足跡も追うことができる。このほか上海の徐家匯図書館[*12]が所蔵する呉茂仁編『在華中台湾同胞写真年鑑（付商工名人録)』は汪兆銘政権下の上海に居留する台湾籍の人々についての最も重要な史料であり、その中には林伯灶の項目がある[18]。戦後については、上海檔案館に新台湾同志会の資料が所蔵されており、 6 名の東亜同文書院生が入会していたことを確認することができる[19]。東亜同文書院の学生の中には、戦後、白色テロに遭って命を落とした林如堉や長年投獄された呉三連の子呉逸民もいることから、国家発展委員会檔案管理局の文書も参照する必要があるが、そこには移牒のほかに判決文もある[20]。このほか地方誌があり、例えば『北斗鎮志』には林伯奏の資料があるし[21]、『苗栗県志』[22]や「保密

局台湾站二二八史料」には簡崑田の関係資料がある[23]。中国南京第二檔案館所蔵「陳杏村（台湾台南）戦犯案」には謝哲義に関する資料がある[24]。インタビューは史料を直接得るための最も重要な方法であり、例えば2015年3月に筆者は上海で東亜同文書院大学第44期生（大学第5期生）王宏（元の名は王康緒）に聞き取り調査を実施したし、同年9月には呉逸民のインタビュー記録「喚不回的青春」を出版している[25]。

(2) 先行研究

　東亜同文書院の台湾籍学生に関する研究において、前掲の武井論文は最も早い時期のもので、また最も詳細なものでもある。該文は愛知大学の『学籍簿』を利用し、まず東亜同文書院の台湾籍学生に私費生が多いことについて考察を進め、その点は内地からや清朝時代の地方政府から派遣されてきた公費生と異なっていると述べている。東亜同文書院の学費が極めて高額であったことから、台湾籍学生の大半は恵まれた家の子弟であり、その出身学校は1916年から1924年までの間に入学した5名の学生中、台湾総督府国語学校、台中中学校（1923年より台中第一中学校）の卒業生が3人、ほかの1人は東京の私立中学校を卒業していた。1923年より後の入学者の出身学校は多様化し、台北第一中学、高雄中学、台中二中、基隆中学、台南一中、それに3名の商業学校出身者、上海居留民団立日本商業学校で学んだ者、北京日本中学校出身者もいたと述べている。その次に卒業後の職業と戦後の動向について考察を進め、1945年を境に時期区分した後、卒業した学生には台湾に戻った者、上海にとどまった者、中国各地で就職した者の三つのパターンがあると分析する。ほとんどは「商工業、会社」で活躍したが、中には母校で教員となった者もいた。さらに副領事となった者もおり、特に「彭」と「陳」の2人を紹介している。1945年以降、これらの卒業生や中途退学者がどうしていたのかといえば、やはりビジネス分野にいる者が多かったが、教育分野に入る者もおり、その動向を見ると中国大陸に残った者が2人おり、彼らの消息は1972年の日中国交正常化後にようやく確認することができるようになったと述べる。台湾に戻った卒業生についても、1953年「日華平和条約」締結後、台湾で東亜同文書院同窓会台北支部が結成されてから、ようやく戦後の活動を明らかにす

ることができるようなったと述べている。

　こうした論文があるのにもかかわらず、筆者はどうして同じテーマで研究を進めようとしているのだろうか。

　武井論文中の「表1台湾人学生の派遣元、入学前学歴」、「表2台湾人学生の卒業後の進路（戦前より1980年代まで）」は、前掲『東亜同文書院大学史——創立八十周年記念誌』に基づいて作成されたものである。表1には21人、表2には19人（「彭」と「C」は故人）が挙げられている。この二つの表は「彭」と「陳」以外は、その姓名と就職先の会社名が全て伏せられており、研究することを難しくさせている。この論文は1945年4月に入学した台湾籍学生については触れていないことから不完全である。ほかに表1、表2では「K」について出身学校以外全て空白であるが[26]、「K」とは林如堉のことであり、白色テロによって、すでに銃殺されているし[27]、さらに表2には勤めた会社の名称がなく、そのために分析することができず、それら同窓生間の関係やその中の何名かの経歴についてもさらに補う必要がある。こうした問題点が武井論文にあることから、筆者は本章を作成するのである。

2　東亜同文書院大学の台湾籍学生

　1900年から1945年までの間にいったい何人の台湾籍学生が東亜同文書院で学んだのだろうか。完全な状態の『学籍簿』が残っていない限り、それを確定させることは難しい。

　次に王康緒（王宏）を例として、彼が上海の東亜同文書院を受験した理由を捉えつつ、学生の人数についても考察を進めていく。

（1）東亜同文書院進学の理由

　東亜同文書院は上海にあった。20世紀初頭、上海は人々が憧れる国際都市であり、また「魔都」とも称されていた。台湾籍の人々は早い時期から上海のさまざまな学校に進学して上海台湾青年会を組織しており[28]、上海大学[29]、大夏大学[30]、上海の聖約翰大学〔St. John's University, Shanghai〕には台湾籍の学生がいた[31]。これらの大学の学生は政治姿勢において抗日

的であったが、東亜同文書院で学ぶことを選択した者には、抗日的な傾向があまりなかったようである。東亜同文書院はビジネスマンを養成する学校であった。そこでは中国語教育が重視されており、学生だけで中国大陸をフィールドワークをする「大旅行」が実施され、さらに優れた教員と設備がそろえられていた。そうしたことが東亜同文書院に学生を惹きつけていたのである。日中戦争後期に台湾籍の青年がそこに入学したのは、彼らの保護者の多くが中国大陸に移住していたからであると考えられる。特に上海の台湾籍の人数は、中国大陸在住台湾籍人の中で多数を占めていた[32]。

　現在わかっているところでいえば、第44期生の王康緒は、父王永宗が1934年に満洲国に行き、新京（長春）で蒙政部に勤め、その後、北京の華北政務委員会で参事となり、1942年には石炭業へと転じたので[33]、中国大陸の上海に来て就学したのだった。第44期生専門部第1期生の林仲秋は、林伯奏の子で、当時は一家そろって上海に住んでいた。また、第45期生専門部第2期生の謝哲義は、医者だった父謝達淋は早くに死んだが[34]、ファッションデザイナーの母陳杏村は洋装店を営み、後に上海南華実業公司常務董事となったので家族全員で上海に移住していた[35]。呉逸民は呉三連の長男である。1932年に『台湾新民報』が日刊紙として発行されるようになって間もなく、呉三連は東京支局長となったが、1940年に台湾米穀統制政策に反対したために辞職を強いられ、北京の大冶洋行で働いた後に天津フランス租界に移って相婿と「合豊行」を設立し染料業を営んだ。当時、呉逸民は東京の芝中学で学んでいたが、戦禍を避けて一家を挙げて天津に移り[36]、そこで彼は東亜同文書院大学を受験して予科に入り、第46期生大学予科第7期生となったのだった。

　このほかに、早稲田大学で学んでいたものの、東京の物資が欠乏したために、上海に来て東亜同文書院大学予科に入った劉改造〔第45期生専門部第2期生〕もいる[37]。

　2015年3月、東亜同文書院大学予科で学んだ王宏にインタビューするため、筆者は上海に彼を訪ねた。

　　私の父親王永宗は、鹿港の出身です。1932年の夏休み、父は家族全

員を連れて東北地方の長春に行きました。私は西広場小学校に転入しましたが、一学期だけ勉強して八島小学校に転校し、そこを卒業しました。兄弟がたくさんいて家計が厳しかったので、父は私に商業学校を受験して、ビジネスについて勉強をしていってほしいと願っていたのですが、私は入試に落ちてしまい、青年学校（補習教育）に入りました。……私は1939年に北京日本中学校に進み、4年で卒業しました。当時、両親は中国大陸に住んでいましたし、戦争のために日本に行くことも、台湾に帰ることもできなかったので、中国大陸で将来を考えるしかありませんでした。そこで進学先として三つの学校のことを考えていました。一つが興亜学院で、これは専門学校、もう一つが満洲の建国大学、さらにもう一つが上海の東亜同文書院大学で、この学校は難関でして、特に1939年に大学に昇格した後は狭き門でした。……この学校の学費は高額でしたが、学生の3分の2以上は日本の各府県から派遣されてきた公費生でしたし、卒業生は求人も引く手あまただったので学費の支援を受けることができて、卒業生の進路が明るかったのです。私は予科で1年学び、順調に学部に入り……[38]

（2）入学した台湾籍学生の人数

　東亜同文書院大学で学んだ台湾籍の青年はどれほどいたのだろうか。卒業生に限定した場合、第44期生学部（1943年4月1日予科入学）の3人、第46期生予科、専門部（1945年4月入学）の6人は含まれず、18人となる[39]。1998年版『東亜同文書院大学同窓会名簿』の卒業者名簿によれば、「台湾」地区には24人いるが、「中国」地区の項に記されている「徐炳南（旧名棣萼）　福建」、「林聡華　福建」、「葉金朗　広東」、「羅振麟　汕頭」の4人は、戦後、台湾に戻った人物である。彼らは台湾の日本統治時期、中国大陸では原籍を用いていた。ほかに「不明」の中には第45期生専門部の陳宗銘、陳振声の2人がいる[40]。しかし、陳宗銘については「旧姓竹内[41]、台北市新生南路1段119巷1号、台湾水泥公司桃園区[42]」と記されていることから台湾籍だと考えられる。第29期生の李玉田もおそらく台湾籍であり、1980年の『東亜同文書院大学同窓会名簿』には苗栗県議員であると記載されている[43]。もし、これらを加えると、東亜同文書院の台湾

籍学生は30人となる。この30人には中途退学者は含まれていない。例えば、宜蘭出身の陳焔巽は、慶應義塾普通部で4年学んだ後、上海の聖約翰大学の普通科に学び、卒業後は東亜同文書院で2年学んで1929年台湾に戻っている[44]。

　学生以外では、東亜同文書院には2人の台湾籍の教員がおり、1人は後述する彭阿木（盛木）であり、もう1人が謝華輝である[45]。謝華輝の元の名は謝樹欽といい、『中国紳士録』の記述によれば、「民国12年日本の早稲田大学卒。汕頭交渉署秘書、東亜同文書院講師、東亜協会常務理事兼財務処長、満洲国専売総署理事官、浜江専売署長、北京特別市警察局顧問、河北省津海道指導部長を歴任」、1942年には河北省渤海道尹となっている[46]。

　この30名の学生の後半生は、戦前に死亡した彭盛木や中国大陸にとどまった王宏、陳弘留のほかは、全員台湾に戻っている。多くは東亜同文書院大学のビジネス教育と関係のある商業に従事し、日本との貿易を営んだり、日系商社の台北支社等の代表を務めたりしており、堪能な日本語をいかして日台貿易を構築したのだった。林伯奏は卒業後に三井の上海支店に入り、戦争後期には軍属に徴用され[47]、台湾に戻った後は華南銀行に入り40年間勤めている。後輩の耿嘉賢、林大偉が華南銀行に就職しているが、これには林伯奏の世話があったものと推測される。また彼は新亜実業有限公司を創業し、子の林仲秋が経営に参加している。簡崑田は卒業すると三井洋行会計課に勤務し、戦後、台湾に戻ったところを二・二八事件で情報機関に摘発されたが幸い無事であった。彼は1953年に先輩の葉金朗が経営する台北其昌貿易に入っているが、同窓ということもあって葉との関係はより密となった。林如堉と呉逸民は簡崑田ほど幸運ではなく、林如堉は白色テロに遭って銃殺されてしまった。呉逸民は12年近く投獄され、出獄後はやはり日系企業の伊藤忠商事に入って課長を務めている。校長になった者は2人おり、陳済昌は桃園龍潭中学の初代校長、楊清輝は里港国中学の校長となっている。游本図、林如堉、劉改造、江世賢、盧栄芳は教師をしたことがある。謝哲義は福光貿易を創業し、陳万増は一時そこで働いた。このほかに公職に就いた者がおり、周文福は中央信託局に勤めている。さらに日本勧業銀行台北支店次長となった張渓祥がいる。中国大陸に

いた王宏、陳弘は共に日本語を使って、前者は著名な日本語の教授（後述）、
後者は著名なジャーナリストとなった。

　『東亜同文書院大学史』[*13]は卒業生の職業を分析をして、特に中国研究
や外交界、マスコミ界、実業界で成功した者が多いと述べているが、台湾
籍の学生についていえば、商業関係（銀行も含む）が最も多く、その次が
教育関係で、マスコミが1人、さらに1名が外交界に進んだ。もちろん政
治的な迫害に遭った者もおり、このことは当局が台湾島以外での経歴があ
る台湾籍の人間に対して注意を払い、また警戒していたことをあらわして
いる。こうした学生の中で、さらに3名について紹介していく。

3　異なるアイデンティティー
──陳新座、彭盛木、王宏を事例として

　日本統治時代の学生が卒業後に就いた職業からは、彼らの選択の多様性
がわかる。林伯奏、簡崑田は上海で就職し、陳済昌は台湾に戻り家業を継
ぎ、彭桂嶺は台湾に戻って就職し、羅振麟は満洲に行き就職している。こ
れらを3種類に分類し、それぞれについて1人を取り上げて見ていく。

(1) 在広東総領事館副領事になった陳新座

　陳新座は台中龍井の出身である。1915年に台中中学校第1期生として
卒業すると[48]、1919年8月、東亜同文書院に第19期生として入学し、台湾
総督府派遣の準公費生となった[49]。彼が学生生活を送ったのは徐家匯虹橋
路校舎で、「大旅行」は上海調査班に加わっている[50]。1922年の卒業直後
の就職先は不明だが、1924年には在漢口総領事の通訳生となり、1926年
書記生に昇任、1932年本省亜細亜局第一課勤務、1933年在広東総領事館
書記生、1936年在広東総領事館副領事に昇任し、高等官七等、従七位に
叙され、三級俸を賜ったが、即日辞職届を提出した[51]。朝鮮人副領事特別
任用制度と異なり、台湾籍に対しては民族を限定する特別な法律はなかっ
たが、大正10年勅令第391号「大使館理事官、公使館理事官、副領事、貿
易事務官等ノ特別任用ニ関スル件」に基づき、高等試験委員の銓衡を経て
副領事に昇任したのである。即日辞職したのは、この昇任が礼遇措置だっ

たためだと考えられる[52]。あるいは、彼が台湾総督府による準公費生であり、総督府が彼を台湾に戻して勤務させようとしたのかもしれない。1938年7月、陳新座は台湾総督官房外事課の嘱託となって翻訳業務に従事した。月給は100円である。1939年外事課は外務部に改組され、1940年にはさらに外事部に改められている。その間、彼は華南、南洋の制度研究、経済調査等にあたった[53]。1941年3月解職され、「事務格別勉励金」85円の褒賞を受けている[54]。家族が伝えるところによれば、戦後は仕事に就かなかった。武井論文は1963年に某大学で教員を務めたとするが[55]、彼は1961年に死亡しており、大学で教えることはありえない。

　日本統治時代、台湾籍で高等試験行政科、高等試験司法科に合格した者は少なくないが、高等試験外交科に合格した者はいなかった。しかし、日本が中国の占領地域に擁立したさまざまな政権において、日中両国語に通じているという特徴から外交関係の組織に雇用されることは多く、顕著な例としては「満洲国」初代外務部総長で初代駐日大使を務めた謝介石がいる[56]。外交界に入って副領事として退職した陳新座は日本統治時代における唯一の台湾籍外交官であり、彼の弟陳新彬についての文章の中でも、その兄である陳新座を「元副領事」として言及している[57]。現在判明しているところでは、嘉義朴子出身の林迺恭が、日本の在奉天総領事館で書記生を務め、在間島総領事館やバンコク等で勤務しており[58]、さらなる研究が待たれる。

(2) 国民党特務組織に加わったために日本によって殺害された彭盛木

　彭阿木（彭盛木）は、1902年に生まれ、1923年台中第一中学校を卒業すると同年東亜同文書院第23期生として入学し1927年に卒業した。なお、東亜同文書院は第20期生から修業年限が3年から4年に改められている[59]。日本の外務省外交史料館には彼の4学年分の修了科目と成績の記録が所蔵されており[60]、「支那語」の成績が最も良い。卒業後は母校にとどまり、1939年まで教員を務めた[61]。彼が教えたのは1920年9月に設置された中国人を対象とする中華学生部である。この学生は第一学年では「倫理」、「日本語」、「英語」、「中日史要」を学び、第二学年からは東亜同文書院商務科に入って日本人学生と共に授業を受けた[62]。彭は教育活動以外では中

国に関する研究を進めており、『支那研究』*15誌上にその成果を見ることができる。彼は主に広東一帯の客家を研究しており、「客家ノ研究——広東梅県五族地方」と「客家に就いての研究」[63]を発表している。林正慧の研究によれば、日本は南進政策の進展や中国大陸への領土的野心が高まるにつれて、華南地域で勢力を増大させていた客家への関心を強めていた。彭阿木は学校の委託を受けて広東の梅県に赴き客家研究を進め、「客家を専門的に扱った日本語の論文である」という200頁余りの研究論文を発表したが、それは発表後すぐに羅香林『客家研究導論』に「重要な文章であると認められる」と評されている[64]。また、「上海ノ売笑婦」（『支那研究』第18号）という研究も行っている。1930年までには助教授に昇任し、月給100円、年末賞与150円を受給している。1939年には月給は135円に上がっており、担当科目は「支那語」となっている[65]。

　彭の生涯で最大の転機は周仏海の日本語通訳になったことである[66]。就任時期は不明だが、汪兆銘の国民政府で財政部参事官を務めた形跡がある。当時、周仏海が財政部長であった[67]。実際のところ彭は軍統の要員であり、その職務を利用して日本と汪兆銘政権に関する情報を入手していた[68]。1941年末、そのことが汪兆銘政権の特工総部に露見するが、周仏海は義理の兄弟を保証人に立てて彭盛木を保釈させ復職させただけでなく、財政部の専門員に昇格までさせている[69]。この後も彭は情報活動に従事するが、史料に基づく確認はなされていないものの、最終的には日本側に逮捕され処刑されたという。戦後、妹彭淑真は二・二八事件で捕らえられた夫の饒維岳を救うために政府に陳情しているが、その際、兄彭盛木の事績についても触れている。

　　兄彭盛木は政権中枢に勤めて情報活動に従事し、夫［饒維岳］のさまざまな支援や激励を何度も受けて重要な任務を果たして国家のために尽力しました。抗日戦争の時期に危険もいとわず、使命を達成するために淪陥区〔日本勢力圏〕の奥深くに入ったものの、不幸にして6年前、上海の敵の後方で活動していた際に敵に害されて殉職しました。昔のことを思い返せば、夫はいつも兄に声を掛け、男子たるもの国家に忠誠を尽くし、民族のために孝を尽くすことができるならば、たと

え命を落としたとしても栄誉を得るのだと励ましていました。今、兄はその言葉の通りになりました。兄はすでに亡くなってしまいましたが、天国の兄のみたまは夫のことをよくわかっているのです[70]。

　彭淑真は彭盛木の死を6年前、すなわち1941年としているが、実際には彼は死んでおらず、逮捕されただけである。『東亜同文書院大学史——創立八十周年記念誌』は、彭は戦後間もなく上海の福民病院で死亡したが、周仏海夫妻から特別の配慮を受けており、妻の李紫荇は夫の死後に台湾に戻ったとしている[71]。

　彭が病死したにしろ、刑死したにしろ、彼の一生は東亜同文書院卒業生の中でも特例中の特例だといえる。果たして何人が卒業した後に母校に残って教員となることができるだろうか。また、彼は日本人に信用されていたが、日本のための情報活動に従事することなく、表向きは堕落した汪兆銘政権に身を置きながら、実際には国民党に忠実な軍統の工作員であった。そうした複雑な生涯は、いまだ解き明かされていない面が多い。

(3) 抗日戦争時期は新四軍活動地域に入り、戦後は上海外国語大学日本語学部初代主任となった王宏

　王康緒（後に王宏と改名）は、1943年に北京日本中学校を卒業した後、1944年10月に東亜同文書院大学（大学第5期生）に入学した。東亜同文書院でわずか一年学んだだけで日本に徴兵されたため、上海から北京へと逃れた。親戚の詹以昌（当時は曽明如と称していた。元台湾共産党党員）の助けを借りて新四軍を頼って抗日根拠地に入り、抗日戦争に勝利した後に北京に戻った。その後は北京行轅主任李宗仁が運営する華北学院商学院経済系に学んでいる。その在学中に起こった二・二八事件では、台湾省旅平同学会副会長として北平[*16]の中共地下党[*17]の指導の下、北平、天津在住台湾出身者の二・二八事件への声援に積極的に加わった[72]。1947年12月中共地下党に入り、1948年12月には台湾民主自治同盟地下組織に参加した。1948年夏に卒業すると河北省石家荘の華北軍政大学台湾隊に配属されて1年間学んだ。この時の台湾隊には100名余りの学員がおり、1949年9月には自動車に乗って石家荘から北京に赴き「開国大典」[*18]に参加して

いる。この時、台湾隊は天安門前の東側の華表[*19]の前に参列したが、それは式典を見るのに相当良い場所であった。その後、台湾隊は北京長辛店の華北軍政大学分校で卒業式を行った。1949年12月、台湾隊は鉄道で上海に入り、彼と43人は9つの兵団に分かれて配属され、台湾を解放する準備をしていたが、朝鮮戦争が突発すると王宏は中国人民志願軍に兵士として志願し、朝鮮戦争中の第二次、第五次戦役に従軍した。帰国後は上海の国際貿易部門に8年間勤務した[73]。この期間、北京の中国国際貿易促進委員会に派遣されて渉外事務での通訳を務めている。1960年以降は上海外貿学院、上海外語学院で日本語を教えた。1966年に文化大革命が始まると、学校は授業停止となり、彼も6年間「休業」した。1972年5月、上海外国語大学（彼が教員を務めていた上海貿易学院と合併）の教員になると日本語教材の編纂をし始め、1974、75年に『上海市大学教材——日語』（日本語専攻学生用）シリーズ全3巻を出版した。（上海統一教材と呼ばれる）このシリーズは「建国後、国内で正式に出版された2番目の日本語専攻大学向け教材」[74]である。教壇に立つ傍ら、さらに『日語助詞新探』（上海訳文出版社、1980）、『日語的時和体』（上海外語教育出版社、1980年）、『日語表達方式発探』（北京商務印書館、1981年。1994年に上海外語教育出版社より『日語常用表達方式』と改題して出版）、『日語慣用語慣例手冊』、翻訳では『日語動詞"は"和"が"自学指南』、『日本展望小叢書』（全4冊）という以上10冊を出版しており、その累計発行部数は53万部となっている。1980–1990年代中盤には、中国の刊行物である『日語学習与研究』と『日語学習』、日本の刊行物である『世界日語教育』と『中国語』に100編近くの文章を発表し、その中の日本語との対応関係についての7編の文章は日本の学界にも重視され、「日本語と中国語の文法についての比較研究の先駆者であり、最も多くの研究成果を挙げている」[75]と評された。

　著作以外では、彼は1993–1994年にかけて日本国立国語研究所、国語学会が計画した『海外日語研究文献目録』の編纂に参加して、中国国内の著作300冊、論文3000編余り（辞典と教科書は含まない）を収集し、中国における日本語教育についての理解を促した。彼は日本語の教育と研究において傑出した成果を挙げたことから、日本国立国語研究所編『国語年鑑』において、外国の日本語学者の中の3名の中国人学者の1人として紹介さ

れている。

1983年、上海外国語大学に日本語学部が設けられると、初代主任に就任し、1986年2月、60歳で退任するまで2年半務めた。在任中は日本の各方面と多くの交流を行い、日本経貿専攻コースを創設して1984年9月から学生を募集している。退任後、1987年10月には「中国日語教学研究会」会長となり、同会の各方面での活動を推進した。1994年、69歳で会長職を勇退すると、上海外国語大学に戻って教壇に立ち、数年後に引退して、蔵書を上海外国語大学図書館に寄贈した。その後、『日語常用表達方式』を再度修訂し、5万字余りを加えて、2009年に『日語常用表達方式弁析』を出版している。さらに大学新入生の経済的困難を支援するために自費で「王宏愛心基金」を設立し、2008年から日本語本科の新入生に奨学金を提供し始め、2013年までの7年間に98名の学生に合計30万4000元を援助した。

その日本語教育、研究への貢献に対して中華人民共和国国務院は「国務院特殊津貼」〔国家特別手当〕を支給し、2012年には中国日語教学研究会より「中国日語教育貢献奨」が授与されている[76]。

以上3人を事例として、その卒業後あるいは中途退学後の相違点を中心に見てきた。陳新座は日本外交界に入り在広東総領事館副領事となっており、親日的な傾向が明らかであった。彭盛木は軍統に入り、日本と汪兆銘政権の情報を提供しために日本人によって処刑されており、親中国、親国民党の傾向が明らかであった。王宏は、戦前から中国共産党の抗日根拠地に入り、戦後は両親の台湾への引き揚げに同行しておらず、親中国、親中国共産党である。親日の立場の者は戦後の台湾では重用されえず、陳新座は戦後間もなく失業し、そのまま亡くなった。親中国共産党の立場の者は、戦後の中国で文革の洗礼から逃れることはできなかった。それは台湾出身者にとってはとりわけ深刻だったため、文革期の境遇については一切語らないが、皮肉なことに結局は「日本語」で身を立てたのだった。

おわりに

本章は、大学史研究や台湾出身者の活動史研究の一環として、主として

東亜同文書院の台湾籍学生について考察した。奈良女子高等師範学校以外
では、早稲田大学も戦前の台湾籍学生について積極的に研究を進めており、
また愛知大学では東亜同文書院大学の後身校としての研究が行われてい
る[77]。本章では『学籍簿』を参照することはできなかったが、この学校の
校史と時期の異なる複数の同窓会名簿の中に台湾出身者30名の足跡を見
いだした。奈良女子高等師範学校や早稲田大学の台湾籍学生の研究では問
題とはならなかったが、東亜同文書院大学の台湾籍学生の研究には困難が
あった。このすでに閉校した学校が学生を「中国通」に養成したことがも
ろ刃の剣となっており、彼らは中国を理解していることから中国に対して
友好的ではあったのだけれど、いったん戦争が起きると、一部の卒業生や
中途退学者が日本の中国侵略の先頭に立つことになったため、中国や台湾
ではこの学校や関係者は禁忌されてきたのだった。この学校は学生にとっ
ては将来性を具えており、言語と専攻をトレーニングし、その習得した能
力によって就職することができた。ほとんどの台湾籍の学生は商務科で学
んでいたが、それは卒業後の就職を考えてのことであった。そもそも、彼
らの家族は中国大陸に移住していたし、また当時の状況は彼らの受験校の
選択範囲を狭めてもいた。

　本章の考察によって、最も早く入学した者は1916年の林伯奏であり、
最後は1945年に入学した呉逸民と黄栄芳の2名の大学予科生と林義雄と
江本賢一の専門部学生であったことが明らかとなった。そうした卒業生の
中で最も名を知られているのは林伯奏と彭阿木（彭盛木）である。林如堉
（第44期生）は台湾に戻った後に教員となったが、二つの政治事件に巻き
込まれて死刑判決を受け、入学試験には合格したものの実際には入学しな
かった呉逸民も二つの事件に関わって刑に服し12年近くたってようやく
出獄できたのだった。そのほかの学生は、教員や学習塾を開いた者以外は、
ほとんどが商売を営んだり銀行に就職したりしているが、これらの人々は
皆その日本語の能力と過去に築いた人脈によって日本との貿易を展開した
り、あるいは日系商社に入ったり、起業したりして、学友と共に奮闘して
おり、そこには重要な同窓生同士の関係を見て取ることができる。中国大
陸にとどまり台湾に戻らなかった第44期生の王宏と陳弘の2人は、多く
の中国大陸の台湾出身者と同じく、文革中には公言することがはばかられ

る経歴を持っていたのだが、「日本語」の能力を頼りにして1人は教職に就き、もう1人はジャーナリストとなり、共にその後は社会的成功を収め、現在もご健在である。しかし陳弘は東亜同文書院での過去について決して語らない。これら東亜同文書院大学の卒業生、中途退学者は皆等しく同じ教育を受けたが、学校を離れた後の未来について異なった選択をしたのだった。戦前、ある者は親日的であり、ある者は親国民党的であり、ある者は中国共産党に駆け込んでいたが、それらは台湾出身者の性質の複雑性のあらわれだということができよう。

　台湾では戦後も東亜同文書院の学歴は公に認められてきたものの、その卒業生、中途退学者が社会において何らかの制限を受けていたということは、あらためて観察、研究すべき事柄ではないだろうか。彼らは「審査」されていたのだろうか。しかし、審査されても、満洲の建国大学を卒業した学生よりも良い学歴だとは評価されることはなかったのである。また、東亜同文書院大学で学んだ中国人、日本人の学生の中で、戦前あるいは戦後に台湾に来た者についても研究を進めるべきである。例えば台北の板橋林家[20]の林熊祥が雇った通訳友田勇（第18期生）は、台湾銀行経済研究室で台湾経済史研究について主導的な役割を果たし、『台湾文献叢刊』を編集した周憲文（第24期生）はさらに研究を進展させていたのだった。このほか、第40期生の奥田隆春は、終戦時、台湾嘉義に駐屯する第71師団山砲兵第71連隊に所属していたが、中華民国に嘉義が接収される際には、中国語ができることから現地の住民に中国語を教えたり、通訳をしたりしている[78]。これらの人物も研究するに値しよう。このように、台湾をめぐっては、東亜同文書院大学にはまだ多くの研究課題が存在しているのであり、さらなる研究を進めるべきなのである。

謝辞　本章執筆にあたっては、郭双富氏が収集した東亜同文書院大学に関する資料を使用させていただきました。ここに感謝の意を表します。

原注

1　滬友会編『東亜同文書院大学史』東京：滬友会、1955年、30頁。

2　4638人には、東亜同文書院卒業生3,198人を含む。東亜同文書院大学（含第42期予科入学生）は1,021人、専門部（1944年設置）は419人（「東亜同文書院、同大学、

同専門部卒業者数統計表」、滬友会、前掲書、337 頁)。

3　東亜同文会は、1900 年に各府県が派遣する優秀な学生によって南京同文書院を
　　開校させたが、間もなく義和団の乱が起き、両江総督劉坤一の提案を受けて 8 月
　　に上海に移転した(東亜同文書院編『創立三十週年記念東亜同文書院誌』上海：
　　東亜同文書院、1930 年、29–30 頁)。

4　1930 年までに東亜同文書院で学んだ中国人は 32 人おり、浙江 8 人、湖南 6 人、
　　福建 5 人、江蘇 4 人、広東 4 人、奉天 3 人、山西 1 人、広西 1 人である(東亜同
　　文書院、前掲書、116 頁)。第 25 期生(1925 年 4 月入学、1929 年 3 月卒業)には、
　　陸善熾(浙江)、韓湘春(奉天)、査士驤、査士元兄弟(浙江)、陳訓念〔念〕(浙
　　江)がいる(東亜同文書院、前掲書、237 頁)。

5　以下参照、室井雅弘「朝鮮総督府の教育政策——東亜同文書院大学の学籍簿調査
　　から」、2005 年度愛知大学大学院中国研究科修士論文。武井義和「東亜同文書院
　　で学んだ台湾人学生について」、馬場毅、許雪姫編『近代台湾の経済社会の変遷
　　——日本とのかかわりをめぐって』東京：東方書店、2013 年、46 頁。

6　滬友会、前掲書、312 頁。なお、第 16 期生は、1906 年 8 月 27 日に入学、1919 年
　　6 月 29 日に卒業している。

7　李成市、劉傑『留学生の早稲田——近代日本の知の接触領域』東京：早稲田大学
　　出版部、2015 年。

8　奈良女子大学アジア・ジェンダー文化学研究センター編『奈良女子高等師範学校
　　とアジアの留学生』(奈良女子大学アジア・ジェンダー文化学研究センター、
　　2016 年)の「第 4 章　国・地域別留学生」(249–252 頁)には、台湾籍留学生とし
　　て 5 人、すなわち荘無嫌(荘司雅子)、劉蘭、許春菊、周蓮姿、頼雪紅が挙げら
　　れている。劉、頼両名は中途退学している。

9　許雪姫「在「満洲国」的台湾人高等官——以大同学院的畢業生為例」『台湾史研究』
　　第 19 巻第 3 期、2012 年 9 月、95–150 頁。

10　筆者は、彭盛木の生涯についてまとめたことがあり、彼が軍統〔中華民国国防部
　　軍事委員会調査統計局〕に入って情報活動に従事することができたことに興味を
　　抱いた(許雪姫「日本統治時期における台湾人の中国での活動——満洲国と汪精
　　衛政権にいた人々を例として」『中国 21』第 36 号、愛知大学現代中国学会、2012
　　年 3 月、104 頁)。

11　武井、前掲文。

12　武井義和「表 1 台湾人学生の派遣元、入学前学歴」、武井、前掲文、34 頁。武井
　　義和「表 2 台湾人学生の卒業後の進路(戦前より 1980 年代まで)」、武井、前掲文、
　　41 頁。

13　陳弘「半世紀的死別与重聚」鍾明宏『一九四六被遺忘的台籍青年』台北：沐風文

化出版、2014年、97頁。陳弘（陳伯熙）は第44期生（大学第5期生）である。インタビュー記録の中で、彼は基隆中学校停学後、進学するためには1942年に東京に出て勉学するほかなかったと述べている。日本敗戦後に彼は台湾に戻っているが、それまでの期間については語っていない。彼は1944年に上海の東亜同文書院大学予科に入学しているが、この時はまだ陳伯熙から陳弘に改名していない。

14 筆者は郭双富氏にご協力をいただき、日本統治時期に1人だけ日本の外務省で副領事を務めた東亜同文書院卒業生のご子孫を探し出し、その資料の収集、整理をしたが、その後、ご子孫の方は公表することに同意されなかった。台湾の人々には「皇民」と罵られた影響や、「強国」の勃興に直面している恐怖を見ることができる。

15 『KANO』は1930年代に嘉義農林学校野球部が甲子園の決勝戦まで進んだことを映画化したものだが、台北市長柯文哲が『KANO』を観た際、同行した友人が彼に、どうして映画の登場人物の多くが日本語を話すのだろうかと尋ねた。たとえインテリであっても、台湾の過去についてはよく知らないということがよくわかる（盧世祥「台湾要如何紀念終戦七十年」『自由時報』、2015年3月29日、政治新聞A8版）。

16 『東亜同文書院関係雑件』（H.4.3.0）は全14巻からなる。このほか、『東亜学校関係雑件』（H.4.3.0.8）全2巻訳注5、『東亜同文書院関係一件』（I.1.5.0.11）全1巻訳注6がある。

17 陳祖恩『上海日僑社会生活史（1868-1945）』上海：上海辞書出版社、2009年、446-467頁。

18 「林伯灶氏」呉茂仁編『在華中台湾同胞写真年鑑（付商工名人録）』上海：私家版、1943年、115-116頁。

19 「新台湾同志会入会申請書」、「社、団、会全宗彙集」、檔号：Q130-63-6(1)、(3)、上海市檔案館。この文書に記録されている東亜同文書院生は、林伯奏（灶）、林仲秋親子、陳万増、劉改造、陳伯熙、謝哲義である。

20 「林如堉」個人資料、「檔案局受難者個人資料」、檔号：49090。呉逸民裁判資料（檔案局檔案、0046/3132422/422/1100、台湾省保安司令部判決、(43)審三字第五五号、1-36頁）。

21 張哲朗総編纂『北斗鎮志』北斗：北斗鎮公所、1997年、759頁。

22 何来美『重修苗栗県志』巻十自治志、苗栗：苗栗県政府、2005年、296頁。

23 「董貫志呈報簡崑田、李淇参与暴動情形」、民国36年3月5日、許雪姫主編『保密局台湾站二二八史料彙編』（一）、台北：中央研究院台湾史研究所、2015年、212-214頁。

24 謝哲義「為生母被訴戦犯案件具呈弁訴懇乞省事以恤無辜事」、「陳杏村（台湾台南）戦犯案」全宗号：179，案巻号：1023、中華人民共和国南京第二歴史檔案館。

25 聞き手：薛化元、話し手：呉逸民『喚不回的青春』『走過長夜——政治受難者的生命故事』台北：国家人権博物館籌備処、玉山社出版、2015年、132-158頁。

26 武井、前掲文、31-48頁。

27 「付録三　白色恐怖時期被槍決者名単」、林静雯主編『遅来的愛——白色恐怖時期政治受難者遺書』新北市：国家人権博物館籌備処、2014年、87頁。

28 台湾総督府警務局編『台湾総督府警察沿革史』(III)、東京：緑蔭書房、1896年復刻、69-74頁。

29 台湾共産党党員中の「上大派」とは上海大学の卒業生である。例えば蔡孝乾、荘泗川、陳其昌等である。

30 例えば、本科第2期生何景寮、第4期生王慶勲、第7期生の林家驤（霧峰林金生）、林戊錚、施長根等がいる（「畢業生名録」、（編者不明）『教育部私立大夏大学』上海：大夏大学、1931年、1-12頁）。

31 例えば霧峰林家の林少聡は上海の聖約翰大学の理科に入学している（「台中洲」、林進発編『台湾官紳年鑑』台北：民衆公論社、1934年、135頁）。

32 米倉二郎『満洲・支那』、『世界地理政治大系』東京：白楊社、1944年、392頁。

33 李心怡「独盟秘書王康厚　全心全意珍愛台湾」『新台湾新聞週刊』第601期、2007年9月27日、52-55頁。

34 謝達淋。台南白河生。1926年台湾総督府医学校卒業後、白河に戻って私立病院を開いている（「台南州」、林進発、前掲書、79頁）。

35 母陳杏村は、戦前、南洋煙草公司総代理だった時に個人名義で日本軍に戦闘機を献納し、戦後は逮捕されて戦犯の罪で起訴されたが無罪判決を受けた（前掲「陳杏村（台湾台南）戦犯案」）。謝哲義は21歳の時に上海に行ったと述べている（謝哲義、前掲文）。

36 謝国興撰「呉三連」、許雪姫総企画『台湾歴史事典』台北：行政院文建会、中央研究院近代史研究所、遠流出版社、344-345頁。呉三連口述、呉豊山撰『呉三連回憶録』台北：自立晩報文化出版部、1992年初版第4刷、95-100頁。

37 劉克全「劉改造（1926-2012）略歴」『台南劉家雑録』。

38 「王宏インタビュー記録」、聞き手：許雪姫、場所：中華人民共和国上海市安亭別墅花園酒店、2015年3月7日。

39 武井論文の「表2 台湾人学生の卒業後の進路（戦前より1980年代まで）」は19人とする。これには氏名が明記されていないが、経歴についての記述から陳弘、王宏、謝哲義が入っていることがわかる。19人のうち経歴が記されていない2人については、「K」は林如堉、もう一人の「R」はおそらく謝哲義であろう。

40　滬友会編『東亜同文書院大学同窓会名簿』東京：滬友会、1998年、52、54頁。

41　「竹内宗銘」、滬友会、前掲書、1955年、335頁第5欄第1位。

42　滬友会編『東亜同文書院大学同窓会名簿』東京：滬友会、1987年、170頁。

43　滬友会編『東亜同文書院大学・同窓会名簿』東京：滬友会、1979年、69頁。第29期生の名簿に「李玉田」名はなく、彼には日本名があったようである。

44　原幹洲『南進日本之第一線に起つ――新台湾之人文』台北：拓務評論台湾支社、勤労と富源社、1936年、169-170頁。

45　滬友会、前掲書、1987年、16頁。

46　中西利八編『中国紳士録』東京：ゆまに書房、2007年復刻、518頁。該書で謝の「出生」は福建省南靖県とされ、また早稲田大学の学歴に疑問が持たれている。李成市前掲書の「表5　戦前期早稲田大学台湾人卒業生一覧」（58-61頁）に謝の名前はない。さらに1957年に台湾で出版された『台湾早稲田大学同学会会員通訊録』にも名前はなく、その学歴は疑わしい。『満洲国政府公報』第110号（大同2年3月24日、4頁）には「[任免辞令]大同二年三月十三日、謝華輝を専売公署事務官に任命する。専売分署事務官謝華輝を薦任三等に叙する。専売公署事務官謝華輝を浜江専売支署長に任命する」とある。

47　呉茂仁、前掲書、115-116頁。

48　武井論文は、陳新座の卒業した学校を台中中学校とし、おそらく第1回卒業生であるとしているが、許叔蓀『台湾省立台中一中校友年鑑』第2号（台中：台中一中校友会、1959年、B1-B4）に掲載された第1期生（1919年卒業）の名簿に彼の名前はない。

49　準公費生とは、私費生として入学した後に台湾総督府の補助を受給し始めた学生のことであろう。

50　滬友会、前掲書、1955年、219、314頁。

51　内閣総理大臣広田弘毅「副領事陳新座依願免官」昭和11年7月31日。

52　李昇燁「外務省の外地人官僚たち――朝鮮人、台湾人副領事特別任用制度を中心に」、松田利彦編『日本の朝鮮、台湾支配と植民地官僚――国際シンポジウム』京都：人間文化研究機構国際日本文化研究センター、2007年、84頁。

53　『台湾総督府公文類纂』第10263冊、甲種永久保存、文号：143号、995頁。

54　同書、993、996頁。台湾総督府編『台湾総督府及所属官署職員録』（台北：台湾総督府、1939年、111頁）、同『台湾総督府及所属官署職員録』（台北：台湾総督府、1940年、148頁）。

55　武井、前掲「表2　台湾人学生の卒業後の進路（戦前より1980年代まで）」。

56　許雪姫「是勤王還是叛国――「満洲国」外交部総長謝介石的一生及其認同」『中央研究院近代史研究所集刊』第57期、2007年9月、51-115頁。

57　台湾新民報編『台湾人士鑑』、256 頁訳注 14。

58　林酒恭に関する写真について、李昭容博士から提供を受けた。ここに感謝の意を表したい。李氏は旅行中に林の親族と面識を持ち、情報や写真資料を入手されている。

59　滬友会、前掲書、1955 年、55 頁。

60　前掲『東亜同文書院関係雑件／卒業者及成績関係』によれば、彭阿木（1924 年 4 月 30 日－1927 年 3 月 13 日在学）の成績は、第一学年、「憲法及法学通論」68 点、「経済原論」65 点、「商業通論」80 点、「簿記」60 点、「商業算術」62 点、「支那商業地理」68 点、「応用理学及商品学」54 点、「漢文」80 点、「支那語第一部」80 点、「英語第一部」74 点、「支那制度律令」57 点、「時文及尺牘」80 点、「支那語第二部」76 点、「英語第二部」69 点、平均 68 点、第二学年平均 72 点、第三学年平均 75 点、第四学年平均 76 点である。

61　前掲『東亜同文書院関係雑件／卒業者及成績関係』の昭和 2 年度東亜同文書院卒業生の就職状況について「台湾（一）彭阿木　上海東亜同文書院」と記録されている。

62　東亜同文書院、前掲書、52–53 頁。

63　彭阿木「客家に就いての研究」『支那研究』第 22 号、1930 年 1 月、77–183 頁。同「客家に就いての研究（続）」『支那研究』第 23 号、1930 年 7 月、113–217 頁。

64　林正慧『台湾客家的形塑歴程──清代至戦後的追索』台北：国立台湾大学出版中心、2015 年、309 頁。

65　三谷隆発近衛文麿宛書簡「東亜同文書院教職員昇給ノ件」、昭和 14 年 9 月 19 日、前掲『東亜同文書院関係雑件／人事関係』第 1 巻、庶 597 号。

66　武井論文は、彭は 1939 年 10 月以降に東亜同文書院を退職した述べている（武井、前掲文、42 頁）。

67　中西利八編『満華職員録』東京：満華資料協会、1942 年、880 頁。

68　『周仏海日記』によれば、彭盛木、程克祥、彭寿の 3 人は全員が国民党側の情報員である。彭は財政部参事官を務めつつ、周仏海の日本語通訳を兼任しており、周仏海は彭盛木の自白について「驚きを禁じ得なかった」（周仏海著、蔡徳金編註『周仏海日記全編　上下編』北京：中国文連出版社、2003 年、564 頁）。

69　周仏海、前掲書、271、281、283、285、585、640、641、643 頁。

70　周琇環、欧素瑛、陳宏昌編『台湾高等法院檔案』二二八事件檔案彙編（三）、台北：国史館、2002 年、93–94 頁。

71　大学史編纂委員会、前掲書、501 頁。

72　王宏「我所経歴的平津台胞対「二、二八」起義的声援門争」『天津台訊』総第 160 期、2013 年 3 月、18–21 頁。『上海台盟』にも掲載されたが掲載巻号は不明で

ある。

73 特産品輸出会社で商況物価グループ長を務めた後、絹輸出会社で市況分析グループ長を務めた。この間、多くの機関、団体に派遣されて日本語通訳を2年間務めている。主なものでは北京の中国国際貿易促進委員会での貿易と貿易協定に関する交渉の通訳である（王宏「耄耋回顧」、上海外国語大学日本文化経済学院編『日語専業独設系30周年曁首任系主任王宏90寿辰座談会紀要』上海：上海外国語大学日本文化経済学院、2014年、20頁）。

74 王宏は「耄耋回顧」の中で、中国で出版された最初のシリーズ日本語教材は日本語専攻学生向けの「オーラルメソッド」の教材であるとし、そのメリットについて説明している（王宏、前掲文、20頁）。

75 王宏は、これらの文章で計量分析を用いて、日本語に対応する言葉の比率は1/3から2/3しかなく、対応しない用法や難点を明らかにしている（王、前掲文、22頁）。

76 王宏、前掲文、18、48頁。

77 李成市、前掲書、34–64、159–208頁。武井、前掲文。

78 奥田隆春「嘉義での接収と通訳」、記念誌編集委員会編『滬城に時は流れて――東亜同文書院大学創立九十周年記念』東京：滬友会、1992年、448–450頁。

訳注

*1 1900年に開校した南京同文書院が、1901年に上海に移転した後、同年夏に東亜同文書院と改称した。

*2 東亜同文書院大学の閉校日時については注意が必要である。1945年9月10日、東亜同文書院大学上海本校のキャンパスは中華民国に明け渡された。学生と教職員は虹口の集中営に移り、同20日に卒業式を行っている。しかし日本国内では存続が模索されており、呉羽分校は1945年11月15日まで学校として機能していた。また、上海での接収作業が完了するのは1945年12月15日であり、手続き上はこの時点まで上海本校が存続していたとも見ることができる。

*3 『学籍簿』。1946年、東亜同文書院大学学長本間喜一は引き揚げの際に『学籍簿』と『成績表』を持ち帰った。同年、本間をはじめとする東亜同文書院大学教職員が中心となって愛知大学を開校すると、同大が東亜同文書院大学の『学籍簿』と『成績表』を管理し、東亜同文書院大学卒業生への証明書発行等の事務を行った。

*4 馬志翔監督、永瀬正敏主演『KANO――1931海の向こうの甲子園』台湾：果子電影、2014年。

*5 原文は「東亜同文学院関係雑件」とするが誤りである。

*6 原文は『東亜同文書院関係』とするが誤りである。

*7 『東亜同文書院関係雑件／人事関係』全2巻、H.4.3.0.2_1_001～002、外務省外交

史料館。

*8　『東亜同文書院関係雑件／大学設立関係』H.4.3.0.2.3、外務省外交史料館。

*9　『東亜同文書院関係雑件／卒業者及成績関係』H.4.3.0.2.5、外務省外交史料館。

*10　『東亜同文書院関係雑件／年報関係』H.4.3.0.2.6、外務省外交史料館。

*11　「滬友会」は、東亜同文書院（大学）卒業生による同窓会である。

*12　原文は「上海徐家匯図書館」としているが、現在そうした名称の施設は存在しない。按ずるに「上海図書館徐家匯蔵書楼」の誤りであろう。

*13　滬友会による東亜同文書院大学の大学史は、前掲1955年刊行本と前掲1982年刊行本の 2 種があるが、原文にはどちらを参考にしたのか明記されていない。

*14　原文には発行時期、刊行時期は記されていない。

*15　『支那研究』は、東亜同文書院が1918年に設立した学内研究機関支那研究部の紀要として1920年に創刊された学術雑誌である。東亜同文書院教員の中国に関する研究成果が発表された。後に『東亜研究』と改題。通巻62号、臨時号研究旅行報告輯 3 輯を出し1942年に停刊した。

*16　北平とは北京のことである。国民党統治時代は北平と称され、中華人民共和国は北京と改称したが、台湾では現在も北平と称されている。

*17　中共地下党とは、中国共産党が国民党統治地域に設けた活動組織である。

*18　開国大典とは、1949年10月 1 日に北京で行われた中華人民共和国の建国式典である。中華人民共和国開国大典とも。

*19　華表とは宮殿等の前に建てられた石柱のことである。天安門の前にも一対建てられている。

*20　板橋林家は、台湾の資産家一族のことである。屋号は林本源。現在、台北にある林本源家園邸はもともとは同家の庭園、邸宅であった。

なお、〔…〕は訳者による。

本章に関連して許雪姫「東亜同文書院大学（1900-1945）的台湾学生」（『台湾史研究』25(1)、台湾：中央研究院台湾史研究所、2018年 3 月）がある。

第4章

東亜同文書院・同大学卒業生の軌跡と戦後日本の経済発展

藤田佳久

はじめに

　本報告は、1901年に上海に開学した東亜同文書院（1939年には東亜同文書院大学へ昇格し、1943年に専門部併設）の卒業生たちの就業を中心にその軌跡を追い、とくに戦後は彼らの軌跡が日本の経済成長を大きく支える形で関連したのではないかという仮説を裏付けようとしたものである。

　東亜同文書院の成立、展開についてはこれまでたびたび触れたので細くはくり返さないが、荒尾精と根津一、および近衛篤麿の3人のビジネススクールとしての構想が当時の清国側との交渉で、1901年、上海に実現したものである。

　荒尾はそれより前の1890年、それまでの清国調査の体験をふまえ、清国との貿易実務者養成のために上海に日清貿易研究所を開設し、商業実習の場として商品展示室を設けたりした。卒業生は入学者をかなり下回る80余名であったが、その直後に始まった日清戦争により、中国語が出来ることから卒業生の約半分は通訳従軍に需用され、亡くなった卒業生も多かった。残る半分は初期の目的のビジネスマンになり、白岩龍平のような著名な成功者も生んだ。

　日清戦争後、荒尾は清国からの賠償を取るべきでないと主張しつつ、日清貿易研究所の経験をふまえ、新たなビジネススクールとしての学校を模索した。一方、近衛篤麿は清国の高官との間で両国の文化、教育交流を目指し、当初南京に南京同文書院を開学。しかし、義和団が南京に迫る中、

83

学校を租界のある上海へ移転し、そこで荒尾が構想したビジネススクールと合体して1901年東亜同文書院が発足した。

東亜同文書院は清国語（中国語）および英語の徹底と徒歩を中心に東アジア全域の大調査旅行による商業慣習や貿易品の調査研究を行った点に特徴があった。また入学生は各府県選抜による県費生など優秀な人材を採用し、上海では学内の寮生活を主に、当時東アジア最大の国際都市上海を舞台に国際人的感覚を身につけた。

経営母体は東亜同文会（東京）で、会長は藩閥政治と軍人が嫌いな近衛篤麿であった。そのため政府からの助成金は乏しく、院長を長く務めることになった根津一の初期の業務は金策が中心であった。日、中の研究者の中に、よく書院を日本の軍部が創設したとか、政府が全面的に支援したと論陣を張るケースがあるが、これは観念論であることがわかる。

こうして東亜同文書院（以下「書院」という）は上海の地でスタートしたが、当初は日露戦争、まもなく清朝への革命運動、日本軍部による21ヵ条条約、五・三〇事件による排日・排外運動が生じるなど、書院をとりまく中国での環境は揺れた。

最初の桂墅里校舎は隣接地に清国政府の工廠があり、革命軍と清国軍の争いが激化すると校舎は砲弾で破壊され、一時的に長崎へ避難、二度目の倉庫を利用した仮の赫司克而路校舎は狭く、三度目の移転で1917年、書院の最盛期を祝うように虹橋路、徐家匯に校舎が建設され、この校舎で20年にわたるピークを示した。しかし、その後、日中戦争が始まり、1937年には校舎焼失、1943年にはそれまでの軍事への距離をとり、リベラルであった雰囲気が学徒出陣によって揺れた。こうして1945年8月、日本の敗戦により、借用していた隣接地の旧上海交通大学の校舎を閉じた。

最後の院長、学長となった本間喜一は、第一次世界大戦後の猛インフレ下のドイツに留学した経験を生かして、書院を閉じる一方、内地に開設していた呉羽分校を軸にして愛知大学を豊橋の旧陸軍予備士官学校跡に1946年11月という終戦直後の翌年に開設し、学業半ばであった書院生を中心に他の引揚学生も収容する形で書院の継承を図った。こうして、書院末期の書院生たちの多くは愛知大学へ入学、編入し、新たな国際人の養成と地域文化向上をめざす学風の中で育ち、社会へ巣立った。

1　書院生の属性

　まず、書院生の属性からみてみる。書院生はすべて男子学生。入学は各府県による試験の選抜により決定された。基本は各府県 2 名枠だが、府県費生として書院生は授業料は無料であり、小遣いも週給で与えられた。しかし、県によっては 2 名を送れないケースや、入試の激戦により、また清国や民国への関心の強さにより主に九州地方では 4 〜 5 名を送るケースもみられた。志願者が次第に増えると競争率が上昇し、私費生入学の声が高まり、途中から書院は私費生枠を30人ほど設定するが志願者は1,000人から3,000人に達し、より激戦となり、東京帝大より難しい学校として、陸士、海兵とともに書院も挙げられるほどになった。したがって、優れた学力的人材を集めたといえる。そのほか、満鉄や大阪毎日新聞などメディアから数名枠ずつの派遣生も入学した。しかし、満鉄からの社内の選抜は競争率が高く、中卒で満鉄へ入社した社員の昇格への登竜門となっていた。

　入学年齢は、旧制中学 5 年卒生や商業学校卒が基本であり、20期生までは17歳の入学であったが、浪人も含まれるため、17歳以上とされた。在学期間は標準で当初は 3 年間の専門学校で、卒業時は20歳から21歳、途中の21期生からは書院が 4 年制となったため、卒業年齢は21歳以上となった。また1939年から（旧制）大学へ昇格すると、22〜23歳以上となった。しかし、この時期、臨戦体制化し、繰上げ卒業が次々と行われたため、1 〜 2 年短縮された。したがって、繰上げ卒業によって勉学機会を奪われたと考える卒業生たちは、内地へ引き上げ後、大学へ入り直したり、編入したりするケースもみられた。

　表 1 は書院の各期別、科別卒業生数と大学予科および学部の入学者、卒業者の数および専門部の入学者数を示したものであるが、入学者数と卒業者数の表示が混在しており、正確な全体の入学者数の把握はできない。途中の退学者や病気などの死亡者もおり、総数は約 5 千人ほどであったと思われる。書院時代は商務科が中心となり、当初の政治科は18期生が最後となっている。農工科は期待された理系の増設であったが、経済不況の影響により学生たちの反対運動もあったがやむなく廃止され、代わりに中華学生部が本来的な形で付加された。しかし、日中関係の緊張で廃止され、

表1 東亜同文書院卒業者数（自第1期至第39期）

期別	年次	政治科	商務科	一部農工科	二部農工科	中華部	合計
1	明治37年（一九〇四）	六	五四				六〇
2	38	二	七四				七六
3	39	三	六九				七二
4	40	二	五八				六〇
5	41	一	八六				八七
6	42	一	八四				八五
7	43	六	七〇				七六
8	44	六	五六				六二
9	45	八	五六				六四
10	大正2年（一九一三）	九	五六				六五
11	3	五	六八	五	二		七三
12	4	六	七七	五	五		七七
13	5	四	七八	七	〇		八九
14	6	二	六五	七	一		八二
15	7	一	七八	一	三		八七
16	8	一	七五		四		
17	9	二	七三				
18	10	六	六九				
19	11	四	六九				
20	12	三					
21	13					〇	
22	14					五	
23	15					二	
24	昭和2年（一九二七）					二	
25	3					六	
26	4					四	
27	5					五	
28	6					〇	

期別	年次	政治科	商務科	一部農工科	二部農工科	中華部	合計
29	8		七九				七九
30	9		九六				九六
31	10		六四				六四
32	11		七一				七一
33	12		六〇				六〇
34	13		七八				七八
35	14		八三				八三
36	15		〇八			三一	
37	16		九一				
38	16		〇〇				
39	17		二〇				
総計		一六	二、九九五	二五	三五	四八	三、二一九

注
本表は、籍簿による各期の名簿、（1）四十周年記念誌所載の卒業生数、（2）旧大学史本文記載の卒業生数、（3）旧大学史所載の卒業生数、他資料に散見する数字をも参照して比較検討し、おおむね（2）に準拠して作製した。三者間の相違する個処があるが、これは追加試験卒業者などの取り扱いての相違に因るものと推測される。なお、本編本文の卒業生数は（3）に拠っているので、本表と相違する年次があるが、その差は、総計において十名程度である。

（『東亜同文書院大学史』（一九八二）より引用）

東亜同文書院大学予科・学部・専門部卒業・入学者表

期別	年次（昭和）	予科・学部・卒業者数（卒業者数）	予科・学部入学者数（入学者数）	専門部卒業・入学者数（卒業者数）	専門部入学者数（入学者数）
40	14	一八・九（大学1期）	一八・9（予科6期）		一六三（専門部1期）
41	15	一七二	一〇・9″		一三一
42	16	一五六	一〇・10″	2	一二四
43	17	一九六	一九・9″（2・3・4）	3	
44	18	一七七	一八・10″	4	
45	19	四三一	一九・10″	7	
46	20	六四四	20・4″		
計				四二八	四二八

（藤田佳久（二〇〇二）［A］より）

在籍学生については書院側が責任をもって民国側の大学へ入学、編入の世話をしている。大学昇格後は書院時代の50％増しの学生が入学・卒業しており、付設された専門部も大学とほぼ同程度の学生が入学している。東亜同文会はこの時期、統合した北京経専や上海の工業系専門学校も統一した入学試験をしており、書院系列の入学者はさらに多かった。

　次に入学者の出身地を図1と図2に示した。これも1995年の筆者によるアンケートによって作図したものである。基本は各府県から2名原則であるから分布図を示す必要もないが、現実には原則通りではないことを示そうとした。回答のあった分だけなので、正確は期せないが、その全体的傾向をうかがい知ることはできる。

　図1は回答のあった書院卒業生第16期から第39期までの出身学校の所在地を示したものである。ほぼ全国に散在するが、東北地方が稀少であり、実際、東北地方の入学者数は西南日本に比べて少なかった。全体的には長野県や愛知県の中部地方以西に密度が高く、関西の滋賀、京都、兵庫、岡山、広島、愛媛、福岡、熊本、長崎などでは入学者が特定校への集中もみ

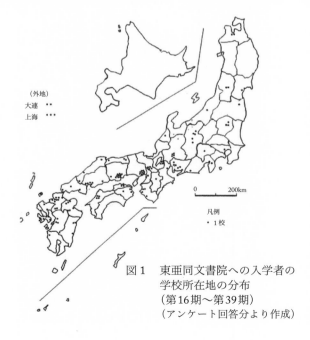

図1　東亜同文書院への入学者の
　　　学校所在地の分布
　　　（第16期〜第39期）
　　　（アンケート回答分より作成）

られた。東北も各地方の拠点都市出身者の分布がみられるが、これは中学校の分布が県内各地域の中心都市に置かれていたためである。例えば山形県の場合、同図では山形市の2校のみとなっているが、実際に年次毎に確認すると、北部の酒田、鶴岡、新庄、中央の山形、村山、南部の米沢と高畠などに出身者が分散し、それぞれの地域に集中化が認められる。岩手県は県費で送り出す余裕がなかなかなかったことがうかがわれる。

　一方、図2は大学へ昇格してからの第40期から第46期までの分布である。書院時代と大きく異なるのは各府県への広い分散的分布とともに大都市中心型へ変化していることである。すなわち、東京、大阪、兵庫、愛知、長崎などへの集中的分布である。書院の大学昇格は多くの受験生に注目され、受験生の多い大都市が浮かび上がった。すでに日中戦争下での中国への関心と召集の延期（当初）が受験生を引きつけたものと思われる。この頃になると、外地の受験生も注目されるほど外地での日本人の増加もあった。書院時代には上海と大連しか回答がみられないが、書院大学時代になると、上海を筆頭に満洲、朝鮮、台湾へも広がりがみられ、東アジアの日

図2　東亜同文書院大学・同専門部
　　　への入学者の出身学校所在地
　　　の分布（第40期〜第46期）
　　　（アンケート回答分より作成）

本人を中心に注目されていたといえる。

　ところで、こうして合格した書院入学者の書院入学の理由を問うたのが、表2である。1995年の筆者によるアンケートによるもので、回収数は約1,400人中の400人、すでに前半の方々の多くは亡くなっているので、後半の方々の回答が中心になっている。大学時代には専門部の方々の回答も含めている。

　それによれば、最もダントツに多いのは各期とも「中国で仕事、生活したい」という希望であり、各期とも第2位の「県費制度、学費が安い」という現実派を上回っている。他にも先生や先輩、親などからの勧めも合わせると、それなりの数にはなるが、中国への自発的、自立的な志と指向性の強さがみられる。その点に書院入学後のエネルギーの大きさをうかがい知ることができる。

　それは卒業後に「書院から得たもの」の回答からもうかがえる（表3）。それによると、最も多いのは「中国への理解と親しみ」であり、それを含

表2　東亜同文書院への入学した理由（一文に複数回答含む）

内　容	期〜33	34	35・36	37〜39	40	41〜45	46	合計
中国で仕事、生活したい	19	10	17	14	11	78	12	161
県費制度、学費安い	16	8	11	8	4	32	2	81
入試制度、派遣制度	1		5	1	3	6		16
地元中国育ち	1					18	3	22
先生のすすめ	1	1		2	3	4	1	12
親戚のすすめ	2	1	1	1		1		6
父兄のすすめ	2					3	4	9
先輩の講演を聞いて	3	1	3			4	2	13
身近、同級生の入学	1	1		2		13	2	19
身内が中国にいる	3		1			14	2	20
書院の特色、理念	2			1	1	3	1	8
軍事教練がない				1		2		3
使命感			2					2
好奇心			2					2
中国に近いから				1		1		2
遠くへ行きたい						3		3
合格したから				1		6		7
好奇心			2					2
そのほか	3		4			4		11
合計	54	22	48	32	22	192	29	393

（藤田佳久：［A］より）　　　　　　　　　　　　　　（1995年アンケートより作成）

表3　書院から得たもの

内容	期~30	~33	34	35 36	37 38 39	40	41	42	43	44 予科	44 専門	45 予科	45 専門	46 予科	46 専門	合計
大 い に あ っ た	1	1	3	1	3	2	1	2	5	4	5	2	1	2		33
中国への理解と親しみ	6	2	1	8	8	2	9	5	3	4	2	2	6	2	1	61
国際感覚と世界的視野	1	3	3	9	1	1	1	3	4	4	3	2	4			39
中 国 語 を 教 育 で き る	3															3
戦後に生きる力と自信				1	1	1	2	3	2	3						13
書 院 精 神 と そ の 誇 り				1	1	2		2	4				1	1	2	14
先 輩 や 友 人 を 得 た				2		1	3	1	1	1	1			1	1	13
精 神 哲 学 、 儒 教	1	1		3												5
人 間 関 係	2	1	1	3		1										8
苦 境 時 の 抵 抗 力							3	1				1			1	6
人 間 形 成				4							1	2				7
大 陸 的 お お ら か さ												1		2		3
就 職 先 、 仕 事		1			2	1	2									6
非出世主義、私利少い				1		1			1		1	1		2		8
使 命 感 、 責 任 感							3									3
自 立 性					1							1				2
協 調 性				1			1									2
自 信				2												2
書院での学業の中断の影響												1	2	1	1	5
そ の 他	4	3	1	1	1	1			5	1	1	1	2			22
な い	2		1	1	2	3		1	1	3		1	2	2		19
無 記 入	4		4	9	10	5			4	5	6	5	6	4	2	68
合 計	24	12	16	44	35	21	27	29	20	28	18	21	22	15	10	342

（藤田佳久：［A］より）　　　　　　　　　　　　　　　　　　　（1995年アンケートより作成）

めたであろう第2位の「国際感覚と世界的視野」は入学時の志望動機がほぼ満たされたことを示し、最上位に示した「大いにあった」はそれらを含めた満足度の大きさをはっきり示したものだといえる。

2　戦前における書院卒業生の就業状況

　では、このような属性をもった書院生たちは卒業後どのような道を歩んだのであろうか。それをまず戦前の段階でみてみる。

　書院卒業生のほとんどは卒業後就職、起業をして仕事を得ている。書院が設立された当初はまだ日本企業の清国進出は三井以外にはほとんどなく、根津院長は書院生が自力での起業を当然のように勧めていたからである。そのため、自営の道を歩んだり、内地へ戻り職を得る卒業生も多かった。日露戦争後、日本企業の清国進出が急増すると、清国期さらに民国期にそれら成長する日本の商社系企業に就職したり、日本の清国・民国下の

領事館、日系資本の新聞社などへと就職先も幅が広がった。満鉄（南満洲鉄道）が日露戦争のあとロシア側の鉄道へも権益を伸ばし、次第に満洲一帯へその路線と権益を拡大するようになると、中国語を使用できる書院卒業生は満鉄での就業が次第に増加した点に特徴があった。当然、その盛衰は日本の経済動向と強い関係がみられた。

　卒業生が増えるにつれ、院長を会長とする書院の同窓会が結成され、10名の理事が選出され、運営されるようになった。それは書院生の強いつながりの源にもなっていった。10名の理事が選出される母体の地域は（1）東京と東京を中心とする地方、（2）大阪と大阪を中心とする地方、（3）大連と大連付近および奉天以南の地方、（4）奉天と奉天以北安奉線および朝鮮地方、（5）天津および北京地方、（6）青島および済南、芝罘などの山東地方、（7）上海および上海を中心とする地方、（8）漢口および漢口を中心とする地方、（9）香港および広東を中心とする地方で（図3）、上海地域

図3　1934年時点での書院同窓会の理事送出地域

のみ2名選出され、他はいずれも1名ずつの選出である。主要都市を中心
とした地域が設定されている。

　また、それとは別に支部が各地に置かれ、分散的に広がる卒業生はそれ
ら支部のうち近隣の支部の会員を構成した。1934年の時点で支部および
支部外に散在分布する総会員数は2,247人、そのほか死去した会員数は348
人を数えている。

　図4は同じく1934年において設定されていた日本および外地における
支部別会員数の分布を示したものである。外地では本校で同窓会本部の置
かれた上海支部が242人と最も多く、次いで新京支部177人、奉天支部169
人、大連支部164人が100名以上の支部で上海を別格とすれば、この時期、
満洲国が成立したこともあり満洲への指向性が強まっていることがうかが
われる。最少は済南支部の4名で、天津支部は30人、北平（北京）支部

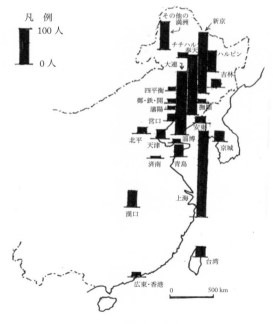

図4　書院卒業生の支部別会員数の分布（外地）
（1934年時点、同年名簿より作成）

は18名にすぎない。メインランドでは漢口支部が45人で、内陸部は空白に近い。当時の民国期における経済活動の地域差を反映しているといえる。

　一方、図5で示す内地の支部分布をみると、京浜支部が295名と上海支部を50人ほど上回り、全支部の中で最大の会員数を示している。次いで大阪支部の185名、神戸支部の54名で、これに京都支部12名を加えた京阪部全体では251人となり、京浜支部には及ばないが、上海支部を若干上回る。それ以外では福岡支部26人、名古屋支部21人と少なく、残る関門、広島、長崎の各支部も10人台に留まっている。それ以外は出身地への帰郷者を含め、全国に散在し、それが303人を数えている。そのほか、他のアジア地域や北米、ヨーロッパ、中南米などにも28人を数え、職種も貿易を中心に多様な分野で就業し（図6）、日本企業の支店的な役割も含め活躍している様子がわかる。

　ところで、この3年後の1937年までにおける書院生の就業先と就業業

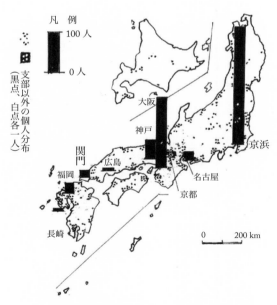

図5　書院卒業生の支部別個人別分布（内地）
（1934年時点、同年名簿より作成）

種が、受験雑誌に紹介されているのを見つけたので、表4に引用して示した。

　まず、地域別では総数2,331人のうち42％あまりの988人が内地で就業し、次いで32％あまりの783人が誕生したばかりの旧来の満洲である「満洲国」に就業している。そしてメインランドの「支那本部」は22％あまりの528人で第3位である。その他の外国が1％あまりの32人。全体としては日本での就業地が最も多く、満洲が第2位と大きなウェイトを占めるに至っている。

　これは就業職種をみれば、満洲での商工業会社に次いで新生「満洲国」の官吏が30％を占めて急増したためである。この年、「満洲国」が誕生し、清国語、民国語を駆使できる書院の卒業生が有能な官吏として登用されたためである。

　230人もの満洲国官吏をこの年に生み出したことについて、ある研究者は、このような動きは書院の精神とは相入れないズレがあるとその論考で批判しているが、この年の当時の書院卒業生の置かれた就職環境は稀に見る悪いレベルにあり、日本経済の不況は深刻で、上海も同様であった。いわゆる「大学は出たけれど」の言葉が広く流通するほど卒業生に対する就職口はなかった。そこへ「満洲国」が突然誕生し、彼らを結果的に救済す

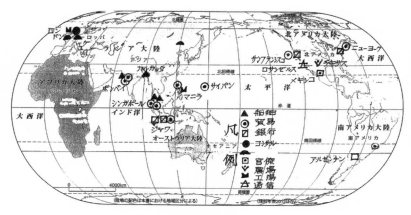

図6　書院卒業生の外国での分布（1934年）

(同年名簿より作成)

ることになったためである。現在からみれば満洲国をめぐる問題は多いが、当時の失業者になりかねない書院生にとって、しかも新しい国づくりのキャンペーンの中では選択肢は他になかったということになる。実際、満洲国官吏となった書院生たちは新しい国づくりに尽力した。しかも、敗戦により、国民党や共産党に現地職場で留用され、ソ連に抑留された卒業生たちは重労働と栄養失調、それに厳寒下で落命者も多かった。

　就業職種をみると、満洲では前述の新生満洲国の官吏と商工業会社、銀行業が三大職種で、起業による独立自営も40人に達している。また広大な満洲で各地毎の新聞発行は不可欠となり、新聞や通信への就業者も24人を数えた。満洲国誕生による満洲国への投資と近代化への期待がその背景にあった。

　一方、「支那本部」では商社や鉱業などの商工業就業者が46％あまりを占め、銀行業を含めると73％も占める。また、起業自営の就業者も10％近くを占めており、書院のビジネススクールの強味が十分に発揮されている。他に教員やメディアで貢献した就業者も多い。

　それに対して、日本での就業者は商工業会社の就業が30％ほどを占め、銀行業を加えると40％近くを占める。商社や金融業の日本国内の本支店への就業者が多く、またその一方、起業独立自営業者が154人と15％も占めている。起業者は家業の継承以外は卒業後すぐに起業できるわけではなく、後述するように他の職種を転々と経験したうえでの起業が多く、これこそが書院のビジネススクールの教育の成果であるということができるであろう。

　なお、図7にその7年後の1941年時点での、外地における書院生の第

表4　1937年の業種別就業先

東亜同文書院卒業生の現況

同文書院卒業生は近来毎年全部就職して尚足らざる状態である。殊に満洲国の成立以来此の方面の事業に従事する者七百八十余命に達し、専ら同国の発展に貢献しつつある。左に同院卒業生の就職別を表示してみよう。（昭和十二年一月現在）

区分	日本官吏	満洲国官吏	支那国官吏	独立企業	銀行業	商工業会社	教育業	新聞及通信	公益事業	雑業	合計
支那本部	六										
満洲		四〇〇		四〇				二四			七八三
日本	八一			一五四							九八八
外国	三										三二
合計											

（一九三七（昭十二）十一月下旬号「受験旬報」より）

1期生から第37期生までの就業地の分布を示した。この図は支部別では
なく、就業地別に示したので、前図よりはより実態を示している。それに
よると、やはり上海が最も多く、次いで満洲の新京で、満洲では大連、奉
天以外にハルピンも就業者が増大し、そのほか東方の吉林、北辺の黒河、
西辺の満洲里、北から南へ続く蒙古族のベースである乾燥地帯への接点の
小鎮クラスが南北軸を形成するかのように連なっている。また、メインラ
ンドでは北京と天津が大連並みにふえ、西側の包頭から山西省さらに南の
漢口に続く一帯の地方中心地にも広がりをみせている。このあとは日中戦

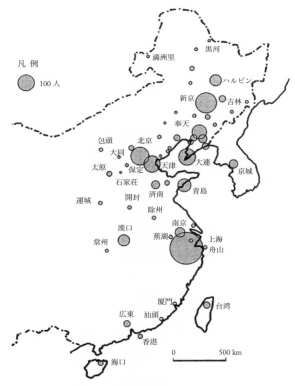

図7　東亜同文書院卒業生卒業後の中国での就業地
（1941年現在、1期から37期まで）
（卒業生名簿の判明分より作成）
藤田佳久（2001）［A］（「東亜同文書院卒業生の軌跡」より）

争の本格化もあり、召集されたり学徒出陣でこそ各地へ広がったであろう
が、書院生の就業地としてはこれが最大で最後の華であったといえそうで
ある。

　なお、これらに関係し、筆者のアンケートによる期別の就業職種を表5
に示した。回答者の職種名を尊重したため、前述の表4の職種の種類より
は少し細かく分類しており、その分、職種内容も具体的にうかがわれる。

　それによると、30期直前から42期生まで205人の回答を得た。書院生の
中期後半から後期の状況を示している。職種は広がっているが、最も多い
のは「商社、貿易」で全体の15％を占め、「金融」を含めると全体の22％
あまりになり、やはり書院のビジネススクールの特徴がみられる。しかし、
40期代に入るとそれは減少している。これは繰り上げ卒業による召集や
学徒動員によるもので、就業機会を得られなかったことを意味している。
そしてそれを裏付けるように「兵役と軍隊」への就業が40期代では目立っ
ている。

表5　中国での就業職種

内　容	期～30	～33	34	35 36	37 38 39	40	41	42	合計
商社、貿易	3	3	1	10	7	3	2	2	31
満鉄	3	8	2	9					22
金融	5	3	3	2	2				15
鉱業、石油			2	3	1		1		7
鉄道、交通	2			2	2				6
海運				2	1	1			4
教員	2				1	1			4
新聞社、放送	2					1			3
会社			2	1	2		1		6
大使館、領事館	1			1	2	1			5
家電・メーカー					3				3
造船、製鉄				2					2
紡績	1	1							2
民会組織			1					2	3
政治運動				2					2
兵役、軍務など		1	3	3	5	9	18	11	50
その他	2	1			1		1		5
不明	3		1	10	8	6	7		35
合計	24	17	15	47	35	22	30	15	205

（藤田佳久（2001）［A］より）　　　　　　　　（1995年アンケートより作成）

それらを追って多いのが、「満鉄」への就業で、書院時代の36期までは
ほぼ毎年複数が就業している。中には満鉄からの派遣入学生の親元返りも
含まれるが、上海には満鉄の事務所もあり、一般卒業生も満鉄指向がみら
れた。

　「鉄道、交通」は北支（華北）の鉄道やバス交通事業への就業で、地域
交通を担ったが、「海運」も加えると、輸送業で5％を占め、前述の「満鉄」
を加えると15％と主力になる。

　「鉱業、石油」は「会社」、「造船、製鉄」、「家電、メーカー」、「紡績」
などを加えた工業・メーカー系とみなすと約10％を占め、生産力にも寄
与したことがわかる。

　「新聞社、放送」は3人にすぎないが、実際にはとくに新聞関係への就
業者は多く、大陸でのメディアをさまざまな形で支えた。

　「民会組織」はこの場合は、30年代末から出現するが、地域の治安維持
の組織であり、とりわけ戦時下での役割が要請され、各地に組織化がみら
れ、書院卒業生の中にもその役割を果たそうとした人たちがいた。

　以上のアンケートは標本数が少ないため、実態とはズレるが、職種の確
認を含め全体的な傾向を読みとることはできる。

　いずれにせよ、召集された任務も含め、1945年8月15日の敗戦により、
外地で就業していた書院卒業生は、中国での留用やシベリア抑留という状
況も生じつつ、現地での職場を放棄し、内地への一斉引揚げを余儀なくさ
れた。これは書院卒業生だけではなかったが、バッグ1つだけの持参は書
院卒業生にとっても第一の人生の幕引きであった。

3　戦後における書院生の軌跡

(1)　終戦直後の混乱

　外地からの引揚げが早い卒業生は1945年末までの帰国もみられたが、
多くは翌年の1946年から1948年に集中した。メインランドにいた日本人
は上海など沿岸部の港から佐世保、博多などへの比較的早目の上陸が多
かったが、満洲方面では軍属は抑留者としてソ連のシベリアに数年間、さ
らには10年間も重労働を課せられた。その他の老人、婦女子は各地の劣

悪な収容施設を経由して亡くなる人も多く、コロ島から帰国したが、いずれもスムーズではなかった。

　引揚げてきた日本も都市は軒並み空襲で破壊され、工場地帯も同様で、人々を吸収できる状態ではなかった。農村に実家のある書院卒業生はそこへ投留したケースも多かった。ほぼ焼野原になった日本本土に中国、満洲は台湾や朝鮮などの海外植民地から、さらに東南アジアから民間人や軍人が一斉に引揚げてきた状況は深刻でたちまち食糧危機に直面した。再就職どころではなかったのである。

　しかも、戦後の日本を支配したGHQは、次々と民主化政策を推し進め、農村ではそれまでの地主小作制を解消させる農地改革、行政では女性を含めた普通選挙や地方自治の確立、経済界では財閥解体が行われ、例えば三井財閥は300社余りの会社に分断された。戦前、外地でそのような財閥系企業に従事するケースが多かった書院卒業生たちは、帰国しても原形復帰が困難な状況が待ち受けていた。そのため、とりあえずの食い扶持を確保する形で多様な職種に飛びつくように就業した。書院時代に中国語に次いで英語を習得していた卒業生は、折からの新制中学や新制高校の誕生の中で中学校の英語教師になったり、またこれも折からの地方自治の改革の進行の中で、新たに公務員に席を求めるケースも目立った。

　また、この状況は戦時中まで都市部を中心に日本内地で就業していた書院卒業生も同様であった。都市部の空襲は建物や施設の多くが破壊され、職場を失い、前述したように財閥解体は対象となった財閥系にも多くの就業をしていた卒業生に混乱をもたらした。日本経済は崩壊し、破産の苦しみの中、国民は不足する食糧を求め、アメリカからの救援物資にすがった。

(2) 日本経済の再生と書院卒業生

　以上のように、自力では回復が容易でない中、1950年、隣の朝鮮半島で戦争が起こった。日本の植民地であった朝鮮から日本が撤退した政治的空白を、戦後顕在化した東西冷戦の中、ソ連に支援された北朝鮮が南朝鮮に侵攻し、一時は釜山周辺を残して占領する勢いにあった。慌てたアメリカと連合国側は南朝鮮（韓国）を支援すべく援軍を送り、逆に北朝鮮を北辺にまで追い詰めた。そこへ中共軍が人海作戦で兵士を送り込み、北緯

38度線をはさんで膠着し、休戦となり、今日に至っている。この時、アメリカと連合国側は朝鮮の至近距離にある日本に軍用資材や設備を求めたため、どん底にあった日本経済は阪神工業地帯の紡績、繊維業、弱電気など復興しやすい軽工業部門が真先に軍需景気の恩恵を受け、「ガチャマン景気」を盛り上げた。朝鮮戦争は5年間ほど続き、後半には製鉄、金属など重工業部門も息を吹き返すことになった。倒産寸前であったトヨタ自動車も米軍の厳しい製品チェックにより生きのびた。しかし、当初はGHQにより貿易も制限され、加工貿易を中心とする日本経済は大きな動きがとれなかった。

　その制限が緩和されたのが、1951年のサンフランシスコ講和条約で、時の首相吉田茂の手腕により、ソ連や中国は不参加ではあったが、日本の国際復帰が実現した。軽工業中心であった日本経済の活性化は、京浜、北九州、中京などの旧工業地帯へも連動し、朝鮮戦争休止後は一時低迷するが、1955年からは再び動き出し、1960年代にはエネルギー源も石炭から石油へ転換し、コンビナート計画によるアメリカの先端技術の導入により化学工業も勢いを得た。こうして、原料の海外輸入、製品の海外輸出が直面する大きな課題となった。戦後、長らく制限されていた海外との取引には政府も企業もどう踏み出すかという手法や展望を持っていなかったからである。

　その課題を解決したのが書院の卒業生たちであったというのは過言ではない。それは1960年代以降の日本経済の高度成長の引き金になったからである。

　表6はまた筆者が1995年に行った書院卒業生へのアンケートの一部であるが、ここでは戦後の就業業種の問への回答を、期別、業種別にまとめて示したものである。それによると、362の回答のうち最も多いのは「貿易、商社」の18％を占めるが、これに関連する「製造業」、「金融」、「運輸、交通」、「流通」、「商業、サービス」、「会社」、「石油、電力」、「外国企業」などを加えると、全体の65％を占める勢いである。そのうち、回答数の多い35・36の両期生の比率を同様に求めると60％を占めている。次に回答数の多い44期生予科生、37、38、39期生についても約60％を占め、書院でのビジネススクール教育が開花していることがわかる。

表 6　戦後の就業業種

内　容	期 ~30	~33	34	35 36	37 38 39	40	41	42	43	44 予科	44 専門	45 予科	45 専門	46 予科	46 専門	合計
貿　易，商　社	3	1	4	10	5	6	6	9	6	4	4		4	3	1	66
製　　造　　業	1	3	1	9	5	2	1	3	2	3	2	3	5	4	1	45
報　道・出　版				2	3	5	6	4	2	7	2	2	4		1	38
教　　　　　員	4			3	2	1	7	1	1	3	1	3	9	2	2	39
金　　　　　融	3	2	2		2	2	2	1	2	7	1	4	3			34
国　家　公　務　員	3		3	2	1	5	2	3	1		1	2	1			24
公　　務　　員	1	2	1	2				4		2	1					14
運　輸，交　通	1	1		1	4					1	1					10
流　　　　　通				2			1				1	1				5
商業、サービス				4	1		2			1				1		9
医　　　　　師					1						1					3
会　　　　　社	1		1	2			1	1	2	1	2	5	3		2	19
広　　　　　告		1				1										3
石　油，電　力						1	1			2						4
税　　理　　士	1					1	1							3		6
外　国　企　業	1		1	1								1				4
自　　　　　営				3		1								1		5
そ　の　他	2	1	2	1			2			1	1	1	1		1	13
不　　　　　明	2		1	6	4			1	2	1	2	1	1			21
合　　　計	23	12	16	45	35	23	33	29	20	39	17	18	28	14	10	362

（藤田佳久（2001）［A］より）　　　　　　　　　　　　（1995年アンケートより作成）

　書院卒業生の強味は、民国期の中国や、植民地下の東南アジアでの徒歩による大調査旅行の経験が、他大学出身の室内型とは違っていたことである。戦後、「竹のカーテン」で中国が閉ざされていた時代、商社系に就職した卒業生たちは、台湾や香港、マカオ、シンガポールやタイなどにフィールドを広げ、カーテンの向こうの世界を気にしながら世界へ乗り出した。大手商社が少しずつ復活する中で、書院卒業生はインド、中近東、中南米、アフリカなど他の出身の社員が嫌う開発途上国への市場開拓を率先して行った。三井物産の広大なインド市場へのパイオニアも書院卒業生で、彼は社員の誰もが挙手をしない中で挙手し、インド市場を開拓したことを本人から聞き取ったこともある。

　それがより可能であったのは、彼らが育った上海の国際性にあり、外国人に対して対等に議論し、多くの日本人のように引込み思案型ではなく、コスモポリタンとしての性格を付加した点が、外国での交渉術として十分に生かされた面も大きかったといえる。

　同表の数字の裏側には、書院生が学んだビジネススクールとしての真髄

が十分に機能し、戦後の国際性を失った日本経済に新たな地平を開き、日本経済の高度成長を支えたということができる。

　同表ではそのほか「報道・出版」が10％以上と目立つ存在であるが、戦前の段階から内外各地の新聞社に就職したり、起業するケースは多く、記者、評論などで活躍した実績があった。それは戦後も継承され、国内紙では朝日、毎日、中日・東京、西日本新聞社、そのほかなど、またNHK、TBS、CBCや大阪はじめ地方のテレビ局などでの活躍もみられた。例えば、西日本新聞社では書院卒の論説委員が5、6人いて、中には市民の中に入り込んで車座になって議論する形式で地域の有名人になったほか、対中国の論説では書院時代の経験をふまえ、実感的中国論を展開して好評であったという。

　また、大学教授や中高校教員も多く、80余名に及ぶ学術研究的な卒業生も多く輩出された。

　ただし、書院卒業生のこのような活躍は、戦後の帰国時に「スパイ学校の卒業生」だと観念的なイデオロギー派からレッテルを貼られたことへの反発エネルギーでもあったように思われる。それゆえに、書院生はそれに猛反発しながらも、それを口に出さず、書院の話も語るのをやめ、口を閉ざして実績を示した。そのために、週刊誌などで有名人としてその出身校名が取り上げられる時は、「幻の名門校・東亜同文書院」という枕詞が付加された。

　当時、書院の実体も知らず、観念的な風評が流布したのは、書院卒業生にとって思いがけない風評であった。その呪縛が解かれるのは1989年のソヴィエト連邦の崩壊による共産主義の衰退にあった。残念ながら書院を継承した愛知大学でもその前までは同様の状況が見られ、書院の卒業生と愛知大学の卒業生は、今日でこそ同一の同窓会に組織化されたが、その直前までに両者の接合化が十分でなかった点は惜しまれる。

(3)　軌跡の2類型

　以上はきわめて概説的に戦後の書院卒業生の就業軌跡を追った。大勢としては結果的に戦後日本経済の、とりわけ高度経済成長期に書院卒業生が活躍したことが浮き彫りになった。

　しかし、書院卒業生は戦後の日本の経済変化の中で、どのようにコミットしたかは、卒業生の卒業年次により幅がありそうであり、就業舞台となった戦後日本の経済推移とのクロスも一律的ではない。また、前述したようにすぐに就業先を見つけ定着できたわけでもない。

　そこで、卒業生が具体的にはどのような形でどのような職種に就業したかについて、より具体的に検討する。

　なお、この作業のためには卒業生の就業に関するデータベースを作成し、全体の流れをつかんだ上で、前述した卒業年次と戦後の日本経済の展開過程のどの部分でクロスしたかについて検討するため、2つのグループに分けて検討する。

　図8はその2つのグループを設定するための概念図を示した。

　すなわち、同図ではタテ軸に第1期から最終第46期までの卒業生の配列を示し、ヨコ軸は書院が開学（1901年）し、初の卒業生が誕生した1904年から最後の卒業生が活躍した可能性のある1990年までを年次別に配列した。そしてこのタテ、ヨコの2次元空間の中に、卒業生の卒業時の年齢を年次別に示した。図の左側の右下方向への斜線の実線がそれで、当初は最短20歳が卒業時の年齢であったが、1921年に専門学校令により4年制となり、卒業時の最短年齢は21歳と1年延長したことを示している。その後、日中戦争の激化の中で、第38期生の繰り上げ卒業が行われると、以降、大学へ昇格したあとも、新設された専門部さえも繰り上げ卒業が行われ、1943年には書院生の学徒出陣も行われ、学業を十分に受けられる状況ではなくなっていった。

　図中、中央から右の右下方向への実線は、書院卒業生の等年齢線を40歳、50歳、60歳、70歳の4本で示した。40歳はいわば就業先での中堅に入ったとみることができ、50歳はさらに活躍することにより企業であれば部課長、さらにはトップのポストゾーンへ入る年齢ということになり、各界でもリーダー層のゾーンということになる。

　一方、図中のタテ線によるゾーンは1937〜1945年の日中戦争、太平洋戦争の時期であり、一般的な活動は困難な時期である。また中央部の点状のタテ線は、前述した朝鮮戦争休戦後の不況から経済が少し動き始めた時期を示し、その右のタテ線は、1955年からの経済発展の萌芽期、そして

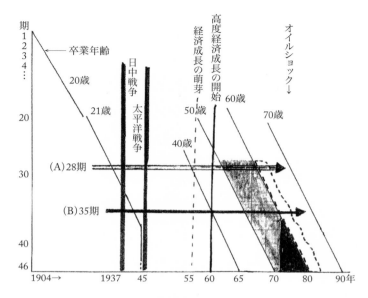

図8　書院卒業生の年齢と年代構成の概念図

1960年以降、1973年のオイルショックまでの高度経済成長期の時期を示している。

　このように大枠を設定すると、卒業生で高度経済成長期に最大限活躍できたのは、40歳台から50歳にかけて、日本経済の高度経済成長への準備段階を経験した上で、高度経済成長期に年齢が50歳台を迎えたグループということになる。このような条件を示す卒業生は図中に示した（B）の35期生がその最も中心軸に近く、その前後にもみられる。

　一方、この第35期から離れた卒業生は、それより以前になるほど図中の（A）第28期の卒業生のように準備期が少なく、突然高度経済成長期に呑まれることになる。また、第35期以降になるほど中年の活力期にはまだ準備期に届きにくく、遅くに準備期を迎えたあと、高度経済成長期が短くなる。これらのグループは内容が異なるが、第35期の卒業生に比べると、一般論として活動環境が偏在的になる。

　そこで、以上から、ここでは高度経済成長期を十分経験するも、その準備期が十分でなかった（A）第28期生と、十分に準備期も高度経済成長

期も経験できた（Ｂ）第35期生の
２グループをとり上げ、その具体的
な就業状況を戦前の就業状況も含
め、検討してみることにした。

　表7は第28期生、表8は第35期
生の戦前と戦後の職種を示したもの
である。

　まず表7をみると、第28期生は
前述したように突然の満洲国誕生
で、就職不況期を満洲国への就職で
乗り切った期で、半分近くが満洲国
の官吏として採用された。そこでの
職種は多様で、語学が評価され、国
づくりの全面で業務を遂行した。次
いで満鉄と民間銀行で各4人ずつ、
その他の民間企業へ9人が就業、あ
と東拓2人、外務省2人となってい
る。

　彼らの戦後日本での職種は多様
で、満洲国関係者は公務員、経済団
体ほかバラエティに富んでいるが、

表7　28期生の軌跡

戦前		戦後	
満洲国	17	県庁	3
		経済団体	1
		製薬	2
		自営創業	4
		《病院　2》	
		《製紙　1》	
		《市場　1》	
		公務（市長ほか）	2
		貿易（ハワイ）	1
		教員	2
		農業	1
		倉庫	1
満鉄	4	商社	1
		研究者	1
		事務長	1
		自営	1
民間銀行	4	公務	1
		石油	1
		映画	1
		台湾日系	1
ほか民間	9	公務	2
		メーカー	2
		教員	2
		森林連合	1
		製紙問屋	1
東拓	2	金融	1
		林業会社	1
外務省	2	インドネシア・中国	1
		大使館	
		入国管理	1

官吏の延長の職種もみられる。満鉄4人も商社、研究者、事務長など満鉄
時代の職種もみられる。民間銀行も戦後の職種と多少関係ありそうであり、
東拓、外務省もそれらの経験を生かした形で就業しているようにみえる。
　しかし、全体としてみると、幅の広さはみられる一方、ビジネススクー
ル教育を直接的に反映する職種ばかりではない。戦後の帰国後の就職難の
中からそれなりにたどりついたおだやかな職種の多いのが特徴的である。
　一方、表8によって第35期生をみると、戦前、第28期生のように就職
難時代であったがために折りから誕生した満洲国へなだれ込んだのとは違
い、本来の1930年代の満洲や民国における就業状況がうかがわれる。戦
前は満鉄9人をトップに銀行5人、そのあと古河、住友、三菱、三井、伊

表8　35期生の軌跡

戦前		戦後			戦前		戦後	
満鉄	9	銀行	1		三井物産系	3	同業組合	1
		メーカー	1				議員	1
		販売	1				（不明）	1
		公務	1		伊藤忠	3	貿易	1
		議員	1				物産成立	1
		教授	1				銀行	1
		公団	1		丸紅	2	食品	1
		生協	1				（不明）	1
		病院	1		兼松	3	自営	1
満洲系・台湾系銀行	5	銀行	4				兼松（シンガポール）	1
		公務	1				兼松江商	1
三菱重工系	4	銀行	1		江商	1	江商	1
		三菱重工系	2		岩井	1	製薬創業	1
		税務	1		東棉	2	商工会議所	1
古河系	2	トヨタ系	1				販売	1
		食品	1		ほか棉花	1	建設	1
鉄鋼	5	銀行	1		水電	2	ガス	1
		商事	1				東電	1
		貿易（アメリカ）	1		ほかエネルギー	4	ビジネスコンサル	1
		機械輸出（フィリピン）	1				税理士	2
		製鉄	1				配電	1
住友系	2	住友	2		電気	1	銀行	1
三菱系	2	三菱	1		横浜正金	2	銀行	1
		炭素	1				電気	1
汽船	2	海運（USA）	1		メーカー	2	パイロット（万年筆）	1
		公務	1				製菓	1
製糖	1	公務	1		日本水産	1	製氷	1
ビール	1	ビール	1		（海外）	2	エチオピア	1
新民会	3	メーカー	3				マレーシア	1
					外務省	6	外交官	1
							メディア	1
							教授	1
							メーカー	1
							商業・問屋	2

藤忠、丸紅、兼松、江商、岩井、東棉など当時トップクラスの商社系企業
が並び、そのほかの三菱重工、鉄鋼、製糖、文具なども著名なメーカーが
並ぶ。ほかに外務省も6人を数えるなど、不況期の第28期の卒業生とは
大きく異なっている。ビジネススクールの本領発揮といえる。

　そのような企業の職種の経験が、戦後の高度経済成長期の業種の中にも
多くみられ、多くのトップ商社や銀行、メーカーを主軸に、公務、運輸、
食品、建設、コンサル、教授など専門職的職業が目立つ。また、アメリカ

やフィリピン、シンガポール、マレーシア、エチオピアなどでの海外市場の開拓をすすめていることがわかる。戦前の外務省6人も外交官1人が継承するほかは商社的さらには専門職的職種に就業し、この時期の日本経済を国際貿易とも関連させつつ発展させた状況がはっきりと見える。

このことは、この第35期ととくにその近傍の卒業生は、戦後日本の高度経済成長を中心的に支えたということが出来る。

（4）個人の軌跡を追う

以上示した職種は卒業生が自ら評価した職種であったというのが正しい。バッグ1つで引揚げてきた各卒業生がいきなり希望通りの職種に就業することは考えにくいからである。多くの場合は、当初選択肢のない状況で就業したが、復興経済を経て高度経済成長期へ向かい世の中が落ちつく中で、職種を転々としたあと、希望した職種に落着くケースがこれまでの書院生からの聞き取り調査からも多かったことがそれを裏付けている。

そこで、卒業生各個人がどのような過程を経て希望する職種へたどりついたかを第28期生を中心に明らかにし、その軌跡の中に込められた意味にふれてみたい。

表9は前述したように第28期卒業生が集中した満洲国に就業したグループの個人単位の軌跡である。それによると、戦前、書院卒業とともに満洲国へ就職し、その中で財政部へ入った1人を除くと、満洲国内でかなり転勤がみられ、幅広い仕事を担当したことがわかり、興味深い。抑留者もこの表では7人中4人を占め、中にはソヴィエト連邦に4年間の抑留者もいる。また引揚時に5人もの子供を亡くした卒業生もいる。この7人は戦後すべて前職を失い、戦後の日本でそれぞれの職を見出した。氏名（S.M.）は実家の砥石業を引き継ぎ、（S.K.）は長崎県商工局の仕事を貫き、（H. I.）は山梨県庁内で就業し、最後は県出納次長まで昇進している。それ以外は転々と職を変え、その中で自己の志や他人（とくに書院仲間による世話）などもあって最後の仕事に達していることがわかる。

また、表10は戦前の満鉄グループである。それによれば、満鉄内でもかなり転勤があり、場所と仕事内容ともかなり変化に富んだ軌跡を示している。満鉄の色々な地方、色々な仕事を経験させる人事政策の反映であろ

表9　28期生の軌跡　卒業後の進路〔満洲国から〕

	戦　前	戦　後
N. Y.	満洲国政府（新京→ハルピン→チチハル→新京） 召集（ハルピン→黒河→琿春）→虜囚（コムソモリスク）	弘前商工会議所→同事務局長→農協連合会
S. M.	就職なし→満洲国（総務庁文書課）→新京（秘書） →満洲国日本大使館（建国大創立事務所） →新京→呉→召集 →東京で砥石メーカー買収	大磯へ帰郷→砥石業→発展中
T. S.	満洲国協和会→中国新民会（天津→河南→河北） →シンガポール→パレンバン（副市長）	パレンバンのインフラ整備→帰国し山大コンクリート役員 →豊後高田市の高田コンクリート
S. K.	満洲国（奉天）→大同学院→ハイラル副局長→鉄嶺 →満洲海運（営口）→抑留	長崎県商工局
H. U.	満洲国（財政部） →抑留（アルタエスカヤ収容所→バルナウール 3 年）	経済調査官（新潟）→温泉治療→旧友の世話で森永薬品（三島） →森永製菓→ユースホステル協会設立
H. I.	満洲国（吉林省公署→富錦→依蘭→佳木斯→九台県副参事官→長春・地政総局）→蒙古聯合 →自治政府へ派遣（多くの役職をこなす）、5 人の子供失う	山梨県庁→県立図書館副館長→社会教育主事など →県出納次長
S. A.	満洲国（双陽→通遼→東安→密山→豊密県副知事） →抑留（ソ連、4 年間）	上田市役所（税務課長、市長から紹介）→市長選挙応援で退職 →書院友人から入国管理局（横浜入管→羽田→佐世保 →長野トヨタ→上田市長の助役

表10　28期生の軌跡　卒業後の進路〔満鉄から〕

	戦　前	戦　後
H. M.	伯父の世話で満鉄 ハルピン 3 年間（北満で用地買収）→華北→内蒙古→天津 →駅員へ転身し話題→戦犯（清南→上海）	巣鴨→満鉄時代の友の世話で貿易商社（6 年遅れ） →台湾（山中で炭鉱、台北で商業） →シンガポールで工場経営（1964〜）
S. E.	満鉄（吉林→大連（総裁室資料課））→上海→南京→大連 →奉天→新京→南京→新京（満鉄の中枢）	配炭公団富山支店（1950解散）→市立厚生病院 →税理士めざす
T. Y.	日清精油（大連）→宇都宮第師団→大連→ハルピン →満鉄経済部調査課→満洲農産公社→東満総省支社 →興安支社代理→通遼→新京本社参事 →関満油坊組合連合会専務理事→召集（新師団用） →収容所（プラゴエ、マルシャンスク、ビンスクの森、チェルニトワ）	高校教師（青少年育成に熱）→新週刊新聞社
O. S.	満鉄（大連→長春→北京→天津→調査部に入り包頭→厚和→張家口→太原→南京→上海） 召集（牡丹江液化→敦化へ死の行軍）	満鉄解体→関東公署（大連→北鮮→延吉→ハルピン─解放区での仕事─→瀋陽の学院の図書館長 → S28瀋陽→済南→南海→上海→諫早→愛知県経済研究所 →定年後、北海道と愛知の大学教授
K. M.	満鉄（大連→ハルピン→海倫、北安→白城子→ハルピン→撫順炭鉱→ハルピン→錦州鉄道局）	筑後（トーメン）→病気→自営

う。この満鉄も戦後は御破算になり、（H. M.）や（O. S.）のように海外や
国内での移動を示す卒業者や学校教師一筋に励んだ卒業生など変化に富ん
でいる。なかでも（H. M.）は最終的にはシンガポールで工場経営をして
おり、海外ビジネスの展開は書院ビジネススクールの夢の実現であったと
思われる。

　表11は、戦前の銀行、メーカー、商社のケースである。ここでは民間
ゆえに戦前からの流れが戦後に引き継がれているケースが5人中の3人に
みられる。すなわち、戦前の横浜正金銀行は戦後の東京銀行に編成され、
日商岩井も戦後そのまま継続である。満洲中央銀行の後継はいない。また
並木製材所は戦前、パイロット万年筆を開発し、戦後はさらにその品質を
発展させ、業務拡大をめざして海外へも進出し、成功している。

　表12は戦前の外務省勤めの1人で、戦後も外務省へ継続できている。

　以上のように第28期生は、中には戦前の職種を戦後も継続した例もみ

表11　28期生の軌跡　卒業後の進路〔銀行、メーカー、商社から〕

	戦　前	戦　後
M. Z.	横浜正金銀行（奉天→漢口（ベルギー銀行接収）） →漢口の低湿地開発プラン（欧流の信託管理知る） →上海へ脱出	1948年 東京銀行福岡支店（正金での国際感覚役立つ） →日本の紙業業界を再生し、造林機械、ポットマシンの開発
S. K.	（外務省留学生）→北京公使館→満洲中央銀行 →1940年 橋本組（橋梁建設）	炭鉱中心の労働金庫（北海道、東北）→神奈川県労金
T. S.	満洲中央銀行（長春→州南→安東→琿春） →漢江中江実業銀行へ出向・創設→満洲中央銀行 →召集（新京→赤峰）→宮崎	東宝
S. T.	並木製材所（パイロット万年筆）→満鉄担当 →日貨排斥の中、商品名を変えて販売→ロンドン支店→東京 →上海支店（1939　日本色強まる）→東京本社 召集免除（ジャワ、タイで外人工場委託の責任者）	一般文具開発→1952　平塚海軍火薬工廠払下げ →1954　パイロット・スーパーの爆発的売れゆき →インド、ビルマ、ブラジルへ合弁会社（ブラジル糸工場） →バンコクに販売会社 →世界25ケ国へ拡大
Y. Y.	日商岩井（東京→広島→岡山→大阪本社） →召集（岡山48部隊→平壌→南洋）	日商岩井（本社→岡山→本社→東京→欧州→東京→広島）

表12　28期生の軌跡　卒業後の進路〔外務省から〕

	戦　前	戦　後
N. Y.	外務省（太原→マニラ）→収容	終戦連絡佐世保事務局→九州事務局（長崎→福岡） →大村入国者収容所→外務省（情報文化局）

られるが、それは例外的で、戦前の満洲国や満鉄での就業者は、戦後自ら
の手で職を見つけねばならず、多くの場合、職種も転々としている。その
ような経過の中で自分の最終的な就業先にたどりついたということがうか
がわれる。

　最後に参考までに第28期生とは対照的であった第35期生の例をあげる。
ただし、資料的制約があり、４人しか例示できない。

　表13がその４人の例である。うち２人は戦前の三井物産で、それぞれ
途中で召集を受け、１人は東南アジアを軍属として巡る経験をしている。
２人とも三井物産は戦後解体されたため、１人は地域の福祉事業の世界を
開き、１人は解体された１企業に就業した。他の２人のうち１人は同期生
の世話で郷里から最終的には大阪の企業へ就職、もう１人は古河電工を継
続でき、世界を股に活躍している。

　このように、卒業生の個別の軌跡をみると、それぞれの卒業時期と卒業
後の環境、戦後日本経済の復興から成長といういくつかの要素の中での対
応が個別的に展開していることがうかがえる。それらをふまえた上でも、
卒業時期による対応に特性があらわれ、いずれにせよ書院というビジネス
スクールにおける教育の反映は十分にうかがわれる。

表13　35期生の軌跡　卒業後の進路〔民間から〕

	戦　　前	戦　　後
K．K．	古河電工（外国課、実践的経験→上海）召集→海軍	古河電工→欧米、東南アジアのほとんどをカバー
M．G．	〔満鉄〕（大連→新京）	郷里鹿児島で農業→戸上電機製作所（佐賀）→日新運輸（神戸）→摩耶港運→新光通信→同期生の世話で円東化学大阪支店
M．K．	三井物産（上海調査課）召集（北支軍入隊〜保定幹部候補生教官→汪兆銘国民政府の顧問・補佐官→副軍総官）	三井物産解体により新会社創立（福祉事業、上田市）→地域での世話係→市議（５期）→社会福祉協議会会長（８年）→重度心身障害者への対処を行うボランティア経営
M．Y．	三井物産（香港→広東）召集（久留米第連隊）→ビルマ→シンガポール→スマトラの燃料工廠	接収されず、独立気運の高いシンガポールへ→三井物産佐賀出張所、すぐ三井解体→400余へ→佐賀板紙

おわりに

　以上、東亜同文書院卒業生の軌跡を大きな時代の流れの中で把握し、そ

の時代の流れの中での書院卒業生の対応をみてきた。

　書院生の多くは府県費生として選択され、当時のアジア最大級の国際都市上海での日中貿易を支えるビジネススクールである書院の教育を受けた。

　当初の卒業生はまだ日本企業の進出もほとんどみられない時期に、根津院長が唱える起業、自営をめざした卒業生もみられたが、日露戦争後の日本企業やメディアなどの外地への進出の中で、語学にすぐれた卒業生たちは順潤に大陸、内地日本で経済界を中心に幅広く進出した。不況時にも「満洲国」が成立し、就職上は幸運であったが、日中関係の緊張が同時に進行し、その状況下での多様な価値観を抱く卒業生もふえ、職種は幅を広げた。

　しかし、戦時色が濃くなる中で、召集され職場を半ばで離れざるを得ない状況や、学徒出陣による学業の中断など、書院卒業生には厳しい環境にも遭遇した。

　敗戦による書院卒業生は、とくに外地においては一切の財産や地位を失い、抑留者や留用者を含め、さまざまな形で帰国した。そのさい、戦後日本経済の復興期、準備期、成長期の中で、40歳台、50歳台という年齢による就業差もみられたことは、第28期生と第35期生の比較を通して明らかにした。

　しかし、いずれにせよ、書院卒業生たちは自らのビジネス教育と外地でのフィールド体験の蓄積をふまえ、戦後の混乱期においても、自力で、あるいは書院卒業生同士のまとまりの中で、それぞれの経緯レベルに応じつつ志をもった職種にたどりついたことがうかがわれ、第35期生の例をみても、外地へのパイオニア役も含め、戦後日本の高度経済成長を牽引したことは明らかであり、それに必ずしも十分な対応が出来なかった第28期生も、それに続く高度経済成長期の基盤固めをした点では同一の方向性を有しているとみることが出来る。

　今回は書院卒業生の就業動向の把握を中心に置いた。日本経済の高度成長との関係は、状況証拠としては十分確認出来たが、個々の卒業生が経済界や日本社会の中でどのような活動を通してどのような機能を果たしたかについてはさらなる検討が必要である。また書院の多くの編入生を受け入れた書院を引き継ぐ形で設立された愛知大学の卒業生としての軌跡はどう

であったかについても興味あるところであり、あわせて次の課題としたい。

参考文献

藤田佳久［A］（2001）「東亜同文書院卒業生の軌跡——東亜同文書院卒業生へのアンケート調査から」『同文書院記念報』(愛知大学東亜同文書院大学記念センター刊)
Vol. 9

庄子勇之助編（1970）『続・千山万里』滬友会・二八会刊

庄子勇之助編（1976）『続々千山万里』滬友会・二八会刊

大学史編纂委員会（1982）『東亜同文書院大学史——創立八十周年記念誌』滬友会刊

鈴木厲吉（1984）『続・靖亜行』鈴木厲吉刊

滬友会（1992）『滬城に時は流れて——東亜同文書院90周年記念』滬友会

藤田佳久（2012）『日中に懸ける——東亜同文書院の群像』中日新聞社刊

東亜同文書院生の名簿（各年次）

第5章

戦時下に卒業、中退した東亜同文書院生の戦後の就業軌跡

——愛知大学への転入、入学生にもふれながら

藤田佳久

はじめに

　本章は前章の目的をさらに具体的に展開し、とりわけ戦時下に東亜同文書院（以下、書院とする）に在学していた書院生に焦点を絞り、彼らの戦後における就業選択の軌跡を明らかにするとともに、その意義を検討する。

　前章では、まず、書院のビジネススクールとしての成立過程、入学学生の動向と特性、発展期における各就業者が核となった書院同窓会とその各支部の発展的広がり、書院卒業生の就業構成とその特性などを、それぞれの地域的な特性も検討した。その上で、この研究目的を実証するために、まず、書院が徐家匯の虹橋路に新校舎を建完成（1917）させて以降20年間の発展成熟期を迎えたが、そのうちの28期生（1928年入学生）を抽出した。しかし、この校舎はフランス租界外に位置したため、1937年に生じた第2次上海事変のさい、撤退する中国兵に放火され、焼失し、この書院にとって画期的なこの校舎はほぼ20年の歴史を閉じた。そこで書院は、隣接し、避難民のたまり場になっていた上海交通大学校舎を終戦時まで借用利用する事になるが、次にその焼失直前の時期の35期生（1935年入学）も抽出し、この両期生を対象にかれらの就業軌跡状況を把握した。28期生は4年後の卒業時には大陸や日本で就業し、やっと少し仕事に慣れ始めた頃から徴兵された。その多くはそのまま終戦を迎え、荒廃した日本へ帰国、2度目の就職探しの人生を迎えることになった。また35期生は3年目に前述の校舎焼失に直面し、一旦長崎へ引き揚げたあと、4年生になっ

て上海へ戻るが、卒業後の就職期間は短く、ほとんどの卒業生はすぐに徴兵され戦局に呑み込まれた。彼らもまた終戦とともに帰国し、新たな人生に立ち向かうことになったのである。

そのような経過をたどった両期生であるが、戦争による米軍の空襲で都市部や工場地帯には焼け野原が広がった日本での帰国後の第2の就職には当然苦労が大きかった。戦前日本へ帰国して就職し、徴兵された卒業生も同様であった。しかし、終戦直後のガチャマン景気、1951年には日本のGHQ からの独立、折からの朝鮮戦争による特需などを背景に日本経済は動き始め、海外市場も展望できるようになった。そこに書院生も飛び込む機会が生まれた。そしてその第一線で多くの書院生が先輩たちとのネットワークも活用しつつ、また上海育ちで身につけたコスモポリタン的で国際人的個性も生かしつつ、経済界を中心に、マスコミ界、教育界、研究界、文化界、そのほかの分野にも広がりつつ、戦後日本の人的動力源として、日本経済を牽引したといえた。それが前章の結論であった。

1　本章の流れ

前章で扱った28期と35期の書院生は、28期生が書院の成熟期を過ごし、35期生は3年生の時に校舎の焼失という予想外の体験をするが、根津一院長が亡くなった後とはいえ、書院の伝統を踏まえた成熟期の最後を体験出来たともいえる。したがって、その思考や行動には書院の伝統が十分に生きていたといえる。そのさい、28期生が敗戦後、日本へ引き揚げてきたのは、若干個人差があるとはいえ、35歳を過ぎたあたり、大陸での就業経験も少し積み、適所さえれば戦後の日本で大いに活躍できる可能性があった。一方35期生は戦後の日本での出発がほぼ30歳で、いずれも徴兵の経験期間があったとはいえ、分別をふまえ前途に大いなる夢も持った世代だと思われる。それらが戦後の日本を牽引する力になったのではないかとも思われる。

そこで、ではそれ以降の日中戦争だけでなく、太平洋戦争という二重の戦争下で書院生活を送った書院生の場合はどうだったのか。その際、入試の激戦を突破しながらも戦局の激化で、学徒出陣、さらには学徒動員体制

の中、不本意ながら繰り上げ卒業や、卒業さえ出来ない事態も生じ、さらに敗戦の年、1945年（昭和20年）には日本内地からの入学生は、東シナ海を渡航できず、本間喜一学長の機転で開設した富山県の呉羽分校に入学した46期生もいた。戦後、書院大学の継続復活が吉田茂外務大臣によって認可され、呉羽分校として復活しながら、書院の経営母体の東亜同文会の会長近衛文麿が、東京裁判出頭直前に自殺したことから、GHQによって東亜同文会が解散させられ、そのため数ヶ月で閉校を余儀なくされた。在学した書院生の多くは、本間喜一学長がすぐに彼らの受け皿として開設した愛知大学へ編入、入学した経緯もあった。この旧書院生の戦後の愛知大学卒業後の就業軌跡も検討する。

　なお、愛知大学が1946年11月に早々と設立認可を受けたのには、豊橋市を始め地元の多くの支持者の協力があったことと共に、開設を進めた本間喜一書院学長が書院をベースに海外にあった旧帝大のスタッフを始め、当時のトップクラスの研究者を集めたこともあった。つまりは書院の基礎柱が愛知大学の発足に評価されたといえる。

　ところで、この愛知大学開設前の1年間は、この時期に引き揚げてきた大陸や海外の学生は、内地で行き場がなく、そこで文部省は特例的にどこの大学でも受け入れることを結果的に1年間のみ容認した。そのあと各大学は受け入れを巡って混乱したからである。愛知大学開設後は海外からの引き揚げ学生は、愛知大学が引き受けた。そのため、その時期の愛知大学は書院を中心にした「綜合引揚げ大学」の様相を呈した。国内からの大学や旧制高校なども加わり、80余校からの学生が集まった。

　したがって、その早い時期に書院から早めに引き揚げてきた書院学生は、まだ愛知大学が開設されておらず、既存の他大学へ編入した。その中で最も多くの書院生が編入したのが、40人ほどの一橋大学（元東京商大）であり、続いて10人あまりの京都大学、そして神戸大学、東北大学、九州大学、他などがあった。概して書院と同傾向的な商大系の大学や学部が選ばれている。一橋大学がもっとも多かったのは、本間喜一学長はじめ、旧東京商大関係の教員が書院の教員になっていたこと、書院の中国語教育の指導者の一人である熊野正平教授が一橋大学に転任していたこと等があった。愛知大学のように書院をベースにするとはいえ、そこに出自を異にす

る学生が集まることは学生生活でも大変であったように思われる。愛知大学では開設2年目に市民との文化交流祭が実行され、それによって多様な出自の学生が初めてまとまったという。一方、一橋大学に編入した学生も、未知の大学システムへの加入であり、大変だったように思われる。そこで、本章では一橋大学へ編入した書院生の卒業後の就業状況についても、簡単ではあるが検討する。

　このような厳しい戦時下の環境に置かれた書院生の動向については、今まで個別例以外では言及されてこなかった。伝統的な書院生の本流の卒業生からは、ややもすると矮小化されて見られたりしたが、少し先走って言えば、それ故にそれに負けずに書院生を主張し、頑張った卒業生も多かったように思われる。というわけで、そのような戦時下の厳しい環境下で在学した書院生の戦後における就業軌跡を明らかにすることが本章の目的であり、以上のような流れに従って前章のテーマをさらに具体的に明確にしていきたい。

2　東亜同文書院42期生の戦後における就業軌跡

(1)　東亜同文書院42期生

　まず最初に、書院42期生の就業軌跡を取り上げる。書院時代までは各期を表現する数字は西暦1900年代の下二桁の数字と一致してきた。たとえば、前述した28期生は1928年の入学生、35期生は1935年の入学というように示され、便利であった。これは書院の開学した年が1901年であり、1期生は1901年入学となったことに由来する。しかし、その後、書院が38期の次に大学へ昇格することになると、高等専門学校であった最後の書院時代の留年生もいて、大学1期生を続く39期生とすることが出来なくなり、39期生は書院時代の留年生用に充てる事となった。そのため、大学1期生は1939年の入学ではあるが、40期生となり、期の数字は1つ数字が加算された。したがって、ここで取り上げる42期生は、1941年の入学で、大学の3期生目ということになる。

　書院は日本の外務省の管轄であったが、書院が大学へ昇格するに当たっ

ては文部省の認定が必要であり、（旧制の）大学としてのレベルが要求された。この時期、若干の高等専門学校に該当する学校が大学へ昇格するケースも見られた。書院では校舎を焼かれたことを契機として、大学昇格への意向が卒業生からも広がり、また、大調査旅行の中国研究が商務だけでなく、人文社会分野へも広がり、中国総合研究の拠点としての実績と自信を得ていたことがその背景にあった。新キャンパスを北京へ移し総合大学化する案さえ出された。かつての農工科設置の実績もあったためであろう。しかし、戦時下では資金的に無理であり、大学昇格の後、北京や上海で工業系や経済系の専門学校を吸収し、短期間ながら形の上では文理総合大学構想を実現させた。

　大学へ昇格することで、当初の 2 年間は予科となり、その上に 3 年間の学部が置かれた。学部はもちろんであるが予科もアカデミックな授業が充実し、各専門分野の教授が配置され、教授による演習科目（ゼミ）も設けられた。大調査旅行は書院時代と同様に継承されたが、学部では各ゼミ単位のテーマで行われるようになった。そのため、従来型の書院方式の大調査旅行の存続も必要とされ、44期生（1943年、昭和18年）からは専門部も開設された。こうして東亜同文書院はその年から書院大学と書院付属の専門部との構成になった。

（2）入試公募

　また、両学生とも書院時代と同様に、授業料を各県が負担する県費生として募集され、各府県で公募され、各県での厳しい競争とともに優秀な学生が書院を目指した。とくに大学昇格後の競争は、徴兵の猶予制度もあって、学生受入数の増加、また従来からも30人枠程度あった私費生としての応募枠については、東京などでの統一試験も熾烈となり、当時の東京帝大の入試より難しいのは、陸士、海兵、そして書院の 3 校であったとされた。

　資料 1 （p. 148）は、各県が従来からの県費生制度とは別に実施するようになった書院生公募のうち、ちょうど1941年に43期用の公募要領を発表した香川県の公費による募集事例を示したものである。いくつかの他県の公費による42期の公募要領もこのような内容であったものと思われる。このような資料はなかなか残っておらず貴重である。

タイトルは「東亜同文書院大学留学生派遣規定」（昭和16年3月1日改訂）と示され、「東亜同文書院大学」として明示されている。また、「派遣」という語句は国内ではなく国外の上海へ留学生として送り出すという別格性を表したものといえる。また、この派遣元は香川県育英会となっており、県会が毎年予算を組んで執行している給費による県費生の公募要領とは異なって貸与制である。香川県ではこの時期それを県の育英会による事業として県費生とは別に公費制度として独立的に行っていたことがわかる。香川県出身の採用枠をこの制度によって1名でも増やそうとしたと思われ、背景には書院への志願者が多かったことがあったと思われる。このような事例は秋田、栃木、千葉、岐阜、福井、鳥取などの各県でも1〜2名枠で行われた。元来、書院側は全国各県から2〜3名枠の受け入れが授業料などを給与にする県費生枠の標準であった。しかし、大陸に近接する九州では志望者が多く、毎年100名を越す志願者が応募する福岡県が4〜5名枠を設定する一方、岩手県のように予算枠が十分とれない県では、推薦枠がゼロの年が目立つなど、その対応に県差が見られた。途中から始まったこのような公費制度、さらには郡や市町村による公費制度、そしてのちに設けられた私費制度枠はそのような県差の打開策でもあったように思われる。
　ところで、その公費生制度についての香川県のこの要領では、県費による給費制度ではなく、育英会による学資の貸与金制度となっており、それも毎月必要な75円のうち35円を貸与し、卒業後1年目から毎月25円ずつ返済する方式となっている。借金をして進学する状況という点では、むしろ私費生としての応募に近い。香川県からは5期生以来68人が書院へ入学しており、大学となった40期以降は13人が入学している。40期以降は隣接する愛媛、徳島、高知がほぼ20人前後入学していることからすれば、香川は少なめであり、この貸与制度を生かそうとした可能性もある。戦時体制下で節約が強要され、経済活動も制約される中で、香川県及びそれに連なる育英会も緊縮体制となり、このような貸与制度を作って行わざるをえなかったものと思われる。

(3) 就業軌跡のデータ

　以上、少し前置きとして大学昇格や入試公募状況について説明したが、

　以上の状況の中で、ここでは書院大学生として入学した42期生の卒業後の就業状況を追跡してみたい。

　ここで42期生を取り上げたのは、まず文字通り戦時下の書院生だったからである。大学へ昇格し、第 3 回生となったこの42期生は、1941年（昭和16年） 4 月の入学で、同期生は150人（なお、この人数は『東亜同文書院大学史』[1]〔154頁〕によるが、同書の42期執筆者は当初184人だったとする〔624頁〕。また大学開学後の推移の記事の中では185人とされている〔161頁〕）。ちなみに大学昇格の第 1 回生の40期生は117人、続く第 2 回生の41期生は166人、第 4 回生の43期生は172人、第 5 回生の44期生は192人（予科）と163人（専門部）で、あと第 7 回生の46期生までつづく。このように書院大学になって入学生が次第に増加していったが、42期生は最初の増加時期に当たる。すでに日中戦争が継続中で、上海も第 2 次上海事変のように戦場の中にあり、しかも、この年の12月には太平洋戦争が始まって、二重の戦争下での学生生活を経験している。

　そして次に、この42期生が戦後の1990年（平成 2 年）に編集刊行した同期生の記念誌『滬城遙かに』[2]第 3 集は60人ほどの記録ではあるが、戦後に古希を迎え、第一線の職場から引退するなかで、それぞれの人生の経歴を振り返って記録している内容をデータとして参考にすることが出来た点。とりわけ、学業半ばで徴兵として各人が大なり小なり臨戦の体験を持ち、戦争や戦後の病気および事故などで55人もの多くの仲間を失いつつも、無事帰国したあとの戦後の日本での就業とその経過を丁寧に記録している。その点では、本研究にとっては有意な資料となった。

　なお、図 1 はこの資料の中で自分の履歴を寄稿した42期生の出身府県を示した。全体としては関東以西に多くみられ、東北以北は宮城、福島に 1 人ずつのみである。本来、伝統的には書院時代は各府県からほぼ 2 人を受け入れてきた。東北は県の財政事情もあり、 2 人送り出せないケースもあったが、それにしてもこの図では少ない。徴兵や学徒動員で東北出身者に戦死者が多かったのかもしれないが、これについては吟味がいる。一方、書院大学へ昇格して入学生が増えるが、当初は徴兵が猶予されるとあって志願者も増えた。その時には書院時代には目立たない東京、大阪などの都市部からの志願者が多く、私費生も多かった。それ以外では石川県に若干

0　　　　200km

図1　東亜同文書院42期生のうち『滬城遙かに』へ寄稿者の出身府県
(同上書より作成)

多いのが目立つが、これは同県が書院設立の時の近衛篤麿、荒尾精ら設立
者との関係もあったし、県庁所在地金沢は中部を代表する中心都市であっ
た歴史も読み取れる。このように42期生のこのデータには全国的には平
均的な分布よりも都市部にやや重きが置かれていたという特性がある。そ
れが後述するように就業分野がメーカーよりも商社のほうに多くあらわれ
ることになったとも言えそうである。

(4) 42期生の在学時代

　この42期生はあこがれの入学後まもなくの6月には、現代風に言えば
高等専門学校生としての書院生最後で1年遅れの39期生と、新たに誕生
した書院大学生の第1回生で40期生たち、つまり入学したばかりの42期
生にとっては2年ないし3年先輩に当たる書院生たちが、毎年恒例の「大
調査旅行」に出発する姿をほかの大勢の在校生や教職員たちと見送ってい
る。これは5期生から始まった書院生の最大のイベントで、2人から5〜
6人で班を作り、大陸各地の商慣習や経済状況、そして最大の目的である
貿易品の調査をほとんど徒歩で調査するもので、3〜6ヶ月にわたる徒歩
中心の大旅行であった。目的地とコースは各班が選び、この機会を生かす
べく、各地を広く巡った。その報告書は卒論となり、『支那省別全誌』全
18巻、新修版 (全23巻の計画が戦争で9巻で中断) などに広く公開された[3]。
書院生にとっては最高のあこがれと最高の伝統的イベントである大調査旅
行であった。新入りの42期生にとっても、この先輩たちの出発はまぶし

いほどの光景であったに違いない。しかし、この時期、戦時体制下にあり、42期生入学の頃は、かつてのような自由な大旅行は難しい状況になっていた。42期生は前年の41期生の大旅行が大幅に縮小され、上海周辺の江蘇省内にとどまったことを知り、自分たちの年には実施されないかもしれないと予想し、2年次の年の夏には思い思いにグループを作り、当時日本軍の勢力圏内にあった華北から内モンゴル方面へ旅立っている。それが書院の大旅行の最後の姿となった。

翌、大学2年目の1943年には、書院の大学昇格に伴う、従来の書院方式の存続への要求も高まり、そこで書院方式を継続するため、付属専門部が開設された。同専門部は開設半年後には上海東部の楊澍浦にあった旧滬江大学跡地から書院大学構内へ移転してきたため、書院大学生とクラブなどを通して交流が進んだ。また北京には東亜同文会が「北京経済専門学校」と「華北高等工業学校」を設立し、北京進出案と書院の文理総合大学構想の実現を目指した。これ以降の大陸側での入試はこの両校と書院大学は共同入試も試みている。一気に規模拡大したことによる学生のレベル維持と戦争下における担当者の人員問題もあったのであろう。このうち「北京経済専門学校」については広島大学石田寛名誉教授が愛知大学東亜同文書院大学記念センター報に掲載した記録[4]でうかがえるが、同学校の存続期間は短く、上海の書院とは離れており、書院と両校間との直接の交流はなかった。しかし、同じ東亜同文会の経営の学校であり、書院生は戦後になってその存在を意識し、仲間として認識している。

なお、この1943年10月には学生徴兵猶予が停止され、それが書院にも及び、受けざるを得なくなった。書院大学生の第2回生は全員、第3回生、つまり42期生もほとんどが徴兵検査を受け、430人中327人が合格となり、現地部隊へ召集されることとなった。そのため11月20日には早くも第2回生については卒業証書が授与され、そしてすぐの11月27日には学徒出陣のいわばパレード実施に至った。書院生たちは海格路の書院の学舎を出発して、日本人の多い虹口地区の新公園まで行進した。その光景は地元新聞にも大きく報じられ、その姿は制服に小銃を担ったやや不慣れな行進であったように見えた。そのあと30日にはこれまた早くも学徒兵として多くの人々に見送りをうけ、12月1日、南京へ送られ、二等兵の軍服姿に

されて各部隊へ送られている。なお、第 2 回生の卒業式は翌1944年の 9 月に行われ、時局柄質素に行われたが、ほとんどの書院生は入営中であり、出席学生は学内に残っていた10名のみの寂しい式典であった[5]。そして、当然ながら第 3 回生、42期生の卒業証書授与や繰り上げ卒業もなかった。この学徒の徴兵猶予の停止の影響は、翌年の45期の書院大学入学者が100名へと減少したことにも表われている。しかし一方、年齢的に若く余裕のある専門部の第 2 回生は132名が入学している。またこの年、中国人学生も 2 名入学している。

　なお、その後書院に残った44期生、45期生にも戦局の嵐が襲ってきた。1944年10月には学生の勤労動員が義務付けられ、清郷工作の一部にも参加している。その結果、授業は午前中だけとなり、午後は上海の工場などへ動員され、そのうち江南造船所へ動員された45期生の書院生のうち 6 名が動員中にアメリカ軍の空襲で亡くなっている。

　また、最後の学年となった46期生の内地出身者は上海へ渡れず、本間学長が事態を予想して富山県に設定した呉羽校舎（元呉羽紡績工場の一部。この時は飛行機工場化）に集結した。終戦直後にもそこで復活した書院で上海から派遣された13人の書院教員による授業を秋一杯まで受講した。それがそのあといくつかのドラマチックなストーリーの開幕となり、最後の学長、院長であった本間喜一の機転により、敗戦直後のなんと翌1946年11月15日には書院をベースとした愛知大学への継承的誕生に早々とつながっていった。

　いずれにせよ、以上のように42期生はまさに日中、日米の二重の戦時下で、しかも大陸の中国上海で 3 年間までもいかない学生生活を送った。本来ならば大学生活 5 カ年をかけて勉学にまたスポーツなどにも精一杯打ち込めたはずであった。短い学生生活ではあれ、予科と学部生活の中で大学側も大学昇格を弾みにしながら、本間学長の指導のもと、それまでの実学中心的な授業に一層のアカデミズムも加え、精一杯の工夫をして勉学とクラブ活動の環境を整え、学生の要求にもこたえた。とりわけ中国語は毎学年週10時間以上をかけ、専門部が誕生すると、大学予科の学生たちが楊澍浦に設けられた専門部の学校までトラックで通い、中国語の発音練習を専門部生にさせたのもそのようなあらわれであった。また前述した実学

とアカデミズムの盛り上がった議論もふくめ、前述の記念誌の中で、何人もの卒業生が、自分たちの青春は書院そのものであったと記していることからもわかる。緊張感も十分あったであろう学生たちが、萎縮することなく、異国の地で大いに羽ばたいた生活も送っていたことを示している。

　しかし、学業半ばで 2 年間近く、臨戦態勢下の各地戦場へ送り込まれ、数十人にのぼる多くの犠牲者を出したことも事実であった。学業、人生、家族、個人と国家、命など、そして目の前の戦争とどう折り合いをつけるかは、初めての学外、それも戦争という非常事態のなかでの体験のなかで、矛盾を内包しつつ際だった思考を余儀なくされたこともあったであろう。前述の記録集には、自分の人生を振り返った中で、「平和」を希求する声が多く見られており、よくもここまで生きながらえてきたという感慨の言葉には重みがある。実感からでた言葉であろうと思われる。

(5) 42期生の戦後における就業

　以上のように、42期生は、学業半ばで徴兵され、終戦とともに自分の処遇をどうするかという問題に直面した。書院生も 30 期代に徴兵された卒業生は多いが、彼らは国内、大陸のいずれかにいても一旦何らかの職業には就いていた経験がある。徴兵先はほとんど大陸であり、それだけにほとんど大陸育ちで書院を卒業した書院生にかぎれば、戦後の混乱と荒廃したなじみのない日本内地でどう仕事を得るかは大変であり、記録誌にはその嘆きを記した例も見られる。それは内地出身者についても状況は似ていた。しかし、それでもなんらかの仕事を職業として経験しており、以降の職業さがしの際の比較基準は出来ていたであろう。

　それに対して、42期生は学業については徴兵による中退であり、しかもほとんどは戦場での二等兵的地位の経験であり、それらのキャリアを生かした就業の機会は得にくかった。戦後そのまま、うまく日本へ帰国しても就業は大変であり、多くのエネルギーを必要としたことは間違いない。全述の記録集から読めるが、42期生に転職がかなり多いのは、定年までその仕事場や企業で働く終身制の風潮の強い日本の中にあって、その現れ方はかなり特異である。初めての仕事が何であるかについての自分自身でのシミュレーションを、当初はなかなか描けなかったということであり、

自分の適正な仕事を見つけ、そこに定着するまでにいくつかの試行錯誤があったと言うことであろう。また、戦後の財閥解体の上位企業から中小企業までの経済変動に伴う企業の浮沈とも関係がありそうである。

　ところで、終戦となり、なんとか上海へ戻れた書院生は、日本人が集中管理されていた虹口地区、それも青年会館の施設へ入り、書院の「復学式」に臨めた書院生もいた。書院大学側の計らいで滞在中には中国語の授業なども行われたが、書院生たちは生活費稼ぎのためのアルバイトに追われ、十分ではなかった。あくまで書院大学中退の身分であった。そのため、早めに帰国できた書院生の中には、内地の東京商大（のちの一橋大学）、京大、神戸経済大（のちの神戸大）、東大などの経済や商学部へ編入学する書院生もいた。しかし、それらの大学では受け入れにやがて混乱もうまれ、1年後に書院の流れを持つ愛知大学が開学すると愛知大学の法経学部へ編入学する書院生が増えた。そのほか、直接故郷へ帰った書院生、中退のまま大学へ編入学せず就職の道を求めた書院生も多かった。なお、就職先の決定には戦前卒業した書院生が各府県や各分野におり、相談に乗ったり、職の斡旋をするケースも時に見られた。というのも、大陸に職を得ていた卒業生が引き揚げてきた時の職さがしも容易ではなく、こうした卒業生のつながりが効果をもたらすこともあった。

　また、日本へ帰国せず、徴兵で派遣されたインドネシアに定住し、その国づくりに貢献している卒業生や戦後アメリカに定住した卒業生も、2人見えるが、戦後の日本との関わりを持てなかったということであろう。しかし、42期生たちは戦後彼らが一時帰国した時間を日本で大切にもてなしているし、仲間として温かく受け入れている。そこに書院生の外地にあったが故の団結の強さがうかがわれ、それも戦後の書院生の就職行動に多分に影響しているように見える。

　以上の経過の中で、多くの42期の書院生は2〜4回の転職をし、退職後も新たに就職しているケースが多いが、そのような42期生の卒業生がほぼ最終的な着地点に落ち着いたとみられる職種を一覧してまとめたのがこの表1である。いずれも前述の記録集から判明し、個人別に抽出できた56人である。それは1982年（昭和57年）に創立80周年を記念して刊行された『東亜同文書院大学史』[6]に所収された当時の42期生調査対象者のほ

ぼ半数に当たる。42期生の引き揚げ後の日本での一般的な就業期間は、昭和20年（1945年）代前半の引き揚げ直後の混乱期を経て、同60年（1985年）あたりまでの40年間で、そのあとも継続的あるいは新規に就業するケースもかなり見られた。これはそれまでの就業期間に築かれた社会的信用が反映したといえる。

それによると、もっとも多いのは商社系で、これは3年足らずの在学期間であったとはい

表1　42期生の職種別就職者数

就　職　先	就職人数	うち中国関連
商　社　系	12人	5人
メーカー系	8人	
メディア・出版系	8人	5人
国　家　公　務　員　系	5人	1人
地　方　公　務　員　系	5人	1人
交　通　系	3人	2人
建　設　系	2人	
公　認　会　計　士　系	2人	
金　融　系	2人	
エ ネ ル ギ ー 系	1人	
教　育、宗　教　系	2人	
弁　護　士　系	1人	
協　同　組　織　系	1人	
医　療　系	1人	
米　軍　下　管　理　系	1人	
海　外　居　住	2人	
合　計	56人	14人

（『滬城遙かに』（第三集）からの判明分）

え、書院が伝統的にベースとしてきたビジネススクールとしての教育の現れだということが出来る。そしてそのうち半数ほどが何らかの形で戦後の中国との関係を持っていたことにも書院の伝統が発揮されている。次いで多い職種がメーカーとメディア・マスコミ・出版系である。メーカーは戦後日本が復興に続き、経済発展する原動力であり、42期生もそれを支えたということがいえる。また、メディア系は書院生の各期にも共通に見られた。中国語も現地特派員要員として評価されたばかりでなく、書院時代に培われたディベート能力とコスモポリタン的性格が日本人には珍しい国際人として通用したからである。大手有力新聞社で論説委員になった書院生も多い。つぎに多いのが国家公務員と地方公務員で、あわせると10人になる。両公務員とも当初は給与が少なく戦後のインフレ経済下では敬遠されがちな職種であったという。戦後、書院生として愛知大学に編入し、外交官となって世界で活躍した小崎昌業氏によれば、当初愛知大学からは5人ほど外交官試験に合格したが、そのような給与レベルの理由で本人以外は他の職に就業したという。なお、小崎氏について加えると、愛知大学の創設期に80あまりの大陸の高等教育機関や陸士、海兵、一部国内の大学から集まった多様な学生たちを、2年目に豊橋市民と共同開催の文化祭

実施を提案し、一気にまとめ、初の自治会長として学生自治会を立ち上げている。そういう書院力が培われていたということであろう。

そのほかの分野はそれぞれ少数であるが、多分野に広がっていたという点も特徴的である。ただ、今日から言えば、戦後の日本経済の出発点において、生産活動と屋台骨である貿易活動がもっとも重要であり、第3次産業系は後発状況にあった。42期生の就業分野はそのような日本経済の展開過程の初期の状況に対応していたことがわかる。

次にその就業先の具体的な状況を表2で示した。それは前述した表1の分野に従って個人別に示した。なお、多くの42期生は何度か転職をして着地点を見つけているが、転職先も重要と判断した時は、転職の順に矢印で示し、複数の仕事を示した。

まず、商社系では12例の就職先を挙げたが、兼松、ニチメン、三菱、伊藤忠、丸紅、日商岩井、安宅など、いずれも戦後の日本経済をリードしてきた貿易を担ってきた貿易商社であり、42期の書院生もその組織の中で日本経済を支え、彼らが40歳代（1965〜）から50歳代（1975〜）には日本経済の高度経済成長をもたらし、石油ショックも乗り越えた。

特に戦後、GHQ体制下で外地にいた日本人は日本列島に引き揚げられ押し込まれて、日本人の大陸や東南アジアでの足跡はすべて消された。いわば鎖国状態とされた。書院生も同様であった。それが1951年のサンフランシスコ条約により日本が独立すると、貿易なしでは生きていけない状況の中で、海外市場の開拓に向けて沈静化していた各貿易商社が目を覚ました。中国とは竹のカーテンでつながれず、書院生にはせっかくの力が発揮できなかったが、東南アジア、中央アメリカ、中近東、南米との貿易活動を開始、活発化した。しかし、戦時体制の特異性とGHQ下の萎縮の中で、財閥の解体もあり、日本人は海外へ自ら乗り出すすべを失っていた。その点、上海で培った書院生は、そのコスモポリタン的性格と伝統的な海外での大調査旅行の体験や見聞により、それまで押さえつけられていた海外への関心を発揮するチャンスとなった。三井物産がインド市場の開拓のためのあらたな派遣駐在員を社内で募集したところ、手を挙げたのは書院出身者のみであったということを当の本人（根岸忠素）から聞き取りしたことがある。本人はすでに戦前からインドと強い繋がりを持っていたからであっ

表2　東亜同文書院第42期生（旧制大学）の戦後における就職先（判明分）

分類分野	個人番号	出身県	就職先	分類分野	個人番号	出身県	就職先
商社系	1	福岡	貿易業・経営コンサルタント→独立	国家公務員	41	長崎	貿易庁→通産省（→愛知県産業館）→日本電算
	2	山口	兼松（→中国室長、中国滞在4年）		42	岐阜	名古屋財務局（→東京国税局）→税理士事務所
	3	香川	ニチメン（→中国、香港、他アジア）		43	旅順	労働省→松下電気→評論家
	4	東京	三菱商事（→役員就任）		44	滋賀	外務省（→中華民国、モンゴル、ルーマニア大使）
	5	兵庫	伊藤忠、丸紅創設→神戸商工会議所→独立		45	大分	職安行政（→雇用促進事業団）
	6	天津	戦後の東京裁判通訳→日中機技開発会長	地方公務員	51	宮崎	宮崎職安、社会福祉協議会
	7	京都	日商岩井		52	山梨	山梨県庁（→美術館、風土記の丘）
	8	熊本	三菱商事（→西独11年、アメリカ7年）		53	熊本	熊本県庁（商工観光労働部長）→卸売社長
	9	台湾	日本滞在18年、日本へ帰化→貿易業		54	福岡	愛知県町（→愛知大学国際交流中国担当）
	10	東京	安宅産業（中国室長、香港支店長）→造船		55	長崎	長崎県庁→商工団体事務局長
	11	愛知	日商岩井（インドネシアほかアジア貿易担当）	交通・通信	61	兵庫	日航（→北京滞在）→三洋インタ（対中合作合弁）
	12	釜山	信子洋行（17期生創立商事会社）→染工業会社		62	富山	電電公社
メーカー系	21	富山	赤座繊維工業		63	兵庫	六甲ケーブル→リノール油脂
	22	大阪	紀州製紙	建設	71	東京	古川産業→東京架線工業
	23	三重	日本鋼管造船部（香港、シンガポール、他）		72	愛知	大和物産→新日本機械→ホーム工業取締
	24	神奈川	日本製鋼所―日産ディーゼル→富岡物産	公認会計士	81	福島	公認会計士、税理士
	25	高知	日本鋼管		82	富山	公認会計士、陽光監事法人代表
	26	岡山	新日鉄（ヤクート炭開発）	金融	91	宮城	太陽神戸銀行→山梨化成工業社長
	27	愛知	東洋ポリマー		92	大分	大分銀行→税理士
	28	東京	理研工業（リコー）→愛知県中小企業同業協同組合	エネルギー	101	山口	中国電力
マスコミ・出版系	31	石川	朝日新聞（シルクロード、中東、アフリカへ）	教育・宗教	111	石川	地元銀行→北陸学院理事→大学非常勤など
	32	新潟	朝日新聞、中国アジア調査会（中国担当）		112	旅順	宗教法人「修験道」宗教総長
	33	兵庫	中日新聞（香港特派員も）	弁護士	121	兵庫	弁護士
	34	鹿児島	東京新聞（香港、北京特派員も）	組織・団体	131	石川	鹿児島県購連→のち転職
	35	東京	「大安」「満江紅」出版社（中国出版文化）	医療	141	広島	順天堂病院→雪ヶ谷診療所開設
	36	三重	「大安」創業、「遼原」創業	海外在留	151	長崎	在日米軍弾薬廠支配人
	37	群馬	能登プレス常務→創生社印刷社長		161	旅順	インドネシア在留、国づくりに貢献
	38	鹿児島	凸版印刷→熊本凸版顧問		162	—	アメリカ在留

（『滬城遙かに』（第三集）より作成）

（注）戦後の流れの中で、転職もみられ、その中で中心的就業先を分類の基準とした。
　　　そのさい、目立つ転職先がみられる場合は参考までに示した。

た。つまり、三井のインド市場は書院生が切り開いたということになる。

　そのほか、他の期でも商社への就職先は多く、書院生が社長や会長、そのほかの要職について活躍した例は多い。この商社への就職は中国を巡る戦前からの書院生の受け皿になっていることは多く、その伝統が戦後においても継承されたといえる。詳しくは次の第6章を参照していただきたい。

　次のメーカー系では、紀州製紙、日本鋼管、日本製鋼所、新日鉄、東洋ポリマー、リコー、等の基幹材料の代表的な加工メーカーがならび、日本経済の基盤を支えているメーカーに就職している点に特徴がある。

　次にマスコミ・メディア系では、42期生では朝日新聞2人、中日新聞、その系列の東京新聞のほか、中国関係の出版社が目を引く。各新聞社とも中国担当が目的で採用されたことがわかる。うち朝日新聞の1人は、書院へ入学したロマンそのままに、新聞社に入るとシルクロードに関心をもち、それが発展してさらに中近東からアフリカへも視野を広げ、多くの著書も出版している。戦後、文化大革命の時、北京へ派遣された各新聞社の5人の特派員は全員が書院出身者であった話はよく知られるようになった。そして壁新聞の観察から毛沢東の狙いは劉少奇を失脚させることだと見抜いたのは、書院出身の中日・東京新聞の伊藤喜久蔵特派員で、国際的なボーン国際記者賞をもらっている。なお、この42期に近い期では、毎日新聞や読売新聞に入社し、やはり中国特派員になっている。戦前の26期の卒業ではあるが、田中香苗は戦後毎日新聞の社長、会長に就任している。

　次の国家公務員では、前述したとおり、戦後直後の公務員は給与が安くて外交官試験に合格した愛知大学卒業生たちは民間へ就職した中で、書院時代から外交官になりたい夢を持っていた小崎昌業のみは外交官になり、世界各国を巡ったあと、モンゴルとルーマニアの全権大使になっている。当時合格した4〜5人が外交官になっておれば、愛知大学卒の大使たちが多く誕生していたはずである。一方、地方公務員は各出身県での就業が多い。

　交通運輸部門では、日本航空への就職者が中国との間の初の航空路線開設に貢献している。また、教育分野では同表中111番の三田良信42期卒業生が仕事を変えながらも、日本漢字検定の指導者になり、地元学生たちの教育にも当たった。なお、書院の創設者荒尾精の巨大な追悼碑文を、近衛篤麿が京都東山の若王寺境内に建立したが、苔に覆われ長らく読むことは

出来なかった。それを息子さんとの作業で苔を洗浄し、読解できるように
したのは特筆される。

　金融分野は書院生にとって一定の就職分野であるが、ここでは 2 人にと
どまっている。大学史のデータで42期生全体を見ると（後掲）、6 人が金
融界へ進んでいる。

　変わった例では、医療系へ 1 人、前述したように、インドネシアとアメ
リカへの居住者が 2 人いて、戦後の早い時期の卒業生としては珍しい。

3　40〜44期生の就業分野
——『東亜同文書院大学史』のデータから

　以上は、42期生のうち記録誌から抽出できた個人単位の就業状況とそ
の特性について言及した。ところで前に少し触れたが、昭和57年（1982）
に書院創立80周年を記念して書院卒業生の滬友会が執筆、編集、刊行し
た『東亜同文書院大学史』[7]の中に、各期が中心になってメンバーの自己申
告による履歴を集め編集掲載した「回想録」が収録され、書院生の各期の
様子を知る上で貴重である。徴兵や学徒出陣で亡くなった書院生もかなり
おり、全体をカバーしてはいないが、卒業後の就業状況も趨勢を知ること
が出来るので、42期生の抽出分を相対化するために大学へ昇格した40期
から44期まで、また44期についてはこの年から設立された専門部につい
ても参考までに業種別就職者数を調べ、まとめて示した。45、46期生に
ついては、データ上の漏れもあるため、ここでは割愛した。

　それを示したのが表 3 である。そのうちまず42期生の分を前掲の表 2
と比較すると、データ数は114人と約 2 倍に増えている。全体でデータの
増えたなかでは商社系よりもメーカー系が 2 倍弱と多くなり、第 1 位が逆
転しているのが目立つ。これは44期の専門部を除くと、他の各期とも共
通してメーカー系への就職が多く、戦後の日本経済の滑り出しは生産の復
興から始まったことがわかる。朝鮮戦争による特需はそれを後押しした。
また、運輸交通系、金融系、商業系も 2 倍以上となっており、生産や貿易
を側面から支える業種も育ち、企業活動が動き出すと経営に関する税務会
計系も同様に多くなっていて、戦後の日本経済展開の縮図を読み取ること

表3　各期別職種別就職者数（判明分）

職　種	40期	41期	42期	43期	44期 予科	44期 専門	合計
商　社　系	12	20	17	17	14	17	97
メ ー カ ー 系	15	26	31	29	32	13	146
メディア・出版系	8	15	12	6	16	6	63
国 家 公 務 員 系	8	8	5	2	7	4	34
地 方 公 務 員 系	6	15	8	3	6	4	42
運 輸 交 通 系	1	3	7	8	2	2	23
土 木 建 設 系	1		2	1	1	2	7
エ ネ ル ギ ー 系	1	3	1	3	8	2	18
金　融　系	6	6	6	8	14	5	45
教 育 ・ 宗 教 系	5	6	2	9	7		29
弁 護 士 系	1	3	1	3		1	9
税 務 ・ 会 計 士 系			5	7	2		14
商　業　系	3	9	6	8	1	10	37
サ ー ビ ス 系			3				3
不 動 産 系		1					1
教 授 ・ 研 究 員 系	2	3	2	4	7	3	21
農 林 漁 業 系	1	1		2			4
協 同 組 織 型	4		2	3			9
自 営 系				5		4	9
ほ　か			医療1 米軍1 海外2	自衛隊1 不詳2	観光1	不詳2	10
合　計	74	119	114	121	118	75	621

（『東亜同文書院大学史』中の記事より作成）

が出来る。なお、全体として見ると、就職者数がもっとも多いのはメーカー系で、商社系がそれに次ぐことに関しては前述した。

　第3位はマスコミ・メディア系で、この世界での活躍も書院卒業生の大きな特徴だといえる。とくに新聞に関しては当初の東亜同文会が積極的に清国、朝鮮での新聞社経営を起業したり学校経営を行い、それらへの助成を行ってきた経過があり、書院生が戦前から大陸各地や日本内地の大手・中堅新聞社に係わってきた伝統があった。大学昇格はその伝統をさらに発展させたともいえ、大新聞から各地の有力地方新聞まで就職先は広がった。前述した田中香苗が社長になった毎日新聞では多くの書院卒生が活躍し、朝日新聞も同様で、40期代の書院生が各分野で活躍した。地方紙では、例えば、大陸に近い西日本新聞社には書院卒の論説委員が5～6人そろい、うち41期の増田憲吉はマスケンの愛称で講演をしたり著書も多数刊行し

て地域の読者に親しまれ、会社の役員待遇にまでなっている。また戦後開局した民放ラジオやテレビ会社への就職者も増えた。民間ラジオの草分けのラジオ関東では飯塚啓（46期）が編成局長になり、テレビでは NHK で小林一雄（44期）が論説委員、河原寅男（44期）が同解説委員、東京放送では山西由之（44期）が社長、テレビ本部制作局次長にいた岡村大（44期）はテレビ高知取締役会長へ転じている。そのほか、日本、朝日、北海道、中部日本、長崎、宮崎、など多くのテレビ局で書院卒生が取締役など要職に就いている。

　そのほか、大学教員や研究員も一定数生まれている。戦前からすでに書院卒のすぐれた研究者は生まれていたが、特に授業が中断され戦地へ送り込まれた40期代は、愛知大学やほかの大学に編入、入学し、戦時下で満たされなかった学問、研究を吸収し、その道に入ったケースが多いということであろう。前述した『東亜同文書院大学史』[8]の中にみられる大学教員や研究職の就業者は80人を超えている。その研究領域の多くは中国に関するもので、中国語、中国文学、中国経済、中国法制、中国社会、中国史、中国文化、中国地理、中国商業、中国金融・貨幣、華僑、等多岐におよぶ。書院の研究者だけで中国学会が出来るほどであった。

　また、学校の教員になった書院生も一定数見られた。上海、中国での経験は、戦後長く竹のカーテンで国交がなかっただけに、貴重な授業になったものと思われる。

　いずれにしても、40期代の書院生は、まれに見る激動の環境の中で過ごし、みずからの意思と実行力で戦後を懸命に切り開いてきたという点で、再評価に十分値するといえる。

4　愛知大学へ編入・入学した書院生の就業先

(1) 愛知大学の誕生

　繰り返し述べてきたように、書院のあと誕生した書院大学は40期から46期までの 7 年間であり、44期からは書院の伝統を受け継ぐ形で専門部が併設された。また北京には同じ時期に、前述した経済系と、工業系の高等専門学校が新設され、東亜同文会の経営する高等教育機関はかつての農

工科を上回る規模で文理総合化を実現した。しかし、そこでは書院の上海とは距離が遠く、直接的な関係がまだ十分に出来ていなかったので、ここでは北京の2校は対象外とする。

　40期から始まった書院大学は、戦局のきびしさを増す中で、ほぼ満足に学生生活を送って無事卒業できたのは40期生だけで、41期生については、予科2年生の1941年12月に太平洋戦争が起きると、1942年1月には予科が短縮されて終了となり、同2月からは学部1年へと進級し、同4月には学部入学式が行われた。そして学部1年の授業は7ヶ月ほどで終了し、10月には学部2年生、ゼミや大旅行を慌ただしく終え、1943年9月には学部3年へと進級した。その直後の10月には急遽徴兵猶予も撤廃されたため、41期生と42期生の全員、及び43期生の一部が徴兵検査を受け、前述したように11月27日には学徒出陣の行進を上海市内で行い、12月1日には南京集合、あと各部隊へ送られるという慌ただしい日程で書院大学から学業半ばで戦場へ送り出された。そんな中、1944年9月10日にはほとんど卒業生を戦場においたまま41期生の卒業式が行われた。しかし、42期生以降は卒業式もなく、ほぼ予科を終えた形の学業半ばで徴兵されたまま終戦を迎えた。但し、書院精神は心と体に残ったという。

　しかし、帰国時にボストンバッグ一つしか持ち帰れなかった事から、将に無一文の帰国であり、若くして早々の第二の人生出発に直面した。そのような状況下、その出発に際して、42期生以降は学業半ばの未完成をなんとか埋めたいと、帰国後ほかの大学へ進学する書院生も多かった。とくに終戦後1年目に帰国できた書院生などは文部省の対応で、内地の学校へ自由に入れたが、しだいに入学が制約された。そのため、1年後に愛知大学が開学すると書院生はもちろん、ほかの外地にあった多くの学校の学生や高専、さらには開学を知った内地のいくつかの大学など、さらに陸士、海兵から、学部や予科への編入、入学することになり、愛知大学は書院生を軸に綜合引揚げ大学の様相を示した。この中では当然、書院の学部生や予科生、専門部生がもっとも多く編入、入学した。

　開設された愛知大学は、愛知県豊橋市の旧豊橋予備士官学校の跡地、施設の利用で、終戦の翌年である1946年11月15日には旧制大学として天皇から裁可された。その背景に書院の存在があったことが大きい。設置され

た学部は法経学部であり、これも書院の承継発展型ともいえた。この大学の場所は元々明治末期に設置された陸軍第15師団の施設であり、のち教導学校、士官学校へと姿を変えた。1945年6月、市街の8割は空襲で焼失したが、やや南郊にあったこの施設は戦火を免れた。5万坪の広さは当時の大学としてはトップクラスの広さであり、グランドとなる演習場をはさみ、中・南部の管理、研究室、教室棟部分と北部の学生寮となる多くの兵舎群が向かい合っており、大学施設としての転用には好都合であった。こうして初の地方都市へ旧制大学が立地することになり、豊橋市長をはじめ経済界が積極的に支援アプローチし、大学への寄付と篤志家の寄付や県知事をキャップにした寄付金集めも行われた。大陸からボストンバッグ一つしか持って帰れなかった無一文の引き揚げ大学にとってはありがたいことであった。東京の東亜同文会の頑丈な建物はGHQ、進駐軍の接収対象となり、それを知った呉羽校舎にいた書院の教員と書院生有志が接収される直前に駆けつけ、4万冊もの書籍や書院生の大調査旅行の記録を掻き出し、都内に隠し、それに空襲で被害をまぬがれた書店からの1万冊を加え、愛知大学の図書館を誕生させ、大学の誕生につなげるというドラマもあった。そこには書院の閉学から愛知大学を開学させた書院大学最後の学長本間喜一の知恵と機転があり、多くの人がそれをサポートした。まさに無から有が生まれた奇跡の展開であった。こうして学部および予科に書院生はじめ、多くの引き揚げ学生を受け入れることができた。

(2)　愛知大学へ編入学した書院生によるまとまり

　こうして愛知大学は、最後の学長であった本間喜一のそれまでの経験を踏まえた国内外の豊かな人脈を生かしてトップレベルの人材を集め、しかも立地する豊橋市の政財界の協力を得て開学した。海外からの引き揚げについてはGHQの監視の目があり、校名や研究所の名前は変えざるをえなかった。大学名「愛知」は「知を愛する」という哲学的視点から命名された。また、愛知大学は設立趣旨に世界平和希求のもとに「国際人の養成」と「地域文化への貢献」を掲げた。当時の大学は設立趣旨を掲げておらず、愛知大学がそれも敗戦直後に設立趣旨を掲げたことは珍しいことであった。とくに、敗戦によるGHQの管理下で、日本列島に完全に閉じ込めら

れ、鎖国化された当時の日本の中で、「国際人の養成」を堂々と掲げたことは、まさに書院精神の継承であった。

　しかし、アジア各地の様々な学校から集まった学生たちは多様で、入学の志や価値観も多様であり、当然当初はまとまりを欠いた。そして空腹であった。そんなばらばらでモザイク状の学生たちをまとめ上げたのが、前述した書院42期入学生の小崎昌業であった。小崎は愛知大学の設立趣意書のなかのもう一つ「地域文化への貢献」をめざした。地方都市初の旧制大学の立地の趣旨は、全国の都市が空襲で焼け野原になった中で、同じく焼け野原になった地方都市豊橋市に新たな文化を築こうとすることでもあった。そこで小崎は支援者を得て、豊橋市民との文化祭立ち上げを提案実行した。市民も初の大学生たちの新しい息吹に歓迎であった。こうして市内で焼け残った豊橋市公会堂を舞台に、戦争後の新たな世界を目指そうとする学生たちは、市民との文化祭実施に向けて一致団結した。戦時下の束縛から解放され、自分たちが自主的に主役になれる自由も味わえた。この過程で愛知大学にはじめての学生自治会が誕生し、小崎が初代会長に就任した。

　小崎は卒業後、外交官試験に合格し、外務省入りして各国を巡ったあと、モンゴルやルーマニアの全権大使を務めた。前述したように小崎によれば、ほかにも愛知大学卒業と同時に外交官試験に5名前後合格したが、彼らは当時の国家公務員の給与が安く、生活が出来ないので民間へ就職したという。当時、配給と給与だけで生活していた裁判官が餓死したというニュースを思い出させる。終戦直後は厳しい時代であった。しかし、小崎は書院入学以来、外交官が夢であり、その夢を実現したという。戦前段階で書院卒の領事以上の外交官は沢山誕生していた。このような小崎の強い志は愛知大学に多方面から入学してきた学生たちをまとめる力をすでに有していたということであろう。

　このような状況下で、愛知大学をめざしてきた書院生たちは、予科、学部とも編入年次に応じて入学した。表4は愛知大学開学直後の予科への転入合格者数を示した。学業半ばで徴兵された多くの学生が応募し、それまでの経歴に応じて各学年に転入した。出身者は外地を中心に80余校に及んだ。そのうち、東亜同文書院生は最も多く、約4割を占め、157名が各

表 4　1946年度　予科転入学生の出身校（愛知大学受け入れ）

	東亜同文書院	北京経専	台北帝大	満洲建国大	日本大学	皇学館大	明治大学	その他	合計
1 年	54	6	1	0	3	5	3	116	188
2 年	37	2	6	3	2	0	1	59	110
3 年	66	3	3	4	1	1	1	27	106
合計	157	11	10	7	6	6	5	202	404

（出典『十年史』39頁）

学年に転入した。 2 年目の1947年には、予科入試に転入学応募者が114名、合格者70名を数えた。そしてこの年から可能になった新入生の応募者は1,093名に達し、234名の合格者を出した。また、この年には学部への入学試験も始まり、転入学と新入学の合格者は、第 1 学年174名、第 2 学年21名、第 3 学年13名で、合計208名の学部生が誕生した。もちろん転入学生の合格者には書院生が多く含まれていた。いずれにせよ、新大学愛知大学への期待が大きかったことがわかる。こうして開学 2 年目にして愛知大学は予科と学部の全学年が一気に揃い、旧制大学としての体制を整える事が出来た。

　その結果、書院大学時代の42期生から46期生までが予科及び学部へ転入出来、順次卒業し、戦後のまだ復興もままならない世界へ飛び出して行った。

(3)　愛知大学への書院編入生たちの就業

　では、彼らはどのような世界へ飛び立っていったのか。予科編入生と学部編入生とでは卒業年次に最大 5 ～ 6 年の差があり、43期や44期の学部卒業生は早い卒業であっただけに、まだ混沌とした世の中へと飛び出すことになった。様子見に一旦故郷へ帰った卒業生もいた。一方、遅く卒業した書院生は、折からの朝鮮戦争の影響による特需が日本経済にカンフル剤になり始めた時期に直面することになり、就業機会は広がりつつあった。戦前戦中、同期の若者たちの多くが戦場で散ったため、この世代は貴重な人材としての開拓者にもなり得た。書院生も愛知大学卒業後、財閥解体や平和産業への構造的大転換の中で、書院という世界と愛知大学での新たな世界での学びの中で、いろいろな職種を経験し、最終的にみずからの立ち

135

位置を見いだしたケースが多いように思われる。

　表5は愛知大学へ編入学した書院生の卒業後の就業業種についてまとめて示したものである。但し、個別的には個人で執筆された自叙伝の記録もあるが、統一的には書院卒業生の会である滬友会がまとめた80周年を記念した『東亜同文書院大学史』[9]の中で、各編集委員が各人へのアンケートで消息や卒業後の履歴を問うた一覧があり、そのうち、愛知大学へ編入学した回答者分についてここではまとめた。但し、当時戦争などで、すでに亡くなった卒業生も多く、また体調不良や何らかの都合でそれに回答出来なかった書院生も見られ、全員をカバーしたものではない。とくに最後の46期生は、上海へ行けた大陸グループと上海へ行けなかった呉羽入学グループに別れ、しかも短期間で閉校になったため実質的にまとまれず、回答者はきわめて少ない。

　それによると、愛知大学への編入学生は、43期から始まって学部と専門部を含む44、45の両期生が最も多く、入学生の数に対して46期生の判明分は少ない。その点で限定的ではあるが、全体としての傾向はうかがえる。

　同表では就職先が最も多い分野はやはり商社・貿易系で全体の3割近くを占め、前述の関係表に示した書院生の傾向と重なる。次いで金融・証券系、メーカー系が多いのも、最終的には書院教育の表れだとみて良い。とりわけ専門部の卒業生のそれらの分野への指向性が見られる。主な就職先を見ると当時の日本のその分野におけるトップ企業であり、日本経済の復興基調の中で企業側の書院生への期待感があったように思われる。これらの企業には戦前の卒業生も多く、いくつかの就職決定のプロセスでは、卒業生からの引き合いも見られ、書院生だからという理由で最終的な着地点を見つけられたケースも多い。なお、書院以外の旧制愛知大学卒業生も、愛知大学が書院系ということで大手企業へ就職するケースも多く見られた。古河系への就職はその代表的なケースであり、書院生の存在は、愛知大学卒業生全体へも波及効果のあったことがうかがえる。

　同表では、また新聞社や放送などメディア系、国家公務員、教員への就業も多い。これも戦前の就職動向と同様な傾向にある。メディア系への就業は中国語や英語を最後の閉校まで海外で学んだ広い視点が、戦後の新たな世界情勢の変化を把握する即戦力としてこの分野への進出を可能にし

表 5　戦後　愛知大学へ編入・入学した東亜同文書院生の就職先

就職先	43期生	44期生 学部	44期生 専門	44期生 計	45期生 予科	45期生 専門	45期生 計	46期生 予科	46期生 専門	46期生 計	総計	主な就職先
商社・貿易系	2	2	6	8	2	7	9	3	3	6	25	兼松江商、岩井産業、三井物産、伊藤忠
メーカー系	2	3		3		4	4		1	1	10	古河電工、味の素、パイロット万年筆、各紡績
金融・証券系		1		1	1	1	2	6	3	9	12	住友銀行、三井銀行、山一證券
商業系								1		1	1	東京相互
運輸・交通系			1	1		1	1				2	播磨商船、愛知運送
資源系		1	1	2	1		1	1		1	4	出光石油、出光興産、中部電力
広告・情報系					1		1	1		1	2	万年社
税理・コンサル系			1	1				1		1	2	公認会計士、税理士
弁護士系						1	1	1		1	2	弁護士
労組系						1	1				1	医療労働組合協議会
新聞・出版・メディア系		1	1	2	1	2	3	2	1	3	8	朝日、毎日、読売、NHK、CBC、ラジオ関東
国家公務員系	1		2	2				2		2	5	運輸省、農林省、税関（大阪、名古屋）
地方公務員系								1		1	1	都庁
教職・教員・学校系	3	1	1	2	3	4	7	1		1	13	
自営系					1	1	2				2	
合　計	8	9	13	22	10	22	32	20	8	28	90	

（『東亜同文書院大学史』の判明データより作成）

た。戦後文化大革命の時、各新聞社の北京特派員はすべてが東亜同文書院卒業生であったことは前述した。壁新聞から毛沢東の狙いが劉少奇を失脚させる目論みであることを見抜いたのは、書院出身で中部日本・東京新聞の伊藤喜久蔵記者で、ボーン国際記者賞を授与された。また、各地方紙の論説委員への就任者も見られたのはそのような例である。さらに、国家公務員でも活躍している。同表には入らないが、前述した42期生で愛知大学へ編入し、卒業した小崎昌業は外務省に入り、各国で活躍した上で、モンゴルやルーマニアの全権大使になっている。

　そのほか、教員も多い。そのうち、大学の研究職になった卒業生も多く、戦時体制から解放されて、学問の道へ進んだ書院出身者も多い。これも愛知大学以外の大学へ編入した書院出身者にも共通してみられる点である。

　全体として見ると、愛知大学へ編入し、卒業した書院出身者はビジネススクールである書院の伝統を生かす形で、戦後の日本経済の発展を支えた事がわかる。受け入れた愛知大学側も「法経学部」を開設してその伝統に対応し、中国語の授業も上海時代の発音練習でカラス学校と称されたと同様に書院から継続した教員たちによって行われた。

5　愛知大学以外に編入した書院生の就業
　　──東京商科大学（新制時に一橋大学と改名）の場合

　ところで、前述したように書院生は愛知大学が開学する前の１年間にいくつかの大学へ編入した。その中でも新制大学時に一橋大学と改名する東京商科大学（以下商大）への編入者が多かった。その理由は繰り返すが、書院と同じ商学系の大学であり、また最後の学長で書院生に慕われた本間喜一が商大から書院の副学長、学長として赴任し、商大時代の著名な教員たちを集中講義で書院へ呼び寄せ、書院生もそれになじんでいたことがあった。ただし、本間自身は商大時代に白票事件に巻き込まれ、商大とは距離をおいていた。また書院で中国語を教授していた熊野正平予科教授が商大へ転任していたこと、などの商大とのネットを挙げることが出来る。

　表6は商大へ編入した書院生の就業分野を簡潔にまとめて示した。40名あまりが編入したとされるが、判明分は39名。それによると、やはり

表6　東亜同文書院大学から一橋大学への戦後転入生の就職種別人数
（42～45期）

職　種	人数	主な就職先
商　　　　　社	7	又一(2)、日綿(2)、第一、
メ　ー　カ　ー	8	富士製鉄、東芝鋼管、日産、三菱レーヨン
金　融　・　保　険	6	富士銀、十八銀、住友銀（熊本）、野村
輸　　　　　送	1	日本郵船
製　　　　　薬	1	明治製薬
マスコミ・出版	1	雑誌ダイヤモンド社
不　　　　　明	15	―
合　　計	39	

（「如水会」資料、一橋大学図書館資料より作成）

商社系、メーカー系、そして金融・保険系が多く、この3分野へ特化しており、就職先判明分24名の9割を占め、商大卒業生の就職先の特徴がうかがえる。その点では、前述した書院大学卒業生一般にみられる就業分野の幅の広さは見られない。商大生一般との直接の比較は出来ないが、商大生と書院生との差がうかがえそうな局面ではある。もちろん、大局的にみれば、書院生は商大においても書院の伝統を発揮したということは出来る。

　ただし、商大へ編入した書院生の足取りは就業の段階で不明者がかなり目立つ。その数は15名で、判明分の3割弱を占める。この調査にご協力いただいた一橋大学関係局や同窓会の如水会からは、卒業後の不明や同窓会への未加入が伝えられている。数名分であればともかく、これだけの数を占めることにはなんらかの意味があると思われる。前述した42期生某の記録には、商大へ編入してもらおうと面接を受けたら、面接担当は著名な中山伊知郎教授で、書院時代のことを色々質問され、そのレベルまで来ているなら、あと少し頑張って卒論を書いて書院の事務局に提出し、書院大学を卒業しなさいと示唆され、事務局と相談し、卒論をまとめ、提出して書院大学卒になったとある。その詳細は不明だが、混乱期に若干の便宜もあったのであろう。この編入希望者は、示唆されたとはいえ、商大よりは書院を選んだ。つまり商大への編入希望者はやむを得ない状況の中での行動であり、本心は書院にあった。彼らは機会があれば編入先でも書院の歌を高吟し、愛知大学の開設後は沢山の書院生が編入学した学生寮へ訪れ、一緒に書院の歌を歌ったという。つまり、商大へ入ってもよそ者である自分のポジションを見つけられなかったということであろう。商大の同窓会

への未加入者がこれだけいたということは、自分はあくまで書院卒だという思いを切り離せなかった証であると思われる。この状況は商大以外のほかの大学へ編入した書院生にとっても同様だったと思われる。

6 〔補論〕香川県出身書院生の就業軌跡

　最後に一つの県の書院出身者というまとまりで、参考までにその就業軌跡を見てみる。事例として香川県を取り上げた。九州のように多くの書院生が入学したわけではなく、大学へ昇格しても東京や大阪のように志願者が急増したわけでもない。その点では標準的な県の一つである。基本的には書院生は給費の香川県費生と、県独自の前述した「財団法人香川県育英会」の貸与金、そして途中から私費生という三本柱によって着実に入学している。ここではデータの都合上、20期生以降の卒業生に限定して示した。

　表7がそれで、37人の就業状況を示した。37期生あたりまでは戦前そのほとんどが大陸現地で有力な日本系企業に就職している。業種はやはり、商社・貿易系、メーカー、金融の3分野が中心で、新興の満洲関連の満洲国官吏や満鉄、銀行も見られる。そのほか高商や大学での教育職、そしてメディア系も見られる点は書院生就業の特徴である。戦後の日本への無一文での引き揚げ後、新たな就職先を見つけるのは、まさに第二の人生の始まりであった。その多くは職種内容をかえざるをえなかったが、転々として落ち着いた先は、商社、メーカー、金融、メディア、教員などの枠内で決定している。その中で戦前からの業種をそのまま踏襲したのは、教授職の2人と、毎日新聞の田中香苗で、彼は戦後毎日新聞の社長へと昇進し、同新聞社の発展に大きく貢献している。このように企業のトップとして、折しも戦後の高度経済を生み出し、日本経済を支えた書院卒業生は多い。

　また、37期以降は徴兵、とくに大学昇格の40期代以降は、学徒出陣による従軍の後、帰国に際して大学への編入か、そのまま就職先を見つけるかの2方向があった。大学への編入は4名、そのうち司法という新分野を1名が開拓している。その他の全体では商社・貿易系、メーカー、金融、官吏、そして同郷の先輩である毎日新聞社長のもとに1人就業し、書院卒業生一般の傾向とほぼ一致している。

表 7　香川県出身　東亜同文書院卒業生の軌跡（判明分）

期	名前	戦前就職	戦時	戦後就職
20	青木　マキタ	日清製油		日之出運輸代表取締役
22	国井　トシアキ	台湾銀行		大阪銀行→日貿信常務
22	三野　キヨシ	上海瀛華銀行		精肉業
22	三好　キヨシ	満洲国官吏		東洋硝子
22	酒家　ヒコタロウ	鞍山製鉄、対満事務局		東京サークルカー、大阪商工経済研→福徳相互
23	村主　ショウイチ	道光県顧問、天津財務局		
24	佐久間グンジロウ	江北特務ほか、昭和通商		サカエ繊維社長
25	酒家　シゲヨシ	奉天盛京時報		高松相互銀行
25	田中　カナエ	毎日新聞		毎日新聞局長、社長
26	二川　カオル	満洲銀行ほか		四国財務局、高松相銀、高松興産社長
26	石田　タケオ	貿易商社、建国大		京大、滋賀大、福井工大教授
26	梶原　エイゾウ	味の素支店長		満洲屋社長、蛇の目ミシン部長
26	山名　マサユキ	関学高商教授		神戸商大・大阪経法大教授
27	桑島　ヤスオ	満洲国総理府		
30	竹内　アキオ	中山太陽堂		丸三スレート設立
31	磯川　タケオ	満鉄		大阪岡野商店
32	渡辺　ジロウ	又一		
33	植松　ギイョウゾウ	日産公司、新民会		
34	中上　ショウゾウ	南京大使館、華中鉱業		香川県経営者協議会専務
35	青井　マサチカ	住友化学部長		関連会社社長
35	富田　キヨノスケ	興亜院		毎日新聞、毎日放送専務
36	古市　キヨシ	満　鉄		東洋埠頭専務
37	橋本　キヨシ	山東塩業		GHQ通訳、物価庁、伊藤忠
37	髙橋　カツオ		ロタ島	GHQ翻訳、瀬戸内歴史民俗資料館
38	尾形　アキラ			伊藤忠
38	岡　ヤスヒロ		戦死か	
40	高宮　ケイ			毎日新聞
40	富田　サダシ		駐蒙軍参謀	オイスカ産業協力団
40	山田　シズオ		ソ連抑留	東方商会
41	中西　カズオ			大蔵省局長、香川相互銀行常任監査役
41	下村　ユキマサ			通産省、ロンドンシェル、公認会計士
43	谷口　サダ		国府軍通訳	京大法→裁判官
43	徳井　セイタロウ		海軍航空隊	陸上自衛隊陸佐、埼玉容器検査所
43	八木　キョウヘイ			京大→地方銀行、信用組合再建
44予	安藤　カオル			神戸経大→兼松→兼松電子部品常務
45専	岡　キヨシ			オーツタイヤ輸出部門
43	松崎　トシオ		陸軍幹候生	東大→日銀→高校校長

　このような就業軌跡の中で、書院卒の先輩が後輩のめんどうを強く見るコミュニティーの形成とその発揮も見られた。戦前大陸にあって自力で事業を開拓してきた書院卒業生たちの間には、外地にあった分だけ相互扶助的な相互のまとまりの強さが形成された。寮生活はもちろん、現地での「大旅行」が数ヶ月に及ぶ中、やがてメインランドはもちろん、辺境の地や東

南アジア、さらに満洲の各地に先輩たちが職を得ると、書院生は旅行先で真っ先に先輩を訪ね、先輩も彼らを招いて物心で支えた。その絆は戦後も続き、就職時にそれが発揮された側面もあった。

　それは同期のレベルでのまとまり、各府県でのまとまり、外地では地区別同窓会でのまとまり、また新年会、書院先覚の墓参等の行事でのまとまりというように幾重にもネットが張り巡らされ、同窓会である滬友会を支えたからである。その中でも各府県に組織された各支部は、その基礎単位となり、総会をはじめ、旅行や講演を含む会合が企画され、その時は各期の卒業生の情報交換の場となった（図2）。これは同期会でも全国に散らばる同期生の集会する催しが実施された（図3）。新年会は賀詞交換会として毎年1月東京で開催され、関東を中心に全国から卒業生が集まり、顔を合わせた。それぞれ幹事役は幅広い目で主催し、会を支えた。このまとまりこそが書院生相互の就職を確実にし、それが戦後の日本経済発展のひとつの大きなエンジンとしての役割を果たしたといえる。その状況は次章のなかでもデータとして明らかにされよう。

図2　各県支部役員の広報（1998）（一部画像加工）

図3　同期生の会合広報（1998）

おわりに

　以上、戦時下に卒業あるいは中断された東亜同文書院大学40生期から
46期生の戦後における就業状況を追うことによって、彼らが戦後日本の
経済発展を支えたという状況を明らかにした。40期生は書院が大学へ昇
格した最初の入学生でほぼ卒業まで全うした。大学へ昇格することで、そ
れまでの書院時代の濃厚なビジネススクールが完全に変質したわけではな
い。ビジネスにかかわる実務的領域や中国語、英語などの語学部門も温存
しながら、アカデミックな分野を新たに付加したし、フィールドワークも
ゼミ単位に形を変えて継続された。その一方、伝統的書院のシステムを継
続すべく、専門部も付加された。しかし、大学昇格以降、また専門部増設
以降の時期はいずれも日中戦争下、さらには太平洋戦争下にあり、書院生

は次第に学期の繰り上げや繰り上げ卒業、ついには学徒出陣、さらに学徒動員と厳しい状況に見舞われた。そんな中でも書院生はそれなりに青春時代を謳歌しつつも、厳しい制約状況に直面した。そして最後となった46期生の多くは内地から海を渡れず、富山県の呉羽分校で過ごした。

　戦後無一文となって引き揚げてきた書院生は、帰るべき学校をなくし、当初の早い帰国者は既存の大学へ編入して潜り込めたが、それも厳しくなった折、最後の書院学長本間喜一の手腕で終戦1年後に愛知大学が開学すると愛知大学へ編入学する書院生は多かった。もちろん、編入学せず、戦後の混乱期になんとか職を探した書院生も多かった。

　前章でも触れたように、書院時代の卒業生は当初はみずから起業する苦労をし、やがて日本から進出してくる有力企業に選ばれて就業する形が出来上がった。第一次大戦後の不況で就職に苦労する時代もあったが、のちに満洲国が成立すると、語学も出来るということで満洲国関係へ就職するなど幅が広がった。職種もかなり広がり、メディア系や教員、さらに領事などの分野へも進出した。書院の最盛期に当たる1920〜1930年代は、書院卒業生が各界の中堅、さらには指導者として活躍するようになった。その時代のとくに大陸の経済発展に書院卒業生は大きく寄与したと言って良いだろう。

　それが40年代に入ると、戦局が厳しくなり、大学へ昇格し希望に満ちて社会へ出るはずの書院大学卒業生も兵士として徴兵され、経済活動にも十分に触れぬまま、第一線から離れざるを得なかった。戦死者もかなり出た。そして敗戦。無一文での帰国となり、焦土と化した本土を目の前にして、食糧難の時代に苦しんだ。かろうじて内地の大学へ入れた書院生たちも、腹をすかしながら新しい時代を切り開く意欲に燃えたのは、愛知大学の寮生たちの記録や記憶からでもわかる。

　GHQによる占領が解かれ、ガチャマン景気、そして折からの朝鮮戦争に伴う特需の発生の中で、解体された財閥も息を吹き返し、生産活動が動き出した。それは書院生を新たな舞台へ登場させる機会となった。戦前の卒業生は大陸での経済の実戦経験を生かせるようになり、書院大学を経験した書院生は、学んだビジネスを生かすチャンスが回ってきた。内需から海外市場への進出時期が来ると、海外の視点と経験を持つ書院生の本領発

揮となった。商社は書院出身者を好んで採用し、書院を「幻の名門校　東亜同文書院」と称した。その背景には、戦後の東西冷戦の進む中、大陸にあった書院はスパイ学校だとしてその裏付けもなくイデオロギー論者側から誹謗中傷され、帰国した書院卒業生たちは、その理不尽さに口を閉ざし、書院について語らないまま次々と経済界の中で頭角を現したためである。

　その活躍の中心的舞台は貿易商社系にあった。大陸・外地にあってビジネスを学び、外地からの視点で貿易を行える書院出身者は、大学や専門部の卒業生、中退生においても、最も特異とする対中国との取引は、「竹のカーテン」により困難であったが、進んで台湾、香港、シンガポールなどに業を求めた。外地の体験がない他校出身者が尻込みする東南アジア、インド、中近東、中南米、など第三世界の市場開拓には専ら書院生がパイオニア役をつとめ、さらにアメリカ市場へも進出するなど、戦後日本の商社群を発展させつつ外地と積極的につなげた。こうして1950年代の国内中心の復興経済をベースに1960年代に入ると輸出入貿易の活性化へと展開し、石油エネルギーへの転換、輸送船のための造船、その建造材の製鉄鉄鋼生産、そして港湾や道路、鉄道、都市などの国内基盤整備と自動車生産、さらに住宅建設等々、芋づる式に日本経済が急速に発展成長を遂げた。

　このような動きは、1970年代に発生した石油ショックも乗り越えて1980年代まで続き、GDPはアメリカに次ぐ世界第二位に達した。アメリカのエズラ・ヴォーゲルはその勢いを踏まえ、"ジャパン　アズ　ナンバーワン"を著している。この勢いは、その後バブル経済をもたらし、その崩壊がはっきりした1990年代以降、日本は多くのストックを失った。そしてその後、「失われた10年、20年、30年」と言われ、今日に至っている。日本企業はバブル経済下、安価な地価と労働力を求め、海外へ企業移転し、「メイド　イン　ジャパン」を捨てた企業も多い。その結果、国内では経済発展を支えた経済地域が空洞化する一方、移転先の東南アジアや中国が著しい経済成長を遂げ、GDPでは中国にも抜かれ、多くの先進的技術も呑み込まれそうである。日本が迎えたこの新局面に対して、30年間も日本は政府も企業も未だ対応ができておらず、その根は深い。

　ところで、今日から言えば、この「失われた30年」前は、ちょうど書院卒業生たちが、奇しくも各界の第一線から身を引いた時期にあたった。

つまり、書院育ちのトップが次世代へと交代した時期であった。それは、外地で教育を受け、外地を歩き、グローバルな視点から日本を見ることの出来るコスモポリタン的性格をもち、実践的には相手側とウィン−ウィンの関係を大切にしてきた書院出身の経営者たちの一斉的引退であった。外国経験がなく、日本の技術信仰だけで外国情報を理解しがたい次期経営者には、書院育ちの経営者の資質を継承することは無理であり、ジャパンアズ ナンバーワンの時代、陰で成金とささやかれていたのも知らず、欧米でも金をちらつかせて威張っていたに過ぎなかった。

　その結果、たとえば、20世紀から21世紀に変わる時期の筆者のイギリス滞在時代の経験では、それまでトップの座にダントツに君臨してきたソニー製のシルバー枠タッチのテレビは、21世紀に入ると技術が低かった韓国製のピアノタッチの黒枠テレビに破れ、一方、華僑も多い東南アジアでは、日本の得意な白物家電は赤色など中国製の着色家電に敗れた。いずれも日本の技術信仰の押しつけが、輸出先である現地の需要情報（たとえばイギリス人の視力問題など）には無関心になっていたためである。現地の消費者がどのように商品を使い、それにデザインも含め、どのような価値を見いだすかについての現地情報を研究しなかったこと、つまり、日本の価値観だけで貿易をしようとしてきたことの落とし穴に入ってしまったということであろう。広く見れば、せっかく戦後、書院出身者がそれなりに現場主義で海外に開拓してきた市場を、バブルに浮かれ、市場の質的な動態変化と発展を見通す目がなかった次世代の日本企業（の経営者）がそれらの市場を失ってしまったというということになる。金勘定主義の敗北であったということでもある。

　このように見てくると、東亜同文書院のビジネススクールとしての教育システムをあらためて再評価し、それをどのように継承できるかの現代的検討も必要になろう。またあわせて、書院生が経験したように、学徒たちの外地における濃厚な体験機会を増やすことが、今後の日本にとって必要だし、重要だといえる。これは各企業人でもいえるし、行政人でもいえることである。いまの若者は内向きで海外へ行きたがらないと言われる。一方、政府は日本への留学生を増やしてきた。政府は少なくとも日本の若者こそを外国へ積極的に送り出す方向へ政策転換すべきであろう。このまま

では口を開けたまま押し寄せる外国人観光客を待っているだけの観光消費国になり、「失われた〇〇年」はさらに今後も続くことになるだろう。

謝辞

　本稿を作成するに当たり、書院卒業生のデータベースを苦労して作成いただいた朝倉一七代さん、また一橋大学へ編入した書院生のデータについては一橋大学学園史資料室の大場高志氏に大変お世話になり、この仲介をしていただいた愛知大学監事の林一義氏にもお世話になりました。さらに元愛知大学東亜同文書院大学記念センター事務担当の森健一氏からは42期生の記念誌を閲覧させていただきました。あわせて厚くお礼申しあげます。

注

1　大学史編纂委員会（1982）『東亜同文書院大学史』。
2　東亜同文書院42期生（1990）『滬城遙かに』第3集。
3　東亜同文会（1917〜1920）『支那省別全誌』全18巻、東亜同文会。
　　東東亜同文会（1941〜1944）『新修支那省別全誌』9巻にて中断、東亜同文会。
4　石田寛（2005）「北京興亜学院から北京経済専門学校へ」『同文書院記念報』Vol. 13. 1–31頁。
5　前掲1. 163頁。
6　前掲1.
7　前掲1. 605–666頁。
8　前掲1. 273–277頁。
9　前掲1. 622–666頁。

関連文献

藤田佳久（2001）「東亜同文書院卒業生の軌跡——東亜同文書院卒業生へのアンケート調査から」『同文書院記念報』Vol. 9. 1–72頁。
藤田佳久（2012〜）『日中に懸ける——東亜同文書院の群像』中日新聞社、289頁。
佐々木亨（2003）「東亜同文書院入学者の群像——海を渡って学びに言った若者たち」『同文書院記念報』Vol. 11. 4–29頁。
愛知大学五十年史編纂委員会（2000）『愛知大学五十年史』通史編、愛知大学。

東亜同文書院大学留学生派遣規程 （昭和十六年三月改正）

第一条　本会ハ東亜同文書院大学ニ毎年一名又ハ二名ノ留学生ヲ派遣ス

第二条　前項ノ学生ハ左ノ各号ニ該当スルモノニ就キ之ヲ選抜ス
　一　別ニ定ムル留学生資金貸与規則第二条ニ依ル第二第三ニ該当ノ資格ヲ具フルモノ
　二　中学校又ハ修業年限満五ヶ年以上ノ商業学校卒業者ニシテ学業成績優等同学年生徒中四分ノ一以上ニシテ
　三　品行方正身体強健ニシテ学資ニ乏シク且将来有望ナルモノ

第三条　留学ヲ志願スル者ハ本会所定ノ願書ニ履歴書身体検査書学業成績証明書（附録第一号様式）ヲ添ヘ毎年三月二十日迄ニ該学校長ノ証明ヲ受ケ之ヲ本会ニ差出スベシ

第四条　本会ニ於テハ前条ノ書類ニ依リ出願者中ヨリ銓衡ノ上之ヲ該大学ニ推薦シ入学ノ手続ヲナシ之ヲ留学セシム

第五条　留学生ハ東亜同文書院長ノ指導監督ヲ受クルモノトス

第六条　留学生ハ本会ノ同意ヲ得スシテ留学ヲ廃シ又ハ他校ニ転ズルコトヲ得ス

第七条　留学生ニハ在学中毎年学資金（定額金七拾五円以内）及支度金（壱時金参拾五円以内）ヲ貸与ス但シ本会ヨリ附録第二号様式ノ契約証書ヲ差出スベシ

第八条　出資者ハ本会ノ同意ヲ得テ留学出願者トノ間ニ附録第三号様式ノ契約証書ヲ取換スルモノトス

第九条　学資金ハ毎月弐拾五円宛卒業後一ヶ年目ヨリ貸与ヲ受ケタル学資金ヲ返納スベシ

　　（各条文省略）

附　録

第一号様式
（用紙大判）

　願書（東亜同文書院大学留学志願書）

　　　　　　年　月　日

　　　　　　　　　　　　出願人　住所　身分　氏名　印
　　　　　　　　　　　　出資者　住所　氏名　印

第二号様式
（用紙大判）

　財団法人香川県育英会殿

　契約書

　　　　　　年　月　日
　　　　　　　　　　　　本人　住所　身分　氏名　印
　　　　　　　　　　　　保証人　住所　氏名　印
　　　　　　　　　　　　出資者　住所　氏名　印
　　　　　　　　　　　　保証人　住所　氏名　印

　財団法人香川県育英会理事長殿

本規程第七条ニ依ル出資者及貸与金額大要左ノ如シ
　一　入学準備金及旅費其他本会ヨリ支給ス
　二　在学中諸費本会ヨリ支給ス
　三　卒業後各年ノ返納金

本規程及貸与規則ニ依ル

財団法人　香川県育英会

第6章

活躍する東亜同文書院大学卒業生1,654人のデータベース

小川 悟

はじめに

　東亜同文書院大学の同窓は、明治37年3月に卒業した第1期生から昭和20年8月の終戦時の在校生を含めて4,900人余りに達する。これらの同窓の活動分野は官・民各方面にわたっているため、個々の事歴を記することは困難を極めた。しかし、同窓各位からの貴重な資料・情報提供を中心に、旧大学史、滬友誌、滬友ニュース、同窓会名簿、その他の資料を参考にして各界毎にできる限り正確を期したつもりである。記事中、多少の誤り、脱落もあろうかと危惧している。その点、悪しからずご容赦願いたい。

　以下において、学界、外交界、言論・報道界、実業界、金融界、公認会計士、満洲国に分類して概要を紹介することにする。

出典…以下に紹介する内容は、昭和57年5月発行の『東亜同文書院大学史—創立八十周年記念誌—』からの引用であり、文中、「現在」とあるは昭和57年をさす。また、一覧表にて空白の部分は資料・情報からの状況把握困難にて、未記入になったものである。

目　次

1　活躍する東亜同文書院卒業生1,654人

　把握できた書院卒業生1,654人の活躍の場は多岐にわたり、各界別にまとめたのが以下の一覧表である。①実業界703人（42.5％）、②満洲国351人（21.2％）、③金融界221人（13.4％）、④言論・報道180人（10.9％）、⑤外交界129人（7.8％）、⑥学者・教育者53人（3.2％）、⑦公認会計士17人（1.0％）となっている。

　実業界の中でも特に、商社に活躍の場を求めている書院卒業生が456人（27.6％）とダントツに多い。これは、中国語・中国事情を十分に理解した書院生が、人材を求める側の期待に応えている証左にほかならない。

活躍する各界	各界・企業	人数	活躍する各界	各界・企業	人数
1. 学者・教育者		**53**		東洋紡	7
2. 外交界		**129**		同興紡	5
3. 言論・報道	35期以前	70		冨士紡	4
36期以降	朝日	15		上海紡	2
	毎日	15		綿花協会	7
	読売	6	小計		**65**
	中日・東京	4	その他会社	日清製油	13
	神奈川	3		華中鉱業	29
	共同通信	2		満洲航空	6
	福島民報	3		中華航空	3
	西日本	4		満洲電業	12
	その他新聞	25		華北電業	6
	NHK	2		東洋拓殖	16
	東京放送・TBS	5		東亜興業	7
	その他TV・放送	7		大冶鉄山	4
	満洲国弘報	19		東亜煙草	5
小計		**180**	小計		**101**
4. 実業　商社	三井物産	73	実業計		**703**
	三菱商事	54	5. 金融界	横浜正金銀行	33
	三菱電機・倉庫	8		台湾銀行	22
	大倉	14		朝鮮銀行	19
	古河	56		日本銀行	11
	日商・岩井	48		住友銀行	17
	伊藤忠商事	54		三井銀行	8
	日綿実業	42		三菱銀行	7
	丸紅	19		日本興業銀行	3
	又一	35		満洲中央銀行	75
	江商・兼松	53		満洲興業銀行	9
小計		**456**		興農金庫	3
海運	日清汽船	14		蒙疆銀行	4
	東亜海運	24		福徳相互銀行	10
	大連汽船	7	小計		**221**
	山下汽船	9	6. 公認会計士		**17**
	日本郵船	27	7. 満洲国	満鉄・19期以前	102
小計		**81**		満鉄・20期以降	236
紡績	大日本紡	18		華北交通給付生	13
	鐘紡	17	小計		**351**
	帝人	5	1～7　合計		**1,654**

※ほかに、満洲国政府機関に在職した書院同窓が240人いるので、把握総数は1,899人
　となる。ただし、満洲国政府機関の在職者は人数だけで、期・姓名は不詳である。

2 各界の主な書院卒業生259人

　ここまでは、各界ごとの書院卒業生1,654人の消息について述べてきたが、ここでは各界ごとに主な人物についてまとめてみることにする。

※役職名は、昭和57年5月15日発行『東亜同文書院大学史』によるものである。

学者・教育者　44人
主として旧制大学・国立大学の教授

期	氏名	経歴
1	坂本　義孝	哲学博士・書院教授→米国へ留学
3	大倉　邦彦	東洋大学学長・皇學館大学学事顧問
5	馬場鍬太郎	書院教授から東海大学教授
8	川村　宗嗣	大東文化大学教授
11	渡部　勝美	法学博士。裁判所判事
15	鈴木　択郎	書院教授から愛知大学教授
16	中山　優	満洲国建国大学教授から亜細亜大学教授
	高橋　君平	大阪経済大学教授
	久重福三郎	書院教授から神戸市外国語大学教授
17	熊野　正平	経済学博士。一橋大学教授
18	野崎　駿平	書院教授から東北大学教授
19	小竹　文夫	書院教授から東京教育大学教授
20	坂本　一郎	書院教授から関西大学教授
23	松崎雄二郎	金沢大学教授から北海道薬科大学教授
25	寺崎　祐義	山口高商教授、福岡大学教授
26	山名　正孝	神戸商業大学名誉教授
27	魚返　善雄	文学博士。東洋大学教授、東京大学講師
29	神谷　竜男	法学博士。書院教授→國學院大学教授
	桑島　信一	愛知大学教授
34	水野　鈴彦	中央大学教養学部教授
	内山　雅夫	愛知大学教授
35	渡邊　長雄	書院→日銀→日興証券顧問
	後藤　文治	立命館大学経済学部教授　大内賞受賞
36	明野　義夫	経済企画庁にて中国問題の権威
	大久保　泰	法学博士（慶応大学）。朝日新聞社
40	池上　貞一	愛知大学教授

期	氏名	経歴
	杉本　出雲	愛知大学教授
	金丸　一夫	千葉商科大学教授
41	菅野　俊作	経済学博士。東北大学教授
	宮田　一郎	大阪市立大学文学部教授
	清水　徳蔵	亜細亜大学研究所理事
43	滝野　隆永	東洋大学経営学部教授
	三木　毅	経済学・医学博士。北海道大学医学部教授
	高倉　又二	宮崎大学教授
44	江藤　数馬	日本大学商学部教授
	西村　久	山口大学教授。財政学
	竹内　義彰	京都府立大学教授
	本橋　渥	横浜国立大学経済学部教授
	楠瀬　勝	富山大学人文学部教授
	長谷川良一	早稲田大学中国研究所教授
	尾崎　雄二	京都大学・東洋文献センター教授
45	富山　栄吉	中央大学商学部講師
	針生　誠吉	東京都立大学教授
	横田　忠夫	山梨大学教養部教授

外交官　35人
総領事以上の経歴

期	氏名	経歴
1	西田　畊一	済南総領事　通訳官の「はしり」
2	林出賢二郎	小村寿太郎外相の委託で新疆・蒙古調査
3	若杉　要	外交官試験合格。指揮者・弘は三男
	糟谷　廉二	長沙総領事
	田中荘太郎	チチハル総領事
4	森岡　正平	吉林・張家口総領事
5	田島　昶	上海工務局警視副総監
	有野　学	通訳官。国際連盟リットン調査団の日本側通訳
	石射猪太郎	外交官試験合格。大東亜戦争に反対論
6	松本　忠雄	加藤高明首相秘書から衆議員・外務政務次官
8	岩井光次郎	三井物産→外務省→上海大使館商務官
	堀内　干城	外交官試験合格・東亜局長
9	山本　熊一	高等文官試験合格・外務政務次官
	清水　亨	外交官試験合格。夭折

期	氏名	経歴
10	加藤　日吉	徐州総領事
	永井　洵一	天津総領事
12	清水　董三	書院教授→外務省→中華民国公使
13	柳原　敏一	大東亜省通訳官・調査官→総領事
15	掛川　巌	上海工部局副総監から総領事
16	中山　優	関東軍参謀石原莞爾の要請で駐華公使
18	岩井　英一	豊かな人脈からの豊富な情報を駆使
19	磐田　冷鉄	外交官試験合格。タイ大使館情報部長
20	中田豊千代	中華民国公使・代理公使
25	小濱　繁	奉天総領事
26	上村　清記	初代・高雄総領事
27	田中　重英	高雄総領事
29	松野幹太郎	外交官試験合格。コスタリカ大使
33	織田　正一	バンコク総領事
36	岡田　晃	行政科試験合格。スイス大使
38	有野　芳郎	行政科試験合格。トロント総領事
40	広長敬太郎	カラチ総領事、ユネスコ大使
	斎藤　博	行政科試験合格。外務省入り、戦死
41	吉田　長雄	行政科試験合格。ギリシャ大使
42	小崎　昌業	外交官試験合格。カルカッタ領事
45	有地　一昭	書院最後の外交官。ネパール国王の信頼

言論・報道界　79人

期	氏名	経歴
先	宗方小太郎	明治29年、漢口で初の「漢報」を発行
日	鳥井　赫雄	大阪朝日・編集局長
1	井出　友喜	上海日報・社長
	水野　梅曉	仏門の出。東方通信・調査部長
5	小谷　節夫	青島新報、大青島報の経営者、衆議院議員
6	松本　忠雄	やまと新聞→衆議院議員・外務政務次官
	波多　博	上海東方通信、上海日報・社長
	神尾　茂	大阪朝日・支那部長、論説委員、衆議院議員
8	大西　斎	東京朝日・論説主幹（役員待遇）
9	村田　孜郎	毎日・論説委員、読売・東亜部長
13	知識　真治	朝日・論説委員、NHK・解説委員
	宇治田直義	大阪新聞・外報部長、外交時報・編集局長
	中村桃太郎	東京朝日・東亜部長

期	氏名	経歴
14	栗原三千代	大阪毎日から「人物往来」社社長
16	中山　優	朝日新聞・北京支局
	辻　衛	朝日新聞・西部本社論説委員
	大矢　信彦	満洲「国通」・編集局長
17	織田　収	山陰日日新聞→ラジオ山陰・社長
18	三池玄佐夫	毎日・大阪東亜副部長、華文毎日編集長
19	吉岡　文六	毎日・東京東亜部長、政治部長、東京編集局長
	本郷　賀一	朝日・長春・奉天支局長→大阪本社論説副主幹
20	園田　次郎	朝日・論説委員、東亜部長
21	和田　斉	朝日・『朝日ジャーナル』初代編集長
22	小秋元隆一	朝日・華字新聞編集長、NHK解説委員
	石川悌次郎	国民新聞→日本冶金・常務取締役
23	川崎　万博	大阪朝日・東亜部次長、横浜市教育委員
25	田中　香苗	毎日・社長、東亜国内航空会長も兼務
	村上　剛	毎日・東亜部長から論説委員
26	田中　玲瓏	住宅新報・副社長
27	浦　敏郎	夕刊フクニチ・取締役営業部長
28	蔵居　良造	朝日・東亜部次長、西日本本社論説委員
30	佐々部東吉	住宅新報・顧問
33	曾木　卓	宮崎放送・専務取締役
35	富田清之助	毎日・大阪毎日放送・専務
36	大久保　泰	朝日・外信部→法学博士（慶應大学）
37	杉本　要吉	毎日・論説委員・中国担当
38	田尻　泰正	朝日放送・取締役テレビ編成局長
	河本　忠司	スポーツニッポン・西部本社代表取締役
	新井　宝雄	北京特派員から立教大学講師
	菊池　四郎	福島民報・副社長からラジオ福島
39	太田　松男	共同通信・記者審査部長
40	阿久津房治	TBS・常務取締役印刷局長
	松野　谷夫	朝日『アジア・レビュー』編集長
	日野　晃	毎日・西部本社編集局長
	小松　秀吉	高知新聞・常務取締役兼編集局長
	木下　米造	中国新聞・取締役
	伊藤喜久蔵	中日・東京新聞「ボーン賞」受賞
	上野　正	朝日・文革記事で「ボーン賞」
	斎藤　忠夫	共同通信・「ボーン賞」受賞
41	高田富佐雄	毎日・文革記事で「ボーン賞」

期	氏名	経歴
	加藤　和	西日本新聞・西日本印刷社長
	益田　憲吉	西日本新聞・解説委員　役員待遇
	蒲池　博	電通・国際局長→電通恒産社長
	光安　彦臣	電通・国際広告局長→九州支社長
42	樋口　康	毎日・新日鉄新聞・東京支社長
	藤田　孝	毎日・大阪本社テレビ部長
	中俣富三郎	中日・香港支局長→グラフ・ジャパン常務取締役
43	山西　由之	TBS・雑誌『改造』編集長
	伊藤　健次	TBS・新聞広告調査会調査役
	谷川　義行	テレビ長崎・代表取締役
44	北爪　忠士	毎日・事業部長→浜田印刷機械社長
	江藤　数馬	毎日・論説委員→日本大学教授
	釜井　卓三	読売・香港支局長、編集局参与
	堀内龍獅虎	読売・大阪本社論説委員
	尾崎　豊成	読売・大阪本社論説委員
	高橋　重夫	福島民報・代表取締役専務
	塩川　朝夫	福島民報・編集局長→福島テレビ専務
	久間　寛	西日本新聞・取締役開発局長
	児島　早苗	西日本・編集局新聞審査委員長
	三島　伯之	山陽新聞・取締役
	笹山　通	宮崎春秋社・代表取締役
	小林　一夫	NHK・解説委員
	岡村　大	TBS・テレビ高知取締役業務本部長
	吉野　賢二	北海道テレビ・取締役東京支社長
45	藤井　達郎	毎日・大阪本社編集局次長
	沼田　寛	河北新報・広告外務局長
	川原　寅男	NHK・解説委員→アジア部長
	松山　昭治	中部日本放送・論説委員長
	原　和夫	北海道放送・札幌本社取締役

満洲国弘報界　9人

期	氏名	経歴
1	一宮房治郎	北京・順天時報、奉天・盛京時報の社長。のち、大阪朝日新聞・論説担当、衆議院議員
	染谷　保蔵	盛京時報、康徳新聞の社長
3	佐藤　善雄	奉天新聞・創業者で社長
	三浦　義臣	満鉄の渉外担当から満洲弘報協会理事

期	氏名	経歴
5	菊地　貞二	盛京時報の主筆、理事長
19	下野重三郎	錦州新報→康徳新聞総務局長
22	山本　紀綱	満鉄→満洲日日、満洲日報理事
23	酒家　重好	康徳新聞・編集局長
	永野　賀成	満鉄→英字新聞「マンチュリア・デーリー・ニュース」理事

実業界　48人

一部上場企業の役員およびそれに準ずる経歴の人

期	氏名	経歴
日	白岩　龍平	我が国の中国内河港運の開拓者
	土井　伊八	我が国の貿易商としての開拓者
1	神津助太郎	書院講師→古河鉱業・上海支店長
	鮫島　三雄	南海電気鉄道・社長
4	上島　清蔵	古河スカイアルミ創立者・社長
6	西田　善蔵	古河電工・副社長
	世良　一二	日清製油・常務
	須田　博	名古屋鉄道・副社長
7	小松　正則	住友生命保険・社長（住友総本社から）
	宮崎彦一郎	丸紅・監査役、神戸商工会議所会頭
9	水内　忠	日本ケミカルコンデンサー・社長
11	成田　務	成田新国際空港公団・初代総裁
12	佐藤　広亀	昭和電線電纜・取締役、川崎電気社長
14	立脇　耕一	古河化学工業・初代社長
	和田　長三	パイロット万年筆・社長（書院初代）
	木村球四郎	木徳証券・社長
15	吉田　正	協同乳業・社長、参議院議員
	古川　清行	帝人・取締役
16	宮原　守保	琉球銀行・二代目頭取兼理事長
18	原　吉平	大日本紡績（現ユニチカ）・社長
20	小川　理	横浜ゴム・調査部長、企画部長
21	坂口　幸雄	日清製油・社長
22	横田　桂	日清製油・専務
	石川悌次郎	日本冶金工業・常務取締役
24	香川　英史	トーメン・社長
25	稲川　三郎	古河産業・専務、三楽商事・役員
26	前田　増三	蛇の目ミシン・社長（伊藤忠から）

期	氏名	経歴
28	関家　三男	ディスコ（半導体研磨装置）・社長
	土屋　進	パイロット万年筆・社長　書院2人目
32	福田　克美	日本碍子（ガイシ）・社長
36	春名　和雄	丸紅・副社長
37	大森　創造	又一・のち、参議院議員
	高田　武	三井不動産・代表取締役
40	信元　安信	曙ブレーキ・社長
	杉山　恭衛	パイロット万年筆・社長　書院3人目
	小田　文明	協和発酵工業・社長
43	山西　由之	東京放送・社長
44	小田　啓二	兼松・常務
	岡村　大	テレビ高知・社長（TBS系列）
	大野　頼光	名古屋相互銀行・頭取
45	斎藤　孝	中部電力・副社長
	藤井　成明	住友金属工業・専務
	山城　達雄	大気社・常任顧問
	岡　巌	オートバックスセブン・常任監査役
46	北川　文章	山一証券副社長、山一土地建物社長
	玉置　孝	千葉銀行・会長
	市本　久男	東急建設・顧問

公認会計士　17人

期	氏名	経歴
5	杉本重三郎	アルゼンチンで公認会計士
11	片山　徳光	満洲で工場経営、戦後公認会計士
13	下地　玄信	初代公認会計士協会副会長
19	宜保　久則	氏名のみ、80周年記念誌による
22	久松　金六	第1回公認会計士特別試験に合格
23	宮崎　俊重	氏名のみ、80周年記念誌による
24	馬淵　悦男	氏名のみ、80周年記念誌による
29	藤原　孝夫	氏名のみ、80周年記念誌による
	中山　清一	氏名のみ、80周年記念誌による
30	勝田　一夫	氏名のみ、80周年記念誌による
41	松本　和夫	氏名のみ、80周年記念誌による
	下村　行正	杉並にて公認会計士事務所
42	森近　嘉人	センチュリー監査法人代表社員
	坂田健太郎	氏名のみ、80周年記念誌による

期	氏名	経歴
43	松崎　利夫	福井にて松崎公認会計士事務所
44	隈井　要	中野区にて隈井公認会計士事務所
45	酒井　恒久	氏名のみ、80周年記念誌による
		ほかに10人ほどいる

弁護士　12人

期	氏名	経歴
5	飯田重太郎	大阪で弁護士事務所
6	松岡　千尋	浦和地裁判事から弁護士へ
16	工藤紋二郎	日本郵船→法務省書記官→弁護士
19	衛藤　隈三	満鉄から上海で弁護士
37	藤原　龍雄	大阪にて弁護士
41	家村　繁治	山口家庭裁判所長から弁護士へ
42	藤原　忍	神戸にて藤原法律事務所
43	溜池　英夫	大阪総合法律事務所
44	錦織　懐徳	横浜にて錦織法律事務所
45	伊藤　公	名古屋にて弁護士事務所
	村上　直	書院→七高→九州大学から弁護士
46	円山　潔	千代田区にて弁護士事務所

政治家（国会議員）12人

期	氏名	経歴
1	一宮房治郎	衆議院議員・民政党の重鎮
5	小谷　節夫	衆議院議員。衆議院議員・近藤鶴代は妹
6	松本　忠夫	衆議院議員・外務政務次官
	神尾　茂	衆議院議員。朝日新聞から立候補
15	吉田　正	参議院議員・協同乳業社長から出馬
23	北山　愛郎	衆議院議員・社会党
29	中西　功	参議院議員・共産党
	福岡日出麻呂	参議院議員・自民党
35	田代由紀男	参議院議員・自民党
37	大森　創造	参議院議員・社会党
42	神谷信之助	参議院議員・共産党
45	武藤　嘉文	衆議院議員・農水、通産、外務大臣

3　学界

　　書院出身の学者や研究者というと、何となく畑違いの感を抱く向きもありそうだが、実はそうでもない。終戦で廃校となったとはいえ、現在まで80年の歴史をもっている学府であってみれば、中からは学者、研究者が出てもおかしくはない。特に、40期以降は卒業後に、あるいは在学中に終戦のため、内地大学に転入学したものが多く、したがって大学で教鞭をとっている者が比較的多い。

期	氏名	活躍の状況
2	永尾　竜造	満鉄調査課出身。長年にわたり書き溜めた土俗民族に関する32,200枚・12巻に及ぶ浩瀚な原稿が火災にかかったことは、学界にとって一大損失といえる。現在、『支那民俗史』7巻が残っているが、火災を免れた原稿を再編集したものと思う。
3	天海謙遜三	満鉄調査課出身で、その人ありと聞こえた人。中国社会・経済に対する該博な知識の持ち主。『中国土地文書の研究』の著書がある。
	大倉　邦彦	大倉精神文化研究所長、東洋大学学長、皇学館大学学事顧問として多年にわたり、斯界に尽くした功績は大きい。
5	馬場鍬太郎	大正5年、書院教授となり、支那経済地理、商品学を担当。昭和10年、教頭兼任。昭和13年12月、大学昇格準備委員会が設置されるや委員長に推され、大学昇格後は初代予科長に就任。さらに、学生の調査旅行の指導、研究部主任委員として雑誌『支那研究』の編集に尽力。戦後は東海大学の教授となった。著書『支那経済地理誌』『支那重要商品誌』『支那の資源と日本』『中支の資源と貿易』のほか多数。
7	山崎　惣与	地道に地名の研究を続け、『満洲地名大辞典』を出版した篤学の士。
8	川村　宗嗣	大東文化大学教授になった学究の徒。満洲民法の研究で有名。『日本民商法令対照中華民国民商法』なる著書あり。
9	長野　勲	日本綿花から満鉄に転じた学究の徒。著書『阿倍仲麻呂とその時代』『日支外交60年史』（訳）あり。
11	渡邊　勝美	朝鮮外交史の研究で法学博士となる。書院生としては異色の人である。戦後、裁判所判事、福山女子短大教授を歴任した。
12	落久保半一	広島高師、広島文理大の講師から広島大学助教授となった篤学の士。『尺牘文案』等の著書がある。
15	鈴木　択郎	書院教授から愛知大学教授。鈴木の編纂した『中日大辞典』はあまりにも有名。
16	中山　優	満洲国建国大学教授。戦後は亜細亜大学教授。中国古典の講義は名講義と絶賛された。
	高橋　君平	大阪経済大学教授。著書『漢語形体文法論』『中国語文法』がある。

期	氏名	活躍の状況
	久重福三郎	書院教授から神戸市外国語大学教授となり、中国経済研究の権威。著書『支那の農業』『支那の鉱業』『中共第2次5か年計画の検討』その他多数。
17	熊野　正平	書院教授から戦後は一橋大学教授・二松学舎大学教授を歴任、経済学博士。中国語のほか中国近代社会思想の講義を担当。著書『中国語発音辞典』『現代中国語法概説』『中国語の句型の文法的整理の研究』『中国語捷径』『中国近代化の諸問題』など多数。
19	小竹　文夫	書院教授から東京教育大学教授。東洋史・東洋哲学の権威で文学博士。著書『史記』『百家争鳴』『現代中国革命史』『近代支那経済史研究』『中国社会』『上海30年史』『現代支那史』その他。
20	坂本　一郎	書院教授から関西大学教授、神戸市外国語大学教授を歴任し、中国語の権威。著書『標準上海語読本』『貴州方言』『陝西省言語』『新疆省言語』『現代中国語会話』『新しい中国語会話』その他。
	竹之内安巳	鹿児島短期大学副学長。地名、人名について研究。著書『世界の人名地名中国語訳語集』『世界の地名中国語辞典』『世界の人名中国語辞典』『中日欧対照世界地名人名事典』『英中対照中国地名人名事典』がある。
	福田　勝蔵	書院教授で中国語の権威。著書『商業応用文集』『商業尺牘教科書』。
23	松崎雄二郎	戦後、日本大学、金沢大学を経て北海道薬科大学教授。著書『北支経済開発論』ほか。
25	寺崎　祐義	山口高商、福岡大学教授を歴任。
26	石田　武夫	福井工業大学教授。満洲建国大学時代から、中国語の言語学的研究に務めた篤学の士。著書『中国言語学序論』『中国語学事典』『入声強勢考』『満洲建国物語』『世界名作集』『客家語研究ノート』ほか多数。
	尾崎庄太郎	満鉄北京事務所で中国経済の研究に従事。戦後は日中友好協会にあって、新中国の紹介に努力している。著書『支那の工業機構』『中国の農業』『支那工業の発達』『実践矛盾論入門』その他翻訳もの多数。
	山名　正孝	神戸商業大学名誉教授となり大阪経済法科大学経済研究所長を兼任。中国経済研究についての第一人者。著書『中国経済の構造的研究』『新中国の経済と文化』『現代中国経済論』『現代中国の課題』『支那農業経済論』『支那における食糧問題』ほか多数。
	西里　竜夫	安斎庫治（27期）、参議員議員・中西功（29期）、芝寛（32期）とともに、在学中から共産主義を研究。それを基調として著書多数。西里の著書『革命の上海で』『風雪のうた』『中国共産党と民族統一戦線』『中国民主革命史』。安斎の著書『西北支那に於ける灌漑』。中西の著書『死の壁の中から』『支那の経済機構』『新中央政府と修正三民主義』『中国革命と毛沢東思想』『現代中国の政治』『中国革命の嵐の中で』ほか多数。芝の著書『戦後日本労働運動史』『中国新民主主義革命史』『プラグマティズム批判』。

期	氏名	活躍の状況
27	魚返　善雄	独学独行して中国語および中国文学の第一人者。東洋大学教授、東京大学講師を務めた文学博士。著書『広東語小説集』『漢文入門』『支那人発音四声速習法』『中国の文藝』『支那人に対する日本語の教え方』その他多数。
29	神谷　竜男	書院から九州帝大法学部を卒業。永年、國学院大学法学部の教授として国際法の講義をしているベテラン教授。書院生には珍しい法学博士。
33	藤岡　瑛	アジア研究所を主宰。同研究所は、戦後の混乱期で民間の研究機関がない折、富岡健次（36期）、大空不二男（41期）と協力して開設した。富岡が病死のため藤岡が後を継いだ。機関誌『アジア研究』は1500号を越えた（昭和57年現在）。藤岡の著書『中国行政区画便覧』『中国鉱業工場総覧』。富岡の著書『中共人名地名通信名日華英対照事典』。大空の著書『中国の物産』『中国の後宮』。
34	内山　雅夫	愛知大学教授で中国語の権威。著書『中国語教室会話』。
35	渡邊　長雄	日本銀行から日興リサーチセンター常務取締役へ、現在は日興証券顧問。最近の国際問題の重点であるカントリー・リスクについての権威。今後、中国を含めて国際エコノミストとしての活躍が期待される。著書『新中国通貨論』『中国資本主義と戦後経済』『東南アジア第一次商品の価格安定施策』『カントリー・リスク』そのほか多数。
	後藤　文治	立命館大学経済学部教授。統計の進歩・普及に努力し、大内賞を授与された。著書『国民所得の知識』『新国民所得読本』。
	山口　左熊	書院の中国語教授。戦後は一橋大学講師を経て、三菱商事中国室に勤務している中国語の権威。著書『燕山夜話』（共訳）。
36	明野　義夫	戦後、経済企画庁にいて中国経済を研究したその道の権威。著書『ひらけゆく中国経済』『中国の対外経済交流』『中国の貿易構造』『中国経済の新しい動向』多数。
	大久保　泰	朝日新聞に終始した。『中国共産党史』の労作があり、慶應大学から法学博士が授与。
	大沢　康男	南恭介（36期）、清野幸雄（39期）、田沼菊弥（40期）、古谷英夫（41期）共に戦後江南書院を創立。当初は一般図書の出版。昭和27年からは中国語図書を専門に出版。関係方面から好評を博したが、昭和33年5月、長崎国旗事件を契機に中国語熱が急激に低下。昭和34年解散のやむなしにいたった。
40	池上　貞一	愛知大学経済学部教授。中国政治史、現代中国政治論を講義している。
	杉本　出雲	愛知大学教授。社会政策および経済政策を講義。
	金丸　一夫	千葉商科大学教授。『変革期における中国貨幣の研究』で経済学博士。経済原論、中国経済論を講義。
41	菅野　俊作	東北大学教授で経済学博士。経済政策論、農業政策論を専門とするが、教養部においては中国経済論を講義している。著書『経済の高度成長と地域農業』『過疎の実証的研究』『近代日本の地主と農民』『村

期	氏名	活躍の状況
		落構造の社会変動』その他多数。
	宮田　一郎	大阪市立大学文学部教授。著書『現代日中辞典』『新華事典』。
	清水　徳蔵	亜細亜大学研究所理事。大学で現代中国論、中国の政治社会および国際関係をテーマとした講義を担当。学外にあっても評論・講演活動を活発に展開し、都民教養講座等の一般啓蒙活動にも参加している。
43	滝野　隆永	東洋大学経営学部教授。企業の社会政策、社会的業績の測定を多年のテーマとして「経営政策」「原価管理」等の講義を担当。著書『付加価値会計』『管理会計総論』『経営清算分析』『会計簿記演習』『意思決定のための原価計算』その他。
	三木　毅	経済学博士と医学博士という書院では珍しい存在。札幌医大、北海道大学医学部、北海学園大学経済学部で教授。専攻は医療経済学、医療社会学、中国経済論である。現在、札幌医大経済学、北海道大学では公衆衛生学、北海学園大学では中国社会主義経済論をそれぞれ講義している。著書『信用と外国為替』『中国回復期の経済政策』『金融と経済の諸問題』その他。
	高倉　又二	宮崎大学教授。教養部で社会学を担当したが46歳の若さで他界。その天衣無縫の講義ぶりは今も学生の間に人気教授として語り継がれている。
44	江頭　数馬	毎日新聞から日本大学商学部教授。
	西村　久	山口大学経済学部教授で財政学を担当。著書『現代財政の理論』ほか。
	竹内　義彰	京都府立大学教授。教育学を担当。教育学、教育原理、社会教育等を講義。
	倉田　龶士	神戸学院大学法学部教授。専門は民法、特に財政法である。総則並びに再建について講義をしている。なお、中国の贈与の比較法的研究を行っている。中国の贈与契約に触れて論文を発表したほか『中国に於ける相続制度』『中国の所有権』『中国の不法行為の概念』などユニークな分野での論文を発表している。著書『民法概要』『贈与の研究』その他。
	市川　信愛	長崎大学商業短期大学部教授。講義科目は商業経営論、地域経済論など。目下、長崎華僑のルーツ（福建省）の研究に取り組んでいる。著書『華僑社会の特質と幇派』。
	阿頼耶順宏	追手門学院大学文学部教授、京都大学教養部講師。中国現代文学を研究テーマとし、中国語、中国現代文学の講義を担当。
	本橋　渥	横浜国立大学経済学部教授。専門は中国経済論と国際関係論。著書『毛沢東思想と文化大革命』『中国近代化の諸問題』『中国文化大革命の再検討』等あり。
45	富山　栄吉	中央大学商学部講師。中国経済論、日中貿易論、アジア社会主義国経済比較論が専門。
	五井　一雄	中央大学経済学部教授。研究項目は比較経済政策、経済政策原理。

期	氏名	活躍の状況
		著書『経済政策原理』『経済政策論を考える』『福祉環境の経済学』『現代社会主義経済制度の集権化と分権化』。
46	菊池　一雅	早稲田大学文学部講師、いわき短期大学教授。研究科目は東南アジア人文地理学。講義は地理学、社会学、社会地理。著書『ベトナムの農民』『印度支那の社会構造』『村落共同体の構造』『世界の資源と産業』『世界の文化地理』ほか。
33	森沢磊五郎	順正短期大学副学長
19	南郷　竜音	鹿児島経済大学教授
38	宮原　一	早稲田大学教授
41	足立兆司郎	東京経済大学教授
40	松本　和夫	名城大学大学院教授
42	三宅　武雄	中央大学経済学部教授
42	三田　良信	北陸短期大学常務理事兼講師
43	村上　恒夫	立正大学経営学部助教授
44	楠瀬　勝	富山大学人文学部教授
	久原　哲夫	第一経済大学経営学部講師
45	山下　三郎	東京経済大学経済学部教授
	横田　忠夫	山梨大学教養部教授
	針生　誠吉	東京都立大学法学部教授

4　外交界

　日露戦争開戦直後の明治37年3月、第1回卒業生が出てから今日に至るまで、日中外交史に残した同文書院出身者の足跡は誠に大きい。なかでも、中国の理解に裏打ちされた中国の現地における外交活動は、同文書院の特色を発揮したものであり、通訳・情報・調査・研究などの各分野で、特に数多くの人材を輩出した。以下に、外務省に入省した卒業生、外務省からの派遣留学生の卒業後の活躍状況を紹介する。

期	氏名	活躍の状況
1	坂東　末三	重慶領事を最後に退官。のち、張作霖の顧問となった。
	山崎誠一郎	満洲里領事を退官後、漢口の日本人居留民団長に迎えられた。
	西田　畊一	林出賢二郎（2期）、有野学（5期）、清水薫三（12期）らと共に最も傑出した通訳外交官であった。大正11年の山東懸案問題解決に関する日支交渉では、交渉委員随員として通訳の任にあたった。昭和10年の済南総領事のときは、500余人の人身事故を出した山東

期	氏名	活躍の状況
		省淄川炭鉱事件の解決に際し、山東省主席韓復榘の引っ張り出しに成功した。西田は通訳官の「はしり」といえる存在であった。
2	林出賢二郎	小村寿太郎外務大臣の委託を受け、次の2期生4人とロシアの進出を調査するため、新疆・外蒙古のいわゆる西域・湖北の地へ。2ヵ年の年月を費やし、想像を絶する困難に打ち勝ってその任務を果たし、5人は相前後して北京に辿りつき復命を果たした。
	三浦　稔	同上
	草　政吉	同上
	肥田　好孝	同上
	波多野養作	同上
	吉原　大蔵	チチハル領事となり、満洲通として知られた。
	国原喜一郎	成都領事となった。
3	市川　信也	芝罘・沙市・奉天等の領事館に在勤し領事となった。
	若杉　要	大正6年に外交官試験に合格。領事官補として上海に在勤。のち、大使館書記官となってロンドンに在勤。さらに、参事官として北京に在勤したあと、情報部課長を経てサンフランシスコ総領事となった。大東亜戦争中は野村吉三郎大使に従い、公使として日米交渉に大活躍したことは世人の知るところである。若杉の三男・弘は、現在西ドイツのライン・ドイツ・オペラ音楽総監督として、小沢征爾と並ぶ、日本が生んだ世界に誇る大指揮者である。
	糟谷　廉二	領事として永く長沙に在勤。総領事を最後に退官。
	田中荘太郎	領事として長沙・天津・九江等に在勤。のちに、チチハル総領事となった。
	藤村　俊房	副領事として蘇州に在勤。その後、同地の日本専管居留地の中国人利用に努力したことは有名。
4	富田安平衛	領事として各地に在勤。
	河野　清	九江領事となった。
	清水芳次郎	上海領事となった。
	森岡　正平	領事として青島・芝罘・南京等に在勤。1927年の南京事件の際、よく居留民の保護に任じたが本人は酷い災難を蒙っている。のち、総領事として吉林・張家口等に在勤。退官後は、張家口日本人居留民団長となり、終戦時には居留民の引揚げに努力した。
	原　二吉	初めて外務省警察に入り、警視として漢口に在勤。のち、山海関領事となった。
5	田島　昶	南京領事となり、大東亜戦争中は上海工務局警視副総監として活躍。ついで、大東亜省に移り、領事館警察を管轄した。
	有野　学	優秀な通訳官として著名。満洲事変後、国際連盟からリットン調査団が派遣された際、日本側参与・吉田伊三郎大使の随員として満洲地区を担当した。のち、日華事変直前の済南総領事時代に、天津駐留軍・和知参謀等の歓迎会で「武、という字は『戈を止める』とい

期	氏名	活躍の状況
		う意である。願わくば天津駐留軍は北方から睨みをきかし、干戈に及ばずして山東の日本居留民の安全を守っていただきたい」と挨拶したところ山東省主席韓復榘の面前で、花谷参謀から暴行を受けた。これに憤慨した済南日報の戸塚社長が陸軍省に抗議を行ったが、陸軍省は同紙に対する補助金を停止するという事件になった。 終戦時、有野は、中国軍の総領事館接収に反対して逮捕された、戦犯として収容され、そのためか体を壊した。日中平和と外交権の独立のため、敢然と身を挺して事に当たったのは、よくぞ書院精神を実践したものといえよう。
	石射猪太郎	大正4年、同窓としては最初に外交官試験に合格。中国、欧米各地に在勤したほか、中央外交界でも活躍した。人格、識見ともに優れた外交官であり、その著書『外交官の一生』（昭和47年太平出版社で再販）は数ある外交官自叙伝中、最高のものと評されている。昭和6年、満洲事変がおきたとき、石射は吉林総領事であったが、日本軍と中国側を説いて、日本軍の平和進駐、中国側の無抵抗を実現し、吉林を戦争の災禍から免れさせた。翌7年の上海事変には総領事として上海に在勤したが、中国側官民と良く接触、交歓に務め、日中間平和の回復に心血を注いだ。 石射の活躍の圧巻はなんといっても東亜局長時代である。東亜局長に就任間もない昭和12年7月7日、盧溝橋事件が起こり、陸軍の強硬論により事件拡大の形勢となった。このとき石射は不拡大、平和解決の方針を堅持し、陸軍三個師団動員の阻止を図った。そのため、出兵反対論者の石原莞爾・参謀本部第一部長と協力し、石原の力で出兵を抑える方法をとるとともに、後宮陸軍、豊田海軍の両軍務局長と会談し、説得にあたった。豊田は賛成したが、後宮は動員やむなしとの態度を変更しなかった。石原は広田弘毅外相を通じて閣議で反対し、阻止させるにほかなし、と動員反対の嘆願書を作り、7月20日の閣議に臨む広田外相に手渡した。嘆願書は「動員が事件拡大の端を開き、回復しがたい事態を招くこと必至につき、日中関係百年の計にたって、動員阻止に全力で当たってもらいたい」ということにあった。石射と上村伸一・東亜局第一課長の両名が連署した。しかし、結果としては、その嘆願書は受け入れられなかった。 昭和13年5月、近衛内閣の改造で陸軍大将・宇垣一成が広田に代わって外相に就任。石射は引き続き東亜局長の職にあったが、新外相に対し「今後の事変対策についての考察」と題する長文の意見書を提出し、事変の収拾を計ろうとした。意見書は次のとおり。①寛容の度量を持し、中国側の面目を立てる。②主権に制限を加えない。③蒋介石の下野を要求しない。④内政不干渉。⑤国民党の解消を要求しない。⑥経済提携に重点を置く等を骨子に、日本軍の漢口占領前に、日中和平の実現を主張している。今から見ても驚嘆を禁じ得ないほど公正なものである。石射は軍の謀略を奇道としてこれを排し、あくまでも外交の正道に立って事態の収拾を計ろうとした。

期	氏名	活躍の状況
		宇垣外相もこれに賛意を表わし、五相会議にかけたが、異論が出て通らなかった。 　日華事変はその後ますます拡大の一途をたどり、解決のメドはまったくつかなくなった。このため、陸海軍は事変処理のため中央機関（興亜院）の設立を唱えたが、外務省はこれに対して堀内謙介次官、石射東亜局長らを先頭に立て、頑強に反対した。しかし、ついに、閣議で決定されるに至ったため、堀内、石射は辞表を提出した。やがて、堀内は駐米大使、石射は駐オランダ公使に転じ、さらにブラジル大使、ついで、ビルマ大使となった。 　元フィリピン派遣軍参謀副長・宇都宮直賢少将はその著『黄河・揚子江・珠江』（昭和55年刊）で次のように述べている。「同文書院を出た若杉要、石射猪太郎、堀内干城および山本熊一らは、一癖も二癖もある人物ばかりで、外務省に人なしと悪口された時代に、敢然と軍部に盾つき、気を吐いたことは、同校がいかに人材教育に務めたかを如実に物語っている」と。
6	松本　忠雄	加藤高明の首相秘書から代議士となり、のち外務政務次官として中央で活躍した。
7	小松　正則	外務省から経済界に転じた。
	榑松宇平次	外務省に入り、成都領事で退官した。
8	米内山康男	杭州・満洲里・広州の各領事および本省の対支文化事業部などを歴任した。特筆すべきは、広東省肇慶岑春煊の袁世凱討伐革命を支援したことである。21箇条締結に抗議し、大正4年、中国全土に排日運動が広がった。大総統・袁世凱は排日を煽動することで国民の気勢を外に向かわしめ、その間、帝制運動を進めようとした。これに対し、広西の大元老・岑春煊は、革命の偉材・蔡諤の雲南起義に呼応し、雲南省都督・唐継堯、江西省都督・李烈鈞、両広巡閲使・陸栄廷らを糾合し、討袁革命軍を指揮した。米内山は大正5年5月から半年間、広東省肇慶に滞在して日本政府と岑春煊の連絡にあたり、武器を供与したり300万円の借款を与えたりした。 　6月、袁世凱の死亡で革命は一段落を告げた。しかしその後、南北軍閥の抗争が相次いで起こり、孫文や岑春煊は相前後して広東に政府を組織し、北東の段祺瑞政府と対峙した。米内山はこの間、終始広東に在って孫文らの南方政府支援の工作を進めた。米内山は、その非凡な研究心と得意の文筆をもって、金石・書画・陶磁器等の美術方面から考古学・民俗学方面にわたって幾多の業績を残している。特に、陶磁の研究では世界的権威とされていた。著書『中国陶磁史』『支那風土記』『蒙古風土記』は好著。
	後藤　禄郎	領事として中国各地に在勤。
	松浦　興	領事として中国各地に在勤。
	岩井光次郎	最初、三井物産にいたが、転じて外務省に入り大使館商務官として上海において経済外交に手腕を振った。
	堀内　干城	石射に次いで東亜局長となったが、その活動は主として経済方面で

期	氏名	活躍の状況
		あった。堀内が支那財政経済に頭を突っ込んだのは学生時代であった。支那内地大旅行のとき、彼は3か月間、北京だけに滞在して支那の財政について調査した。 　大正7年、外交官試験に合格し、同9年ジュネーブにおいて開催の「国際連盟総会第一回会議」の全権委員随員として会議に参画したのを除いて、欧米の華やかな外交舞台には出ず本省に在って7年間、黙々と経済調査という地味な仕事に従事した。 　大正14年10月、支那関税特別会議随員として会議に参与したとき、支那関税に関する専門的知識を披瀝し、注目を浴びた。昭和4年、上海公使。同11年、天津総領事を経て本省東亜局長となり、阿部内閣の下で事変処理について種々画策努力をしてきたが、時勢の進展は如何ともしがたく、所期の成果を挙げることはできなかった。その後、公使兼総領事として上海に赴任、ついで南京に移り終戦となった。 　戦後は、国民政府行政院長・宋子文の委嘱を受け、中国が接収した日本の工場の運用について中国側に協力。また、海南島開発について日本の技術と経験を利用させることに努力した。 　堀内は、人間の道義性を尊重し、日中両国がおのおのの立場を理解し、相互の経済的要求の調和を、日中外交の要とした。これは、小村寿太郎外相が外交の鉄則とし残した伝統を受け継いだものであるが、同時に同文書院建学の精神を実践したものに他ならない。堀内の活動は派手ではないが、堅実に対支外交の本道を行ったものである。外務省退官後、参議院選挙に打って出たが、中道にして倒れたのは惜しみても余りがある。著書『中国の嵐の中で』他がある。
9	山本　熊一	大正8年、高等文官試験に合格。外務省に入り、当時の臨時調査部に勤務し専ら経済調査に従事しました。昭和8年5月、ロンドン経済会議の全権委員随員として大いにその薀蓄を発揮しました。その後、英国帰りの新進の知識をもって満洲国在勤となり、治外法権撤廃の政策を成し遂げ、昭和14年には通商局長となった。ここで、経済を専門とする山本の本領が発揮され、同16年、兼任アメリカ局長、同17年外務次官。さらに大東亜省成立に及び大東亜次官となり、対支政策遂行の中枢として大いに活躍した。 　書院出身者の多くは、領事・総領事もしくはそのスタッフとし大陸の第一線にあって活躍した経験を持っているが、山本は前述のとおり満洲国に勤務したのみで、専ら外務省本省・政府の中枢部において活躍している。書院出身者としては異例のことに属する。治外法権撤廃および経済外交政策の樹立は、山本の二大活動項目であった。 　山本は外務省に入るとすぐ山東省に行き、治外法権撤廃の調査をしたが、この調査がもとでのちに満洲国および中国の治外法権撤廃の機縁となった。支那事変が拡大し、この処理のため大東亜省が成立し、対支新政策なるものが発表されたが、これは山本が企画・立案したものである。すなわち、中国に於ける治外法権はもとより、

期	氏名	活躍の状況
		その他すべての政策は、中国と対等の立場に立って処理せんとするものである。要するに、中国を圧迫するものではなく、すべて平等の立場で共存共栄せんとするものであった。戦後は、国際貿易促進会の首脳として中ソ貿易の開拓・促進に活躍した。
	清水　　亨	上海領事在勤中、苦労して外交官試験に合格したが事故で夭折した。
	波多野乾一	昭和7年、嘱託として外務省に入り、中国共産党に関する研究に従事した。
10	伊地知吉次	領事として各地に在勤。
	長岡　半六	領事として各地に在勤。
	加藤　日吉	経済界から外務省に入り、満洲国通商代表としてドイツに派遣されるなど、商務官とし実績を挙げ、のち、徐州総領事となった。
	永井　洵一	通商局で対支経済外交に活躍し、天津総領事となった。
	上田　省一	台湾銀行から派遣され、中華滙業銀行（北京）副経理に就任。ときの、寺内内閣の対支財政援助政策遂行に一役を買い、西原借款その他の借款で活躍した。
11	白井　　康	領事として中国各地で活躍。一時、満洲国に入って鄭孝胥総理の秘書となり、得意の中国語を駆使して日本側の連絡にあたった。
12	清水　董三	書院で中国語の教授をしていたが、請われて昭和4年外務省入り。以降、30年間、日中外交の檜舞台で活躍し、中華民国公使に特任された。
13	柳原　敏一	大東亜省通訳官兼調査官を経て総領事で退官。戦後は、郷里・大村で市長に推された。
	宇治田直義	東亜同文会常務理事として近衛文麿を助けて、支那事変の収拾に尽力した。
15	川俣　正直	政治科出身で三菱商事から外務省に入り、各地領事館勤務。戦後は、芦田内閣、吉田内閣の秘書官を勤めたあと、外交史料館に勤務。昭和52年の82歳まで日本外交史の編纂にあたった。
	掛川　　巌	上海工部局副総監、塘沽領事を経て総領事で退官。戦後は、日赤外事課長として、朝鮮人の帰国に尽力した。
16	栗本　秀顕	中国各地に勤務。
	工藤俊次郎	中国各地に勤務ののち、弁護士となった。
	中山　　優	関東軍参謀副長・石原莞爾少将に三顧の礼をもって満洲建国大学教授に迎えられた。のち、満洲国の駐華（汪兆銘政権）公使に特任された。
17	川俣　方平	15期・川俣正直の弟で、間島総領事館局子街分館主任のあと外務省を辞め、6期の松本忠雄代議士の秘書となった。
	田中　繁三	農工科出身の人間愛に燃える人。副領事時代、虐げられている朝鮮人に同情して、満洲東辺道の独立党の大立者である韓敬嬉牧師と肝胆相照らす仲となったり、芝罘領事時代には、北海道の昆布の種子を渤海湾に移植して、食糧の増産に一役買ったりした。

期	氏名	活躍の状況
18	9人が入省	大正10年以降、外務省の中国公館が増加したので、外務省に入るものが多くなった。
	藤野　進	留学生として北京で蒙古語・中国語を研修後、各地勤務。包頭領事で終戦を迎えた。在留邦人1,500人を4か月かけて、一人の落伍者もなく奉天まで引率。その苦労は筆舌には尽くせないものがあった。
	岩井　英一	昭和3年、長沙在勤中、国民党の三民主義を全訳、その指導原理を紹介し、我が朝野の理解を深めた。昭和7年、第一次上海事件以降は、特に情報・文化活動で大活躍。上海総領事館にいた岩井は、当時、大使館の機密費が2、3万円であったのに、10万円の予算で情報機関の設置を立案した。結局7万円の予算で「上海情報部」が設立され、初代情報官は須磨弥吉郎、2代目は河相達夫が就任。この間岩井は、立案者の故をもって専ら実務を執り、大いに活躍した。その活動状況は岩井の手記『上海時代の想い出』（滬友誌）に、詳細が掲載されている。 　上海情報部の活躍によって、岩井は2度にわたり、陸軍の杜撰な政治工作の誤りを未然に防いだ。第1は、南京占領直後、陸軍が時局収拾のため、王子恵なる人物を臨時政府の行政委員長に担ごうとしたとき、岩井は王を札付きのペテン師と見破り、任命直前に中止させた。第2は、陸軍が宋子文の弟と名乗る人物を通じて、重慶と10か月にわたる和平工作（桐工作）を進めたとき、宋がニセモノであるとの情報を入手して、これを潰した。岩井はこのほか汪政権支持と重慶思想工作のため、興亜建国運動を推進した。 　大東亜戦争勃発後は、上海の日華財界人による日華工商聯誼会結成の産婆役をつとめた。さらに、汪兆銘・周仏海はじめ、多数の政官界の要人、聞蘭亭・林康侯らの中国財界有力者ならびに中共幹部とも知己になった。一方、これらの工作の中で大川周明、児玉誉士夫ら右翼とも関係ができた。戦後は、外務省の代表として、財団法人「在外同胞援護会」の理事に就任。また「在外父兄救出学生同盟」の結成にも尽力した。
	小森喜久寿	九江・杭州の領事をした。
	戸根木　長之助	吉林・雲南・汕頭・広東・香港・上海と在勤した。彼の情報収集力は有名で、日本が外部との情報が断ち切られた昭和18年10月、米英中三国首脳によるカイロ会談の情報を入手する殊勲をたてた。戦後は、メダン領事となった。
	朝比奈　貞次郎	外務省留学生を経て中支、ロンドン、シンガポール等在外公館勤務。昭和19年汕頭領事、会議出席のため、陸軍機に便乗広東へ出張の途中、米機の来襲をうけ戦死、死後総領事に特進。
	久米野政男	外務省から満洲国の役人になった。
	高橋　三郎	逸話や伝説の多い純情の士。外務省から大分県庁に転じた。
	草野　松雄	満洲各地の領事館を経て、興亜院の通訳兼調査官となった。
	森　正忠	旅順の師範学堂の舎監から外務省嘱託となったが、早世した。

期	氏名	活躍の状況
19	池田千嘉太	南京大使館勤務が長く中国時文のエキスパート。
	遠藤　秀造	奉天・北京・包頭など各地に在勤。戦後は、愛知大学で中国語の講師となった。
	横山　要	実業界に転出した。
	牟田　哲二	海軍から要請されて情報マンとなり、大東亜戦争中は万和公司天津支店長として、海軍物資の買付にあたった。医書『陶淵明伝』は名著とされている。
	前田　正勝	夭折。
	有久　直忠	中国各地に在勤。
	岩田　冷鉄	昭和3年、外交官試験に中国語が加わったときの最初の合格者。当時、奉天領事館書記生であった。岩田は万人平等の人間観をもち、満州の朝鮮人、タイの華僑問題に深く関わっていた。同じ移住民族でも、朝鮮人は被圧迫民族であったが、華僑はタイの政治・経済を支配した。立場はまったく異なるが、この二つの民族と、岩田はそれぞれ現地で親睦・提携をはかった。また、大東亜戦争のはじめ、南方作戦を強化するため、日本はタイと同盟条約を結んだが、岩田は駐タイ大使館の情報部長として、その下工作に活躍した。戦後、パージで退官。以後、20年間『画報日本』をアジア地域に向けて発行し、日本理解の促進に努めている。
20	中田豊千代	ノンキャリアとしては初めての課長であった。3か月間不眠不休で頑張り、現行の出入国管理令を作り上げた。その後、中華民国の公使、代理大使にまで昇進。中田の功績はなんといっても郭松齢事件の処理である。大正14年、中田が奉天総領事館新民府分館員のとき、張作霖配下の郭松齢が国民党の呼びかけに応じて、張打倒のクーデターを企てた。関東軍は張を支持したため、郭の行動は失敗に終わった。このとき、郭軍の首脳・斉世英（のち、国民党中央常務委員、立法委員）が逃げ込んできた。中田はこれを政治亡命者、と独断で保護し、関東軍の度重なる引き渡し要求をはねつけ、無事、脱出を成功させた。吉田茂・奉天総領事はこれを激賞した。 　その後、上海勤務時代には、日支の全面衝突を避けるため、現地の平静化に努力し、支那事変突発後は、上海五大書局の封鎖と出版活動の開示に尽力した。さらに、重慶の地下工作員・孫履平（戴笠の部下）と連絡をとり、和平会談の機を探った。 　戦後は、日本と中華民国との講和条約交渉で、双方の意思疎通に重要な役割を果たした。このように、中国での活動は、中国をよく理解する者のみができることである。50余年間の外交官時代を通じて、中田は前記の斉世英のほか、兪鴻鈞（中央銀行総裁、行政院長）、葉公超（外交部長）、張群・何応欽の両元老さらに蒋介石総統ら国府首脳の信頼を得て厚遇された。昭和33年、退官して台湾から帰国するに際して大使以外には贈呈されたことのない「景星勲章」を授与された。日本嫌いであった蒋経国を日本に結びつけたのは、中田の人望・人柄によるところが大きい。

期	氏名	活躍の状況
	市川　修三	蘇州領事で終戦。
	中村　正文	漢口・新京・南京などに在勤。阿部信行大使の随員として南京の汪兆銘政府に使わした。
	村田伊三郎	情報担当から満鉄調査部に転じた。
	福井　保光	昭和20年、マカオ領事のとき街頭で暗殺されたが、福井は平和論者で中国人に対する軍部の弾圧政策に強く抵抗していたため、謀略機関によって消された、とも言われる。
	今井　重則	昭和９年、病気のため退官。
21	橋爪友五郎	中国各地に在勤。戦後は、調達庁に転じた。
	奥田乙次郎	大東亜戦争勃発前はホノルルにあって、対米対策に苦慮したという。
	入谷　実	香港総領事館で情報担当をしたのち、海軍の万和公司に転じた。
	小沢　重則	戦後、調達庁に転じた。
	堤　六三郎	昭和６年に死去。
22	橋丸　大吉	ハノイ在勤中、華僑と密接な関係を持っていたので、汪兆銘の重慶脱出その他のニュースをキャッチしていた。戦後は、吉田茂首相の秘書官を務めていた。
	小坂　士	ロンドンに勤務していた。戦後は調達庁に転じた。
	福地　徹	上海・長沙・ロンドン等に勤務。戦後はジャパンタイムズ紙の取締役となった。
	難波　武雄	戦後、調達庁に転じ、その後西松建設に移った。
	泉水　一人	漢口領事館で終戦を迎えたが、直後死去。
	奥田　信清	上海領事館から中国税関に転じ、戦後は経済安定本部に勤めた。
	豊島　中	一貫して、華僑工作を担当。大東亜戦争中はジャワ司政官として活躍。スカルノ（のちの大統領）とも親しかった。なお、華僑の良き理解者として収容された華僑の家族救済に尽力したり、戦況が不利となり英軍上陸が予想されるや、収容華僑全員を釈放したりした。戦後は、木下産商の取締役として、インドネシアとの経済提携におもきをなした。
	広川　悦雄	海軍嘱託に転じた。
	関島　栄	胸を患い早逝した。
23	阿部　信治	大東亜戦争中、上海総領事館に勤務し対支工作に尽力。
	小池　静雄	戦後、埼玉県庁に勤務。
	杉本勝比古	外務省からの留学生であったが、卒業後は他に転じた。
	棚平　桂	入省間もなく死去。
24	藤島　健一	嶺南大学で研修した広東語を駆使して活躍。昭和17年、バンコク在勤時、同地最大の華字紙『中原報』を買収して経営に乗り出した。以後は民間人として、華僑との意思疎通にあたった。戦後もバンコクに残り、友人の華僑と共同で会社を創設。かたわら、ジェトロの顧問として現地企業の信用調査の相談に応じた。

期	氏名	活躍の状況
	櫛部　正暉	満洲国から蒙古連合自治政府財政顧問に転じた。終戦時は、駐上海商務官であった。戦後は、中国料理の名門校・恵比寿中国料理学院を経営。
25	小濱　繁	外務省に入省者ゼロ、という珍しい年次。書院卒業後、米国に留学し、パサデナ大学、ニューヨーク大学大学院を卒業。昭和8年、満洲国に入り、総務庁から外交部に転じ、昭和17年9月、奉天総領事となり、終戦を迎えた。戦後は、自民党本部にあり、政策面で活躍している。
26	木島　清道	7年ぶりに7人が外務省入り。 　慶應大学を中退し、外務省留学生として書院を卒業。満洲吉林省時代手に入れた明朝時代の奇著『封神演義』を日本語に訳し出版している。戦後は、調達庁に転じた。
	河野　七郎	外務省を退官して、ビルマで石射大使の華僑工作をたすけた。戦後は、ニューヨーク日本人クラブの事務局長となった。
	上村　清記	外務省留学生として書院に入学。戦前、ホノルル領事。戦後は、初代高雄総領事となった。
	宮野　茂邦	終戦時、退官して同和火災・大分の所長。建設会社の社長をつとめた。
	小幡　広士	タイ大使館からの帰途、病院船「阿波丸」の沈没で殉死。
	前島　岩男	香港在勤。戦後は終戦連絡事務局へ。
	寺崎　修三	戦後は退官し貿易会社を設立した。
27	沢登　誉	中国語に堪能で、外務省の各研修生の試験委員を長らく務めた。昭和42年、スラバヤ領事在勤中、昇進を目前にして死去。
	田中　重英 （旧姓 北村）	メダン領事、更生管理官などを経て高雄総領事となった。昭和47年、日中国交正常化のとき、台湾各地で抗議運動が行われたが、高雄は田中の人望で平穏にすんだ。
	岩尾　正利	戦後、書院の中国語教授から外務省中国課の嘱託に転じた。現在、霞山会参事。
28	堀川　静	ノンキャリで本省の電信課長、台湾の大使館参事を務めるなど、将来を嘱望されていたが、病気のため引退。
	小島　桂吾	徐州領事で終戦。戦後は、大阪入管事務所から大村収容所長に転じた。退官後、霞山会で『中国月報』の編集にあたった。
	浅野　修	事変中応召して、北京派遣軍の参謀将校として活躍。戦後は、終戦連絡部に転じたが、早世した。
	菅野喜久哉	外務省からの留学生。北京へ行ったが、その後退官して実業界に転じた。
29	松野幹太郎	九州帝大法科、東京帝大経済学部を卒業し、外交官試験に合格。南北アメリカおよび中国などに在勤し、コスタリカ大使を最後に退官。現在、ラテンアメリカ協会会長。
	西　由五郎	汪兆銘政権擁護のためマニラで華僑工作にあたり、何度も死線を越えた。戦後は、移住関係の仕事で中南米に在勤。ブラジル・アマゾ

期	氏名	活躍の状況
		ン奥地のマナウス領事を最後に退官。
	樫山　弘	外務省からの派遣留学生をやめて、華満蒙研究に専念している。
33	織田　正一	書院在学中、外務省留学生になった。戦後は、経済畑を歩み、ニュージーランド・パキスタン等に勤務し、バンコク総領事で退官。
34	伊藤　利雄	2度のジャカルタ勤務、香港勤務を経て、昭和56年退官した。香港時代には、大公報社長・費彝民の知遇を得た。
35	新行内義兄	台北大使館参事官からアジア局調査官になり、ついで高雄事務所長（総領事）の発令を受けたが、急逝した。重厚・廉潔・古武士的風格で的確な判断力をもち、将来を嘱望されていた。『中国を動かす200人』の著書がある。
	八木友愛	北京大学、広東大学に留学したのち、外務書記生となったが、まもなく退官した。
36	岡田　晃	書院から東北帝大に学び、在学中に行政科試験に合格した。中国課長、経済協力課長、アジア局および欧亜局参事官、香港総領事、ブルガリア大使、外務省研修所長等を歴任。パリ、ワルシャワ、モスクワなどにも在勤し、外務省きっての共産圏通となった。 　昭和30年、バンドン会議では、周恩来首相と外相代理として出席した高崎達之助経済企画庁長官の通訳にあたり、44、45年のアジア太平洋地域公館会議では、米中接近の可能性を主張したが、時期尚早と言われた。しかし、実際には米中接近は密かに行われ、昭和46年、キッシンジャーの北京訪問、47年のニクソン大統領の訪中が実現し、岡田の主張の正当性を示すことになった。 　1971年の国連総会で日本は、北京政府の国連加盟に反対し破れる。このときも岡田は「米中が接近した以上、日本も中国の国連加盟を承認すべきである」と主張したが、退けられた。現在、スイス大使である。
38	有野　芳郎	有野学（5期）の長男。行政科試験合格後、中華民国大使館参事官、官房典儀官、ニューオーリンズ・トロントの総領事を務めた。その後、東京都総務局に出向。昭和54年に退官。
	佐田　康利	張家口・香港・ユーゴ・ネパール等に在勤。現在は、日台交流協会総務部長である。
40	広長敬太郎	中華民国・パキスタン・ブルガリアの各大使館、カラチ総領事等を務めた後、日本ユネスコ国内委員会事務局次長に就任。そのとき、各国を訪問して国連大学本部の日本誘致に成功した。その後、官房審議官、大使としてユネスコを担当し、昭和49年にはユネスコ総会代表としてパリに駐在、昭和52年に退官。民社党の推薦で神奈川地方区から参議院議員選挙に2度挑戦したが、2度とも次点。 　正義感が強く、ブルガリア参事官時代、上司の公私混同を批判し、喧嘩両成敗で2人とも帰国させられた、という挿話の持ち主。
	斎藤　博	優秀な成績で行政科試験に合格。念願の外務省入りを果たしたが、応召中の昭和20年に戦死。画才、文才に秀でて、学生時代から斎藤の書いた中国紀行文や上海名所案内記などが『大陸新報』に連載

期	氏名	活躍の状況
		されたほどである。
41	吉田　長雄	昭和20年、行政科試験に合格外務省入り。台北大使館勤務のあと、アフリカ課長、国連局政治課長、国連代表部公使、シドニー総領事、法務省入国管理局長、イスラエル大使を歴任。現在、ギリシャ大使。芳沢謙吉の娘婿。
42	小崎　昌業	戦後、外交官試験に合格。カルカッタ領事のとき、ブータン国総理の知遇を得て総理の要請で調査団を編成し、鎖国状態のブータンの経済開発の調査・開発に協力した。このことが、のちの日本とブータンの密接な関係の要因となった。小崎の功績は見逃せない。
45	有地　一昭	書院最後の外交官である。バンクーバー、香港・シカゴ・ネパール・ザンビアに在勤。現在は人事課調査官である。有地はネパールのビレンドラ国王に絶対の信頼がある。 　昭和42年、19歳の国王が日本留学の途次、香港に立ち寄られた。その際有地と懇意となり、有地に宮殿フリーパスという破格の厚遇を与えた。のち、ネパール国王から日本の天皇に贈られる勲章の格が問題になったとき、有地は直接国王の真意を確かめ、日本政府を安心させた。

　ネパールといい、お隣のブータンといい、ヒマラヤ山脈のふたつの王国を日本と結びつけた外交官は、ともに書院出身者であるが、これは単なる偶然と見ることはできない。書院で育まれたアジアに対する理解・人道主義が、これら王国の人々の心を捉えたからにほかならない。

5　言論・報道界

　新聞・電波・雑誌・出版など言論界における同窓の活躍は、まず中国で発行されていた漢字新聞・邦字新聞・英字新聞に始まり、漸次日本で発行されている新聞・雑誌へとその舞台が広がっていった。漢字新聞の起源は日本より古いが、進歩は日本にくらべ遅れている。また、清朝時代のこととて、言論の自由がなかったため、日本人が中国で漢字新聞や英字新聞を発行することが多くなった。しかも、領事裁判権の関係上、日本人は比較的自由にモノが言えたので、発行部数も増えた。

　大正14年、袁世凱が北京で帝政を計画していたころ、中国人経営の新聞が帝政一色に塗りつぶされたのに対し、日本人経営の『順天時報』だけは帝政反対の記事をのせて中国人読者から歓迎され、発行部数が急増。気

をもんだ帝政派は、袁世凱にみせるためのニセモノの『順天時報』を印刷し、「外国の新聞でさえこのように帝政を称賛している」といって袁をゴマかした、という話もあった。

奉天の『盛京時報』（主筆・菊池傲霜庵・5期）も張作霖の暴政を忌憚なく批判したが、さすがの張も手を出せなかった。また、在留邦人の増加につれて邦人を対象とする新聞も生まれ、日本人の中国研究に貢献した功績は大きい。さらに、日本で発行される新聞で同窓は、中国問題のエキスパートとして遇され、東亜部長、論説委員となり、中国問題で論陣を張った。

期	氏名		活躍の状況
日	鳥井	赫雄	日清貿易研究所中退で大阪朝日に入り、編集局長として長谷川如是閑、丸山侃堂、櫛田民三、大山郁夫らの俊秀を幕下に集め、新思想の鼓舞に務めた。大正7年、寺内内閣弾劾の社説を書いて発行禁止の処分を受け、責任をとって辞任したが、翌8年、男爵・藤村義朗を社長とする大正毎日新聞を創刊し主筆となった。著書に『頰杖ついて』『舞台は回る』などがある。
南	井出	友喜	南京同文書院は兄・井出三郎の経営する上海日報の社長を務めた。
	西本	省三	南京同文書（号・白川）は、宗方小太郎の下で波多博（6期）らと中国研究所を主宰していたが、政府の補助金打ち止めで、別の『上海』を独力で創刊した。満洲国総理・鄭孝胥と親交を結び、復辟派の有力メンバーとなった。著書『支那思想と現代』『大儒沈子培』『康熙大帝』などがある。
1	水野	梅曉	仏門の出。仏教による日華交流を志し、大正9年外務省の対華宣伝機関「東方通信」の調査部長に招かれた。しかし、対華宣伝中心主義の当局と意見が食い違い、昭和12年退社。宇治田直義（12期）とともに月刊誌『支那時報』の発行にあたった。同紙は、資料本位で終戦直前まで継続し、研究者から喜ばれた。
2	佐野	恭	戦前は済南で邦字新聞を発行、戦後「今日の世界社」の取締役になった。
4	野満	四郎	順天時報から北京の共同通信に移り、経営にあたったが早世した。
5	小谷	節夫	古河の大連支店を辞め、青島で『青島新報』（邦字）『大青島報』（華字）の両紙を発行。この間、郷里・岡山から衆議院議員に数回当選した。
	玉生	義郎	「日本タイムズ」に関係した。
	松本	清司	順天時報から北京で『支那問題』誌を復刊経営に乗り出したが、不幸にも事故死。
	山口	昇	中国海関から転じ、東亜同文会機関誌『支那』の編集長を務めた。
6	松本	忠雄	やまと新聞の記者時代に、加藤高明の知遇を得、加藤が総理になる

期	氏名	活躍の状況
		と、秘書に抜擢された。その後、代議士、外務参事官、外務政務次官に昇進した。松本は調査も好きで、中国関係のものなら断簡零墨まで集め、研究者のスクラップブックまで買うありさま。蔵書は数万冊にのぼり、丸の内6号館に2室を借りそこに収めた。戦後、松本文庫は注目の的となり、都立大が真っ先に100万円分を買い取り、つづいて東京大学東洋研究所が70万円、外務省は主として記録を買い取り、保存している。著書は同文会から出した出版物のほか、山東問題に関するものがある。晩年は日本タイムズの社長。
	波多　博	北京の順天時報から宗方小太郎をたすけて上海で「東方通信」を創立した。当時、対華宣伝がやかましく言われたので、先鞭をつけたのは卓見である。大正4年、外務省が『上海タイムズ』（英文）を引き受けたとき、その名義人となった。その後、東方通信が新聞連合に改組されたのちも残り、昭和4年には『上海日報』の社長に就任。昭和14年、上海の邦字新聞が統合され『大陸新報』となるや、推されて社長となった。上海の名士で、中国人との関係の深いことは同窓中の第一人者。『中国国民党革命史』『中国60年史』などの著書がある。
	玉生武四郎	国民新聞の記者として、徳富蘇峰の中国旅行に随行した。才人だったが、不幸にも早逝。『支那漫遊記』の著書あり。
	神尾　茂	早大を出てから同文書院に入り、大阪朝日に入社。南京・上海・北京を経て支那部長、論説委員と進み、定年後代議士となった。上海の梅機関に関係し、重慶との和平工作にあたった。その経緯を書いた『香港日記』の著書がある。
8	大西　斎（号 射月）	黒田藩の国学者の家に生まれ、中野正剛・緒方武虎らとは中学・修猷館の同窓である。書院在学中、米内山康男（8期）賀来敏夫（8期）、村田孜郎（9期）、波多野乾一（9期）、長野勲（9期）、小口五郎（10期）らと糾合して「黄会」なる中国時事問題研究会を結成、漢字新聞を研究したり、郷里の新聞に投稿したりしていた。大西は卒業後、上京し、東京朝日の中堅記者になっていた中野正剛を頼った。中野は政治部長を動かし、中学同級の緒方と一緒に入社させた。入社の枠が一人しかないので、緒方と二人で一人分の給料で入社した、と伝えられたほど、緒方とは仲がよかった。大西は早大に学籍を置きつつ、国民党担当の政治記者をやった。その後、上海・北京の特派員を経て支那支部長、論説委員となった。戦後、論説主幹（役員待遇）なった。 　昭和23年、退職して東邦研究会、滬友会の常任理事、同文会清算人に選任されたが、間もなく病死した。大西は徳望が厚く、敵のいない長者で、酒豪で聞こえた。著書に『支那国学概論』『文学革命と白話新詩』『支那の現状』等の著書がある。
	賀来　敏夫	時事新報の特派通信員から大倉に転じ、その後、江南晩報記者、書院寮監等を歴任。著書に『支那の常識』などがある。
9	村田　孜郎	戦国武将龍造寺家の客分の家系。フランス文学をやっていた父の血

期	氏名	活躍の状況
	（号 島江）	をうけて文学の才能に恵まれていた。卒業後、順天時報から大連の泰東日報、北京の共同通信を経て、東京日日（毎日新聞）に転じ、論説委員。さらに、読売新聞東亜部長となった。昭和14年、上海市政治顧問、日本大使館嘱託となり、同20年病死。 　村田は終始支那に凝り、順天時報時代、少年俳優・白牡丹（のちの筍慧生）と昵懇となったり、大正8年、梅蘭芳一行の東京帝劇出演のときにはその東道として来朝したりしていた。著書『支那劇と梅蘭芳』『支那の左翼戦線』『支那女人絵巻』『支那辺境物語』『支那政治思想史』などがある。
	波多野乾一	大阪朝日の北京留学生から東京日日に転じてのち、北京新聞主幹、時事新報北京特派員、同本社論説委員を経て新聞界を去り、外務省入り。外務省では中国共産党の研究に没頭。7巻の大著『中国共産党史』を編纂し、世界に誇る研究とされている。戦後は、産業経済新聞論説委員として、名声が高かった。ほかに著書として『赤色支那の究明中国国民党通史』『支那の政党』『支那劇大観』など多数。コロンビア大学のウィルバー教授編『中国共産党についての日本の資料』（日本訳）には、大西の著書21種が採録されるなど、中国問題についての世界的権威というに値しよう。
	杉本　謙一	戦前派、青島グランドホテルの取締役。戦後は、岩手日報の論説委員。
10	小口　五郎	小宮豊隆の従弟。書院在学中は大西斎のグループの一員。順天時報・共同通信を経て、青島・南京で通信社を経営し、江南晩報にも関係した。その後、外務省情報部、大東亜省を経て、戦後は日大藤沢高校につとめた。著書『露国の対支赤化の真相』『中国民族史』（訳）
11	立石　登	済南新報主幹から戦後は華僑と組んで事業を興した。
	大石　智郎	盛京新報に長くつとめた。
	日高　進	男爵・日高義朗の秘書をし、大正日日に関係した。著書『日本か英国か』がある。
13	知識　真治	朝日新聞入社。広東・上海の特派員から満洲総局次長、論説委員を経て、朝日系の香港新聞社に出向し社長に。定年後はNHKの解説委員をやった。
	宇治田直義	卒業後、同文会事務員から大阪新聞外報部長を経て、書院の寮監兼教授となった。その後、1期の水野梅曉を助けて「東方通信」「支那時報」に関係した。また、雑誌『支那』の編集や『外交時報』の編集長をつとめた。昭和7、8年には中央満蒙協会、日本外交協会、大東亜協会の常任理事となった。東亜同文会、外交時報の関係で近衛文麿、阿部信行大将と昵懇になり、また、外務省、陸海軍省の中枢と緊密な関係をもった。近衛内閣、阿部内閣の組織にあたっては、その裏方として重要な役割を果たし、興亜同盟や大政翼賛会が組織されると部長や常務理事となった。戦後は、滬友会の再建に献身的努力を重ねた。また、日本外交協会幹事長、東邦研究会常務理事をつとめ、外交専門誌『外交春秋』を主宰した。著書『近代支那の政

期	氏名	活躍の状況
		治経済』『支那条約集』『共和以後』ほか多数。
	中村桃太郎	大阪朝日に入社。上海・北京特派員を経て新疆の初代支局長になった。当時、軍縮を主唱していた朝日は関東軍の逆鱗に触れ取材が意に任せなかったが、中村と関東軍参謀副長・岡村寧次少将（のち大将）とは支那留学時代親交を結んだ間柄であったため、関東軍の朝日に対する態度はその後好転した。中村は東京朝日の東亜部長に就任したあと、中国前線視察の途次、徐州で事故死した。
	里見　甫	あまりにも著名人。遊侠伝に出てくる人物。
	杉谷　善蔵	蒙疆新聞の社長をつとめた。
	味岡　謙	東亜ニュース社に勤務した。
	柳瀬　清	講談社から大阪朝日に転じ、広東に赴任したが、病死した。
14	栗原三千代	大阪毎日から「人物往来」社に転じ代表をつとめた。
16	中山　優	朝日新聞に入社し、大西のもとで北京支局にいたが、病気のため退社した。
	辻　衛	朝日新聞南京特派員からボルネオの朝日系漢字新聞の代表となった。戦後は、西部本社論説委員をつとめた。長男も朝日の論説委員。
	大矢　信彦	満洲国営の「国通」を創立。里見社長の下で編集局長。のちに「天津庸報」に転じた。戦後は、名古屋で新聞に関与。書院の寮歌「長江の水」の作者。
17	平松億之助	朝日新聞大連支局長をつとめたが、戦後間もなく死去。
	織田　収	山陰日日新聞からラジオ山陰社長となった。
18	茅原　楠蔵	朝日新聞入社。酒豪で、奇行が多く名物男であった。大東亜戦争中、石原莞爾の東亜連盟運動に共鳴し朝日を退社、反戦和平運動に没頭した。石原との会見記をガリ版刷りで配付したことが憲兵の探知することとなって投獄され、獄死した。
	村上徳太郎	東京の時事新報政治部に3日ばかりいて飛び出し、母校の助教授となり中華学生部に勤務。その後、東京に帰り東光書院を主宰し、機関誌『回向』を発刊した。村上は根津先生の後継者をもって自任し、戦後は埼玉県東松山市に靖national神社を奉遷し祭祀した。東洋哲学および禅の研究家で回向運動を興した。
	三池亥佐夫	毎日新聞入社。若山牧水の弟子で、号を「虚谷」、優れた歌人でもあった。春遠い満洲を「この国の春遠くして消し難き、雪にもあれや鳶は舞いつつ」と奉天の北陵で歌った。支那事変の始まった昭和12年には「戦いて人は死にせどこの城を、めぐらす山に朝なびく雲」と宛平城で感懐を述べている。三池は満洲事変当時、奉天特派員として多彩な名文の特電を放った。同時に、大変な憂国の士でもあった。帰国して毎日新聞入社、大阪東亜副部長、華文毎日編集長を経て、戦時中マニラの華文毎日編集長となったが、マニラ敗退後、ルソン島ツゲガラオで死去。
19	吉岡　文六	毎日新聞入社。戦前・戦中を通じて、南京のナショナリズムを中心とした中国論を展開し、対華政策に大きな影響を与えた。南京特派

期	氏名	活躍の状況
		員、上海支局長を経て、三池のあとの東京東亜課長に就任。その後、政治部長、東京編集局長となった。大東亜戦争勃発当日、毎日は戦争開始を予測する大胆な紙面をつくり、人々を驚かせた。このときの編集局長は吉岡であった。敗色濃厚になったとき、吉岡は「竹槍ではダメだ、渡洋爆撃機をつくれ」と大胆な紙面をつくり、東條英機首相を激怒させた。世にいう「竹槍事件」である。このため、吉岡は編集局長を退き、九州の僻村に隠棲した。 昭和21年3月、上京したが、かつて住んだ芝白金の旧邸で心臓病のため永眠した。吉岡は絵をよくし、書にも才があった。一周忌に田中香苗（25期）が人吉市にある菩提寺・東林寺を訪ねたとき、つぎのような吉岡の書が軸となっていた。「春のように聴す(ゆるす)のです。黙殺・笑殺・憫殺などはいたしません。エヘラエヘラ、テヘーッテヘーッ。人生はそれでよいのです」吉岡に縁のあった東亜部の関係者でつくられた「春聴会」は今に至るも続いている。
	本郷　賀一	朝日新聞入社。北京通信員を振り出しに、香港特派員、長春・奉天支局長を経て論説畑に入り、大阪本社論説副主幹をつとめた。毒舌家で座談の名手。『中国革命史』の好著がある。
	石川　順	名古屋の新愛知新聞を経て毎日新聞に転じ、新京・北京の支局長を歴任した。名文家で味のある文章を書いた。戦後、郷里の成田で町長に推された。また、東邦研究会常任理事として中国問題の研究にあたった。『砂漠に咲く花』『チベットを望みて』ほか多数の著書がある。
20	田知花信量	毎日新聞。満洲国建国当初、奉天のちに長春にあって報道に活躍。さらに、奉天支局長として光彩を放った。のち、上海支局長となり、日支関係困難な時期に筆陣を張り紙面を飾った。昭和16年11月、大東亜戦争勃発寸前、社命を帯びて華南に飛んだが、広東省東部の山岳地帯に墜落し、乗機と運命を共にした。
	園田　次郎	朝日新聞の北京通信員時代、南京事件（1927年）に際会し、その生々しい現地第一報をスクープした。その後、東京朝日新聞の政治部で海軍省の黒潮会詰め。支那事変のときは北京支局長として前線特派員の総指揮にあたった。東亜部次長、論説委員を経て、戦後は初代の東亜部長。その後、西部本社編集局次長兼福岡総局長を歴任。のち国土総合開発調査会事務局長として国土開発の調査と啓蒙・立案を主宰した。
	波多江種一	福州の「閩報」から毎日に転じ、上海・新京・青島の特派員を務めたが、のち北京新民会に移った。
	大西　秀治	電通に入社。満洲事変勃発の第一報は大西の電通電が各紙を飾った。のち、満洲国の「国通」に移り、シベリア抑留を経て帰国し、電通に再入社。
21	和田　斉	朝日新聞に入社。奉天・上海・広東の特派員、大阪経済部を経て、上海総局長のとき終戦。戦後は論説委員を経て園田（20期）、宮崎（22期）の後を次いで3代目・東亜部長となった。その後、大阪の編集

期	氏名	活躍の状況
		局次長、名古屋の編集局長を歴任し、週刊誌『朝日ジャーナル』の初代編集長として紙価を高らしめた。また、朝日系の教育助成会を創立し専務理事となった。『アジア九ヵ国』などの著書がある。
21	小川　清	国民新聞、読売新聞の社会部・政治部を歩き、のち読売新聞の社会部長。
22	小秋元隆一	朝日新聞入社。東亜部、整理部、通信部勤務を経て、大東亜戦争中はボルネオのポンチャナック支社長として華字新聞の編集を。戦後は、NHKの解説委員となる。
	宮崎　世龍	孫文とは切っても切れない宮崎兄弟の民蔵は父。弥蔵、寅蔵（滔天）は叔父にあたる。朝日新聞に入社。昭和9年、初代南京特派員となり、その後東京政治部記者から満洲総局次長、南京・上海総局長を歴任。その間、応召して支那派遣軍報道部将校として活躍。戦後、東亜部長を経て調査研究室に移り、中国の研究に取り組んだ。
	石川悌次郎	国民新聞の経済部から実業界に転じ、日本冶金の常務取締役となる。学生時代から名文家をもって聞こえ、俳号・魚紋と称し句集『春雪』を出版した。また、霞山会常任理事、滬友会会長として腕をふるった。九烈士の石川伍一は伯父にあたる。
23	川崎　万博	大阪朝日に入社。奉天支局勤務から南京・北京支局長経て東亜部次長。戦後は神奈川新聞に出向し取締役編集局長を経て主筆。また、横浜市教育委員をつとめた。
	高道　一雄	朝日新聞に入社。学生時代から大変な読書家であった。済南・奉天の支局長を経て、戦争末期は香港の華字新聞発行に携わった。戦後は、西部本社・大阪本社の外報部次長となったが、レッドパージで退社。昭和29年6月、鉄道事故で死去。
	足立　正一	中日新聞・三重支局長となった。
	隈部　勇	毎日新聞の奉天支局にいたが、早く辞め満鉄に入社した。戦後は、郷里の村長をつとめた。
24	山本　治	朝日新聞に入社。戦時中は南方勤務。戦後は大阪特伝課でラジオニュースの提供を行った。
25	田中　香苗	毎日新聞東亜畑の偉材で、吉岡文六（19期）の文は大河のごとく、三池亥佐夫（19期）のそれは湖水のごとく、それぞれ特徴があったが、その両先輩の文風を受け継いだのが、田中といわれる。昭和6年春、奉天に赴任。同年9月18日、歴史的な満洲事変が勃発。田中の満洲からの電報は、的を射た報道として紙面を飾り、しばしば特ダネをものにして「毎日の田中」の名は知れ渡った。その後、東京東亜課に移り評論活動が始まる。その豊富な資料、幅広い交友関係を生かしての的確な判断は、世間の注目を浴びた。以降、東亜課長、東亜部長と昇進。戦火が広がるとともに、大陸に、南方にと飛び回った。田中がその華麗・雄渾で格調高い筆を折ったのは終戦である。一旦は辞職を決意したが、東亜部から外地に派遣していた社員400人の受け入れのため残留を決意し、終戦事務局次長（事実上の局長）を引き受けた。

期	氏名	活躍の状況
		その後、調査室長を経てラジオ日本設立準備事務局長に就任したのが放送界に足を踏み入れるきっかけとなった。「ラジオ東京」、「東京放送」へと発展し民放の草分け的な存在となり、その発展に寄与したところは大きい。田中は専務・主幹、会長・主幹・主筆を経て昇進。一時は、東亜国内航空の会長もつとめた。さらに、毎日新聞の社長に就任。この間、一貫して執筆の最高責任者として陣頭指揮にあたった。 　戦後の日中関係でも、中国と日本を愛する立場から筋を通していわゆる「土下座報道」を排する襟度をきびしく守り通した。これが昭和42年の江頭数馬（44期）北京支局長の追放につながっていくが、真実を伝えることこそが中国に対する真の愛情と信じていたからである。文革の波の高まりの中でも、田中は本当のことを言う新聞づくりを、かたくなまでに守った。 　晩年の事業として力を注いでいるのはアジア調査会である。その一室に手島右卿の「春聴」の書とともに、古ぼけた魏の曹操の詩の一部を手直しした森鴎外書『老驥伏櫪志千里　壮士暮年雄心不已』の額が掛けてある。これは田中の人柄、生き方を最も端的に表しているものといえる。昭和50年に勲一等の叙勲を受けた。著書に『現在支那の変革過程』ほかがある。
	村上　剛	毎日新聞の南京・上海支局長を歴任。戦後、東亜部長から論説委員になった。昭和28年、香港に特派されたが、帰国を前に急病のため死去。
	日高清磨瑳	上海日報入社。その後、華字紙・新申報の主幹を経て大陸新報編集局長。最後は、日向日日（のちの宮崎日報）の編集局長から社長へ。
26	田中　玲瓏	山田純三郎の江南正報に入り、のち外交界に転じ、中山優（16期）公使の下で満洲国南京大使館となる。戦後は住宅新報の副社長に就任、新しい報道分野の開拓にあたった。
	波多江健児	一時、江南新報につとめた。
	西里　龍夫	同盟・読売を経て、中華電報に移った。当時から中国共産党員として反戦活動を行い、投獄されて中西功（29期）とともに死刑を求刑されたが、終戦で釈放された。戦後は、共産党熊本県副委員長。
	榎原徳三郎	戦前は新京の大同報。戦後は神戸放送につとめた。
	岡野八太郎	大阪毎日に入社。南京特派員として活躍したが、帰国後病死。
27	牛島　俊作	電通から合併で同盟に移り、戦後は共同通信にかかわった。戦前は満洲・上海・マレーなどで特派員。戦後は論説委員に。酒豪で毒舌家。
	浦　敏郎	戦前は上海の紙会社につとめた。戦後は父親（西日本新聞取締役）の関係で夕刊フクニチに入社、取締役営業部長となった。
28	庄子勇之助	卒業後、商況視察のため、エチオピアに入った。たまたま、ムッソリーニのエチオピア遠征やエチオピア王族と日本華族令嬢との結婚話などでエチオピアが脚光を浴びた時期であった。庄司は毎日新聞の特別通信員として、秘境・エチオピア紹介の特電で毎日新聞の紙

期	氏名	活躍の状況
		面を派手に飾った。帰国後、毎日新聞に社員として入社。香港・バンコク・ラングーン・漢口の各地で活躍。民間放送の誕生に伴い、ラジオ東京（のちの東京放送）に移った。
	蔵居　良造	朝日新聞に入社。戦前は、新京・青島・上海・南京の各支局に勤務。戦後は、東亜部次長、西日本本社論説委員を経て、東京本社調査研究室で中国・東南アジア問題に取り組んだ。退職後、霞山会の東亜学院で熊野正平（17期）の後を継ぎ院長に。著書『現代中国論』『近代中国史』『台湾のすべて』『華僑』ほかがある。
30	広田　　正	満洲国「国通」に在勤。
34	橘　清志	毎日新聞の北京特派員で夭折。

　28期を最後に、36期までは広田、橘のわずか 2 人を数えるに過ぎなくなった。これは、時局逼迫のため、言論の自由が束縛されるようになったこと、満洲事変・支那事変で大陸景気が盛り上がったことなどで、経済的にあまり恵まれない新聞関係への希望者が減ったことによるものと思われる。

　戦後における同窓生の活躍として特筆すべきは次の点である。中国大陸をはじめとするアジアの激動に際し、書院出身のジャーナリストが常にその第一線にあって、報道界をリードし続けてきたことという事実である。文化大革命（1966年・昭和41年〜1976年・昭和51年）が勃発した際には、日中記者交換協定によって北京に常駐していた日本の特派員団 9 人のうち次の 4 人が書院出身者であった。朝日・野上正（40期）、毎日・高田富佐雄（41期）、中日・伊藤喜久蔵（40期）、共同通信・斎藤忠夫（40期）。

　文革報道で日本の特派員団が威力を発揮したのは、「カベ新聞」によって得た情報を分析して、中国の政治動向や情勢の推移を解明する作業であった。毎日のように何千・何万と張り出され、北京全市を埋め尽くす「カベ新聞」の中から重要なものを選び出し、朝・夕刊の締切に併せて打電するという作業には中国問題についての長年にわたる蓄積と練達した中国語力がモノをいう。当時、ソ連・東欧諸国・イギリス・フランス・カナダなどから北京に派遣されていた「ヨコ文字族」の特派員たちは完全なお手上げ状態で、日本人特派員の独走態勢であった。中でも書院出身の特派員 4 人は、まさに「鬼に金棒」の強みを発揮した。かくして、日本各紙の文革報道は世界の主要紙に転載され、国際世論をリードするにいたった。同年のボーン賞（国際問題で最も顕著な報道活動を行った記者を表彰）は日本

特派員 9 人に贈られたのである。

35期以降については、以下に報道機関ごとに紹介することにする。

期	氏名	各社へ入社の同窓の活躍状況
		朝日新聞
36	大久保　泰	戦争中の入社。召集のため、本格的な活動は戦後である。新中国の成立後に特派され、遠くは新疆・ウイグル自治区まで足をのばした。香港支局長、外信部員を経て調査研究員となった。『中国共産党史』上・下 2 巻を著し、慶應大学から法学博士の学位をうけた学究の徒でもある。定年前に病死。
38	三枝　重雄	通信部長のとき病死。
	笠坊　乙彦	通信部畑から校閲・図書出版に移った。
40	野上　正	インド特派員から 2 代目の北京特派員となり、文革の渦中の中国で大活躍であった。「上海コミューン」では歴史に残る特電で朝日紙上を飾り、「ボーン賞」を受けた。
	松野　谷夫	昭和32年に約半年間、北京に滞在。同39年の日中記者交換実現で、初代の北京特派員となった。のち、朝日『アジア・レビュー』の編集長に就任。好著『忘れられた中国』『遥かなる周恩来』ほか中国人物伝についての著書が多い。また、アララギ派の歌人としても高名で数冊の歌集を出版している。 　また、論説委員として文革・林彪事件・ 4 人組問題で的確な論評を行った。『中国文化大革命』ほか著書がある。
41	上野　肇	連絡部から大阪支社嘱託になった。
	丸川　辰生	西部本社から東京政治部、特信部へ移ったが病没。
42	竹内　義雄	大阪経済部から香港特派員となった。のち、調査研究室で中国・台湾の研究に専念。『台湾の現実と日中関係』の著がある。
	那谷　敏郎	出版局開発室勤務。世界美術工芸品の専門家である。
43	三好　宗一	経済部から香港特派員、ジャパンクオータリー記者、東京論説委員を経て、現在副主幹。
	杉　直彦	整理部より香港特派員、調査室を経て航空部長で定年。
44	秋岡　家栄	朝日の第 3 代目北京特派員。朝日新聞と中国との関係緊密化に重要な役割を果たし、日中国交樹立推進の裏方といわれている。定年後、人民日報の東京印刷で話題を投げかけた。また、中国語学院を創立し院長となった。
	田中　勇	週刊朝日時代から雑誌編集のベテラン。本社出版局で美術図書の編集を担当。
	竹内　太郎	中部本社業務部に勤務。
	谷口安太郎	西部本社編集局に勤務。
45	大野　出穂	東京本社校閲部を経て、企画部長。

期	氏名	活躍の状況
		毎日新聞
35	富田清之助	大阪毎日放送の専務となった。著書『レイテ決戦の真相』。
36	新野　岩男	東亜部勤務を経て重要文化財部次長を務めた。
37	杉本　要吉	論説委員として中国を担当したが病死。
38	河本　忠司	経済部から香港特派員となり、スポーツニッポン西部本社代表取締役を務めた。
	新井　宝雄	香港、北京の特派員を務めた。毎日の北京特派員は新井の後、高田富佐雄（41期）、江頭数馬（44期）と3代続いた。定年後は、日中友好協会の常務理事、創価大学、立教大学の講師。著書『華国鋒』『中国の素顔』『毛沢東と劉少奇』などがある。
40	佐伯　朝春	佐世保・舞鶴で大陸からの引揚げを取材、社会部から編集委員。現在、アジア調査会で田中香苗・滬友会会長を補佐。
	日野　晃	政治部から西部本社編集局長を経て、毎日サービス専務。現在はスターレーン航空サービスの専務。
	高宮　敬	大阪社会部から香港特派員を経て論説委員。アジア調査会・大阪駐在となったが病没。
	加藤　通夫	台北・香港・ソウルの特派員を歴任、健筆を振るった。
41	高田富佐雄	北京特派員のとき、いち早く「紅衛兵」の出現を目撃。カベ新聞の重要性を指摘して文革報道をリードし、ボーン賞を受けた。『現代中国の指導者』ほか著書多数。
42	樋口　康	調査畑から新日鉄新聞・東京支社長に転じた。
	藤田　孝	大阪本社テレビ部長となる。
44	北爪　忠士	事業部長から浜田印刷機械の社長に転じた。
	江頭　数馬	文革のころ、その報道内容を問われて、北京当局から追放された。帰国後発表した中国現状シリーズものが新鮮で好評であった。論説委員として中国を担当した。退職後は日本大学商学部教授となり、かたわら霞山会参事として機関紙『東亜』の編集にあたっている。著書『七十年代変革期の中国』『中国の文化と教育』『中国文化大革命の再検討』『燕山夜話』など多数。
45	亀田　敏生	中部本部勤務。愛知大学の寮歌「月影砕くる」を作詞した。
	藤井　達郎	大阪本社編集局次長。
		読売新聞
40	大久保啓三	西日本新聞から転じ、主として経済畑を歩んだ。
	喜多見三良	中部読売に勤務。
44	釜井　卓三	香港支局長、北京特派員。その後、編集局参与として中国問題に取り組んでいる。
	堀内龍獅虎	大阪本社論説委員。
	尾崎　豊成	大阪本社論説委員。
	吉田　清	大阪本社編集局勤務。

期	氏名	活躍の状況
		中日・東京新聞
40	伊藤喜久蔵 (旧姓 中山)	香港・北京特派員（ボーン賞受賞）をやったあと、東京新聞中国問題調査会事務局長、編集委員となった。定年後は、外務省の特別研究員として香港に約4年滞在。次いで、ホノルル東西センターで中国研究に専念。現在は、愛知大学講師、東京新聞論説委員である。著書『天安門事件』その他多数。
42	中俣富三郎	香港支局長からグラフ・ジャパンの常務取締役。
	姫宮　栄一	香港支局長、中日スポーツ総局次長のあと中日系企業に転じた。
	小貫　智司	豊橋支局時代に事故死した。
		神奈川新聞
23	川崎　万博	現在、顧問。
41	花井　清二	副主幹として活躍。
	池辺　雅文	通信部次長から横浜駅東口開発公社常務理事に転じた。
		共同通信
39	太田　松男	記事審査部長。
40	斎藤　忠夫	北京特派員（ボーン賞受賞）、編集局次長を経て現在、新聞協会勤務。
		福島民報
38	菊池　四郎	副社長からラジオ福島に転じた。
44	高橋　重夫	代表取締役専務。
	塩川　朝夫	編集局長、主幹から福島テレビ専務に転じた。
		西日本新聞
41	加藤　和	論説委員から西日本印刷社長に。
	益田　憲吉	役員待遇の解説委員。
44	久間　寛	取締役開発局長。
	児島　早苗	編集局新聞審査委員長。
		その他の新聞
45	人見憲太郎	時事通信…北京特派員を経て、本社勤務。
41	藤井　芳彦	産経新聞…総勢3人の同窓がいる。
45	口田　恒蔵	産経新聞
46	西巻　昭	産経新聞
43	林　茂保	北海道新聞…東京支社勤務。
45	沼田　寛	河北新報…広告外務局長。
44	三島　伯之	山陽新聞…取締役で健在。
40	小松　秀吉	高知新聞…常務取締役兼編集局長。
40	大下　米造	中国新聞…取締役をしていたが病死。
41	松尾　長	夕刊フクニチ…フクニチ住宅新聞専務として転出した。
42	今西　功	夕刊フクニチに今もなお健在。
44	笹山　通	宮崎日日…宮崎春秋社の代表取締役。

期	氏名	活躍の状況
40	碓氷　純男	電通。
41	蒲池　博	〃　　国際局長から電通恒産社長。
41	光安　彦臣	〃　　国際広告局長から九州支社長。
43	山崎　一雄	〃　　大阪本社勤務。
46	細川　勝己	〃　　神戸支局連絡部長。
46	小山　勝巳	〃　　長崎支店勤務。
42	伊藤　哲郎	名古屋タイムズ…総合広告社に転じた。
26	田中　玲瓏	住宅新報…副社長。
30	佐々部東吉	〃　　顧問。
44	浜田　正夫	〃　　常務取締役出版局長。
44	松尾　利家	スポーツニッポン…東京本社編集局次長。
44	清水日出夫	日刊工業。
41	工藤　駿一	東京タイムズ…編集・総務の幹部から「文泉」の常務に転じた。
		テレビ・ラジオ界
44	小林　一夫	ＮＨＫ…北京特派員を２度つとめ、解説委員として中国問題を担当。
45	川原　寅男	〃　　解説委員からＮＨＫ広島に移った。
40	阿久津房治	東京放送・ＴＢＳ…常務取締役印刷事業部長。
42	重田　清忠	〃　　定年で悠々自適。
43	山西　由之	〃　　雑誌『改造』の編集長を務めて後、ＴＢＳに移り、要職にある。
44	岡村　大	〃　　テレビ本部制作局次長からテレビ高知取締役業務本部長。
44	伊藤健次郎	〃　　新聞広告審査会調査役に転じた。
44	吉野　賢二	北海道テレビ…朝日新聞福岡総局長から北海道テレビに転じ、取締役東京支社長。
38	田尻　泰正	朝日放送…昭和32年、民間放送訪中団代表として訪中。同48年にも朝日放送産業人訪中団の秘書長として訪中。現在は、取締役テレビ編成局長。
33	曽木　卓	宮崎放送…専務取締役。
43	清水　正己	〃　　幹部として活躍。
43	谷川　義行	テレビ長崎…代表取締役。
45	松山　昭治	中部日本放送…論説委員長。
45	原　　和夫	北海道放送…札幌本社取締役。

満洲国弘報界での同窓

　昭和7年、満洲国が誕生した。同12年、弘報宣伝の国策機関として満洲国通信社「国通」が里見甫（13期）、大矢信彦（16期）を中心として創立。本社を首都・新京に、支局を各地に設置した。「国通」は従前、満洲で通

信網をもっていた日本電通社、新聞連合社の業務を継承した満洲国唯一の通信社であった。

　昭和8年、国務院に情報処が新設されたのに伴い、同10年には満洲弘報協会が設立された。同17年新聞社の統合が行われ、日字新聞は、「満洲新聞」（新京）と「満洲日日新聞」（奉天）の2社となった。漢字新聞は「康徳新聞」（奉天）1社となった。さらに、同19年には、日字新聞は「満洲日報社」（奉天）に一本化された。このような情勢下における書院同窓の活躍は誠にめざましいものがある。

期	氏名	活躍状況
1	一宮房治郎	明治37年、卒業と同時に、北京「順天時報」にはいり主筆と朝日新聞通信員嘱託を兼ねた。同39年、奉天「盛京時報」の創刊に参画し、その主幹兼主筆となり、そのかたわら外務省の嘱託を兼ねた。同44年、兵役を済ませたのち、大阪朝日に入社。蒼鷹公と称して論説を担当した。大正5年、朝日を辞する。その理由は「山東半島の日本の租借に反対した論評が、当時の大隈内閣からの圧迫を受けた」と伝えられている。しかし、一宮は再び奉天に赴き、「盛京時報」の社長に迎えられ、敏腕を振るった。
	染谷　保蔵	「盛京時報」「康徳新聞」の社長となった人。染谷は官憲を恐れず、自ら筆を執って堂々と正邪の意見を開陳し、理想国家としての満洲国の育成に力を注ぎ、日満各界から多大な信望を得た。戦後、国民政府軍が進駐してきたとき、無実の罪で逮捕され、無期刑の処分を受け、瀋陽（奉天）城内で収監中病死した。
3	佐藤　善雄	「盛京時報」に入社。大正6年、独立して「奉天新聞」を創刊して社長になった。21ヵ条問題その他で、関東軍の武力外交に反対したため、昭和7年、満洲国から退去させられた。熱心なクリスチャンでもあった。
	三浦　義臣	満鉄の渉外担当から満洲弘報協会理事に転じた。戦後、郷里・臼杵市で市長に推された。詩文・書を良くし、弓道は範士。
5	菊池　貞二	「盛京時報」（のちの「康徳新聞」）の主筆。終戦時、理事長となる。傲霜庵の筆名で文名一世に高く、その筆鋒は張作霖をも畏怖させるものがあった。『東方先覚烈士伝』『支那象形文字の美』『丁香盧漫筆』『秋風三千里』等の著作あり。
8	小笠原俊三	「奉天新聞」から「チチハル新聞」に移ったが、戦後は消息不明。
11	大石　智郎	「盛京時報」「康徳新聞」で、染谷（1期）を助け経営を担当した。
18	湯畑　正一	奉天興信所、毎日新聞奉天通信部を経て、「盛京時報」に入社。営業面を担当した。のち、満洲日報を経て、「康徳新報」の経営に参画。豪放磊落の人であった。
19	東　光明	「盛京時報」「康徳新聞」を通じ、運営面を担当。戦後は国府に留用され、瀋陽で「東北導報」の経理となり、在留邦人のためのタブロ

期	氏名	活躍の状況
		イド版日字新聞を発行した。帰国後は、岩田（19期）を助けて、中国語の『画報日本』を出版した。
	下野重三郎	「錦州新報」から「康徳新聞」に転じ、総務局長になった。
22	山本　紀綱	満鉄から満洲国情報処、外交部を経て、「満洲日日」「満洲日報」の理事となった。終戦時、東（19期）とともに留用され、新聞を発行した。
23	須藤　勇雄	「青島新聞」、「蒙疆新聞」から「康徳新聞」に転じて、ハルピン支社編集局次長になったが、引き揚げ直前に散華した。
	山野　義一	「康徳新聞」に入社。終戦時、新京支社にいた。
	永野　賀成	満鉄から英字新聞『マンチュリア・デーリー・ニュース』の理事に転じた。
	酒家　重好	「康徳新聞」で編集局長。
	大槻　五郎	満洲国弘報処理、協和会の新聞班長を経て記者クラブの世話役として人気者であった。
25	山口　慎一	書院在学中、満鉄の社歌募集に入選した文才の士。新京日日より満映に転じた。
28	岩下　輝夫	「大同報」「盛京時報」「康徳新聞」を通じ編集を担当。
30	広田　正	国通で優秀記者との評があった。

6　実業界

（1）開拓者　白岩龍平と土井伊八

　実業界における同窓の活動状況を述べるには、きず、準同窓というべき日清貿易研究所（1890年・明治23年～1893年・明治26年）出身の**白岩龍平**と**土井伊八**について記さねばならない。両人は、いまだ我が国の経済基盤ができていなかったころの上海にあって、苦闘を続け一つの道を開いた、いわば先覚者的存在として忘れることのできない人物である。

白岩龍平　晩年、日華実業協会の首脳として、渋沢栄一の信頼と協力を受け、対華経済の発展に寄与するところ大なるものがあったが、白岩の生涯において特筆すべきことは、その青春時代において中国の内河航運に先鞭をつけたことにある。

　日清戦争以前の我が国はその国力からして、年々開放されつつある中国の沿岸および揚子江の航運事業に一指も触れることはできなかった。たま

たま明治29年、日清通商航海条約が締結され、清国も「洋商蘇杭滬通商試弁章程」を制定・公布し、揚子江本流以外の内河が初めて解放されたため、物資・旅客の往来頻繁な江南の内河航運が、各国注目の焦点となった。

このとき、29歳の白岩は、上海に大東新利洋行を設立、内河航路開始に突進した。しかし、日清戦争直後であったため、あらゆる妨害・圧迫を受けざるを得なかった。しかし、同年10月15日、上海－蘇州間航路80カイリを開始することに成功した。使用汽船2隻、総トン数15トンにすぎなかったが、日章旗を掲げた汽船が初めて中国国内を航行した記念すべき日であった。

翌年、上海－杭州航路150カイリを開始し、中国有力会社との競争・圧力にも屈することもなく奮闘を続けているうちに、政府ならびに近衛篤麿公ら朝野の識者に認められ、明治31年、組織を改め大東汽船会社とし、日本政府も国庫補助金を出して後援した。

明治33年、大東汽船株式会社に改組。蘇州－杭州127カイリを運行開始。その後、数年間で各航路を開拓し、航路延長660カイリに及んだ。明治35年、湖南汽船会社が設立され、漢口と湖南省湘潭航路246カイリを開始、月8回の定期運行とした。この会社の中心人物も白岩龍平であった。

明治40年、国策の日清汽船会社が創立されるのに際し、大東汽船は12年の歴史を、湖南汽船は5年の歴史を閉じて合併に参加した。両汽船会社は、創設から経営まで、比類のない障害困難に再三にわたり直面したが、拮据経営、難関を打破してついに結実せしめた白岩の功績は、誠に偉大なるものである。

白岩は東亜同文会でも活躍し、大正9年幹事長代理、大正13年には理事長として会務を統括した。

土井伊八　上海瀛華洋行の経営者として終始した。同社は普通の貿易商社であって、規模も小さく、個人会社とも言うべきものである。しかし、その誕生には歴史的価値があり、特記に値する。

日清貿易研究所を創設した荒尾精の意図したところは、対華貿易に新生面を開き、その振興を図ることにあった。したがって、学校教育と併せ「商会」を設立し、学生を実地習得させることにあった。その計画によれば、

①上海に「誘導商会」を創立し、20有余の開港場に支店を設け、②内地の商工業者と緊密な連絡を取り、③貿易政策を確立することにあった。

　しかし、日本政財界の認識は浅く、資金難のため「誘導商会」の設立は困難となった。よって、計画を縮小し、明治26年夏、上海に商品陳列所を開設し、日清貿易研究所を卒業後、陳列所でさらに2か月間実習するという方針がきめられた。この陳列所は大阪の豪商・岡崎栄三郎の出資によって上海関税付近に設置され、主として委託品の小売り販売を行った。ところが、開所の翌年日清戦争（明治27年7月25日）が始まったため、同年8月、一切の保管を英国人に委託し、全員帰国してしまった。

　翌年、土井は再度上海に渡り、英国人からこれを受取り、自ら資本を投じて調度器具類を整え、貨物を購入し商業取引を復活した。この努力、功績に対し、英国人は同陳列所の一切を土井に譲渡した。陳列所の華名を「瀛華広懋館」といっていたので、土井はこれを「瀛華洋行」と改め、独力で経営にあたった。当時、上海には「三井洋行」のほか見るべき商社もなく、開拓者としてのあらゆる困難に遭遇した。爾来50年、長江を中心に経営を続けてきたが、その功績は称賛に価する。

(2) 商社関係
三井物産
　三井物産は貿易商社の先駆者として、明治9年に設立された。また、中国貿易にも他社に先駆けて進出し、明治26年（1893年）には、上海・香港・天津に支店が設置されていた。したがって、書院の卒業生は第1期生から入社し、判明しているだけでも70人近く、1〜10期台までに36人が入社。

※未記入は、消息が把握できない卒業生。

期	氏名	活躍の状況
1	佐々江嘉吉	入社と同時に渡満。我が国主要輸出品である綿布を最初に満洲に輸出した特筆の男。
	高橋茂太郎	同窓の中で最初に支店長になった人。組織機構ができていて、学閥の強い三井では出世できないといわれていたが、才腕もあり大物でもあったので、のちに、京城支店長となり、大いに気をはいた。
2	田中　茂松	石炭の権威として、山東鉱業の整理再建にあたった。撫順炭の販路を華中に拡張したり、日本炭の華中への進出をはかったりした。

期	氏名	活躍の状況
	川島　銃一	
	己斐　平二	
3	山西武十郎	揚子江沿岸の雑穀・麻等の特産物を取り扱った。
4	相良川利吉	麻の専門家として20年余り漢口に勤務した。
6	天野　悌二	南京支店長を最後に、三井を辞め、ハルピンの啓東煙草会社の社長となった。
	田中　左吉	
	細谷　利恵	
7	斎藤　徳治	
	鳥海　三郎	
8	谷　　幾郎	
	岩井光次郎	
9	小西庫太郎	
10	伊豆見元永	
11	日高　　進	才気煥発、揚子江を中心とする、日・英の経済競争を主題とした『日本か英国か』という著書を出し、藤村義朗男に認められ秘書になった。
13	増沢　廉平	雑貨取り扱い、その道の専門家となった。
	石川　宮次	皮革取り扱い、その道の専門家となった。
	栗原　猷彦	満洲事変から大東亜戦争にかけて上海支店に勤務し、総務課長として陸海軍の枢機に参画。昭南支店次長で終戦。戦後は中京木材を創設して社長になった
14	木内　　一	生糸を取り扱い、その道の専門家となった。
	桜井　皆義	石炭を取り扱い、その道の専門家となった。
	千田　吉固	ブラジル・コーヒーを取り扱い、その道の専門家となった。
	山口　栄盛	
	細　　不二	
	上田　和勝	
15	梶山　幹六	異例の抜擢を受け、天津支店長となった。
	本田　賢男	
	篠岡規矩雄	終始、漢口にあって、漢口の主といわれたが、最後は支店長となった。
16	水谷　次郎	
	林　　伯奏	
	中山健太郎	
	斎藤福三郎	
17	木内　申丙	
	日高　輝助	
	岡部　六男	

　20期以後の卒業生に不幸なことは、大陸からの「引揚きげ」、さらに追い打ちをかけるように GHQ の指示による「財閥解体」であった。職場を失った社員は19万5千円で小さな会社をつくり自活の道を求めたり、他に職を求めたりした。三井社員によって設立された会社は300社近くもあったといわれている。

期	氏名	活躍の状況
23	岩本　松平	現在、岩本通信社を経営している。随筆家としても有名で、渋沢賞を受けた。
	山口　知行	
	川戸　愛雄	在満時の特殊な経歴（天日製塩の第一人者）を買われて、戦後、外塩貿易の常務を経て三井物産に入社。現在は社友として、世界各国の製塩事業の指導にあたっている。
24	門馬訂一郎	丸の内リサーチセンターに勤務。
	芹沢　赳夫	
26	村松　彰	
30	伊藤　紫郎	戦前はバンコクに勤務。戦後は三新貿易、東食を経て日糧の常務。現在は専修大学で中国語の専任講師。
	小林　省吾	戦前は天津支店で活躍。故郷の長野で長野貿易を設立し、地方財界で活躍。
	堀内　健吾	戦前は天津支店にいたが、不幸にも病に侵され、終戦を待たずして他界。
31	佐治　好郎	引揚後、東邦物産を創立。ソ連・東欧との貿易を開拓。三井物産との合併後もソ連・東欧室次長として活躍したが、啓明交易常務を経て白竜工業の社長。
	岩佐　元明	物産解体後、一時外人商社にいたが、のち物産に復帰し、大阪支店の繊維原料部長を経て現在は、東レ・三井物産およびインドネシアの合弁会社の日本側代表として、インドネシアで活躍している。
	三木　義雄	漢口支店にいたが、戦後は、三信貿易を経て三井物産に復帰。その後、関連事業部次長として関連会社に対する管理制度を新たに確立した。その才能が認められて、北炭に迎えられ、専務となった。
33	安藤種治郎	物産解体後、京華産業を経て名古屋で「ダイイチ」を創立した。
	高橋　五三	戦後、第一物産の台北支店で支店長代理となり、三井物産との合併後はロスアンゼルス支店次長を経て、再度台北支店勤務。定年後は守谷商会の顧問に就任し、かたわら「台資会」の事務局長を兼ね、日台間の経済交流に貢献した。
	佐々木市蔵	戦後、西日本物産を経て三井物産に復帰、業務部長代理からベトナム物産の社長に。
34	松丸　正博	三井物産解体後、相互貿易を創立し中ソ貿易に活躍。その後、東邦物産に移り物資部で中国貿易を担当。

期	氏名	活躍の状況
	田代　範行	三井物産解体後、九州で自立し、大阪で乳酸菌飲料の仕事に従事。
	山県　一朗	定年後、病死。
	脇田　五郎	戦後、単身で香港に渡り第一通商の香港駐在員となる。のち合併で三井物産に復帰したが、現在は東邦物産中国室長。
35	村上　和夫	三井物産解体後、故郷・長野で30期の小林とともに長野貿易を創立。小林社長死後は新たに日建工業を興し社長となった。
	簡　　崑田	戦後、台湾に引揚げ、漁業会社を興して成功したが、その後解散して三井物産の合弁会社・台湾農畜産に入社し、台中所長となった。
36	浅山　益生	現在、三井物産の子会社・三井物産工作機械販売の取締役経理部長。
	土手　年松	定年後、病死。
37	開田　正雄	中国語が堪能で、物産内で中国語の普及教育を担当した。現在は、台北で楠宏有限公司の代表者である。
40	宗方健二郎	戦後、ゴム部長代理からベトナム物産の社長に転出しサイゴンで活躍。その後本社に戻り関連会社の社長。
	瀧澤　哲雄	三菱商事から木下産商に移り、合併で三井物産の社員となった。沖縄海洋博で三井グループの展示場開設責任者となった。現在は運輸総括物流調査室に勤務。
42	中川　四郎	カナダ物産・モントリオール支店長。
43	笹川　武衛	本店、物資部長代理。
44	森　　正己	大阪支店総務部人事室長。
45	梶山　達雄	本店物資部建設部部長代理。
	寺田　哲	福岡支店管下三池支店長。
	小島　昭	本店運輸総括部部長代理。

三菱商事

　三菱商事が合資会社から分離独立したのは大正7年で、明治9年に独立した三井物産よりかなり立ち遅れている。三菱が貿易に力を注いだのは明治時代にさかのぼる、といわれている。三菱の中国への進出は合資会社時代で、のちに三菱商事の会長となった三宅川が、漢口出張所のとき漢口市場および四川省の物資の取り扱いを始めるとともに大冶鉱石の八幡への直送を行う等、武漢地区が活動の中心であった。

　1期から16期の卒業生がその当時活躍した面々であり、第2次世界大戦に入る昭和16年から終戦の昭和20年にいたる同窓の動静は以下のとおりである。

期	氏名	活躍の状況
1	浜　丈夫	在籍17年後、三菱を辞め、貝島炭鉱を経て、大阪で石炭販売を自営。
	大原　信	
	本庄徳太郎	
2	茂本　一郎	横浜支店長を最後に退職。その後、中支那振興、華中塩業等の要職についた。
3	古谷勝太郎	蕪湖貯鉱所の創設等、創業期の三菱の中心的存在であった。
	天海謙三郎	
6	岡　茂	途中入社。将来を嘱望されていたが、夭折。
10	那須武三郎	中国およびサンフランシスコの支店長を経て勇退。その後、石油連盟会長として業界に重きをなした。
11	渡辺　勝美	海関から三菱商事に入り蕪湖に勤務中、役員の横領を糾弾し、辞表を叩き付けて三菱を去った硬骨漢。
	関口　嘉重	
12	木下二郎三郎	華中米穀配給組合理事長。
13	岩田　節郎	名古屋支店副長。
14	福島　重信	北京支店長代理。
	松田栄三郎	青島支店長代理。
	横山　好富	ハルピン支店長時終戦。不幸にして戦犯として8年間獄中生活、昭和28年帰国した。のちに、商事の社長となった高垣勝次郎は満洲時代、同歓同苦の友であった横山を顧問に迎えて、その労に酬いた。
	今井卯三郎	南京支店長を最後に帰国したが、病死。
16	門田　耕成	徐州支店長のとき、終戦。部下およびその家族保護のため残留したが、監禁の憂き目にあった。商事が再発足時、関連会社の新東亜交易の常務兼大阪支店長として社業に尽瘁し、終身客分の待遇を受けている。
17	熊野　正平	母校・書院の教授になるまで大阪支店に勤務。
20	安沢　嘉蔵	入社後、いくばくもなくサイゴン出張員に抜擢。戦後は、同僚と商事会社を設立し代表取締役となった。
21	村上　弘之	本店産業部部長代理。
22	大平　房次	新京満洲交易常務。戦後、大連・ロンドンで活躍したが終戦時、GHQの指令で商事解体後、神戸商事を設立し社長になった。のち、貿易コンサルタントに転じた。
25	根岸　忠素	昭和7年、カルカッタ支店勤務となってインドとの縁が生まれ、通算15年余にわたりかかわりをもった。昭和18年、チャンドラボースの専属連絡官として仕え、知遇を得た。同氏を神格化して敬慕する独立後のインド側との折衝にも根岸の働きが幸いし、商事は圧倒的地盤を築くことができ、インド総監に就任した。帰国後は神戸支店長、業務部長、韓国首席駐在員の要職を歴任。のち、菱光倉庫の専務に就任した。
30	塚原　房生	北安康徳桟勤務。

期	氏名	活躍の状況
32	黒江　道夫	牡丹江康徳桟勤務。戦後、新東亜交易名古屋支店長、本社食料部長を経て常務。
35	宮永　善二	蘇州出張所。その後、夭折。
	戸部　茂	名古屋で会社を興して活躍中。
	萩下　利明	天津支店勤務のとき、夭折。
	原田　豊作	途中入社。三菱重工に復帰。
	山口　左熊	途中入社。書院で教鞭をとった中国語の権威。現在常勤嘱託。
36	田坂　領甫	戦後、海外各地に勤務し、機械・プラント輸出の権威である。
37	石﨑　三郎	戦病死。
	原賀　亮平	関係会社の調査役。
	岡崎　俊広	日本塩工業会の調査部長。
	小久保郁郎	東南アジア各支店に勤務後、第1回三菱訪中団に参加。その後も再三訪中していたが在職中に病死。
	中村　文雄	
38	荒木　勇	名古屋支社繊維部次長から中京コカコーラに転じた。
	塩崎美智男	永年繊維輸出に精励したが、目下療養中。
	山田　順造	山田純三郎の三男。台湾支店勤務中、常に政府要路の眷顧を受け社業に寄与したほか、いまも国慶節等の式典には賓客として招待されている。
39	綿引　喜之	上海支店勤務。戦病死。
	乾　正己	戦病死。
40	滝沢　哲雄	東亜交易倒産後、三井物産へ転じた。
	長坂　毅	戦病死。
	浜島　暁	新東亜交易会計部長を最後に退職して、幼稚園を経営。
	松尾　七郎	
	松原　一夫	現在、香港で貿易会社を自営している。
42	高階　昇	戦後、西ドイツに長期にわたり勤務し、西独三菱商事社長を経て、現在は米国三菱の先任副社長である。
43	村田　克彦	本社電気第二部長。
44	橋本　清	中近東各支店勤務後、本社資材第一部長。
	杉田　存	食品第三部次長。
	土門　義男	途中入社。流通業務の開発に専念。
	平本　正治	ジャカルタ駐在事務所次長。
45	赤羽　公作	小西商店から商事に転じ、繊維産業資材部勤務。
46	小竹　昭人	書院19期・小竹教授の令息。クアラルンプールの支店長を経て、現在中国室長。
	田中　潤	入学時、北京に居住し書院の校門をくぐることなく引揚げた。現在、エチオピア三菱で活躍。

三菱電機

三菱電機は昭和初期、中国に進出を企図し同窓を 4 人採用した。しかし、三菱商事が総代理店になったため、その後は採用がなかった。

期	氏名	活躍の状況
32	土屋　勉	名古屋商品営業所長から指月電機に出向して社長に。現在、協栄産業の顧問。
38	山本　君平	戦後、入社。現在は菱電運輸に勤務。
	北原　筆吉	三菱電機サービスセンターに勤務。
40	内田　元三	転出し、プラント・エンジニアリングの取締役。

三菱倉庫

大正 8 年、三菱合資・商事・倉庫の 3 社による菱華倉庫（のちに、上海三菱倉庫と改称）を上海に設立し、浦東地区および上海サイドで業務を行つていた。戦後、社員の大半は三菱倉庫に復帰した。

期	氏名	活躍の状況
11	沢西　伝	
27	根岸　孝彦	戦前、神戸・東京本店勤務。戦後、取締役となり各地支店長を歴任後、横浜定航エーゼント会長、大阪港運協会長等を勤め海事功労者として運輸大臣表彰を受けた。その後、監査役を経て共同倉庫常務。
35	小林　安正	
37	清水　芳夫	

大　倉

大倉商事は、明治 6 年に創立された大倉組商会を基盤とし、後年の大倉商事・大成建設等に発展した。同社の中国進出は早く、明治39年、本渓湖煤鉄公司の経営に始まる。明治44年、上海・天津・漢口・大連等に支店を設置していた。したがって、書院から大倉に入社したものは、1 期から18期まで28人の多きに達する。

大倉は一般商事関係よりも、政商的な働きと事業経営が主であった。そのため、自然に中国人との関係は深く、折衝にあたって同窓が表面に押し出され、主役を演じるようになったことは言うまでもない。

期	氏名	活躍の状況
日	河野久太郎	日清貿易研究所出身の河野は早くから大倉に入り、のち重役になった。主として政治的活動の中心となり同窓を脇役として幾多の業績を挙げた。第一革命のとき、孫文の切なる要望に応え、南方革命軍に大量の武器を売り込んだのも、上海－楓経鎮間鉄道を担保に300万円の借款を成立させたのも河野および彼を扶けた同窓の努力によるものである。
1	増永　常雄	河野とともに長く中国に存在しその元締め的存在であった。
	塚崎　敬吉	
	天神林保吉	
2	薗村楠太郎	
	石井　久次	
3	川本　静夫	
	石橋藤次郎	
4	川口市之助	
	村岡敬四郎	
	今井　邦三	
	富岡幸三郎	
	日高長次郎	本渓湖煤鉄公司において常務として大活躍。
5	鈴木　房夫	
	山口　昇	
7	園田三五郎	
	甲斐友比古	
	田中元千代	
	松本　良男	
8	石田健一郎	
	賀来　敏夫	
10	柴田　保市	
	小山田正吉	
	伊藤　進	
13	野口　小三	
15	西尾　誠	
16	川上　義	
	原　義人	
18	大倉銀三郎	

古　河

　古河は、住友と同じく鉱山型財閥で、開祖・古河市兵衛が明治7年、倒産した小野組の鉱山である草倉・幸生、さらに足尾を引き継いだことに始

まる。足尾銅山は明治24年、7,550トンの銅を算出し、我が国の産出量の40％を占める日本最大の銅鉱山であった。したがって、中国との結びつきも銅および銅製品を中心として始まった。書院同窓は1期から45期まで万遍なく、判明しているだけで57人が入社している。

期	氏名	活躍の状況
1	神津助太郎	明治41年、書院講師（商業慣習）。戦後は、古河鉱業二代目上海支店長として中国側との交渉にあたった。なお、作曲家・神津善行は助太郎の四男で中村メイコと結婚。
4	上島　清蔵	書院を首席で卒業。官界からの勧誘を退け古河に入社した。古河にあって型にはまらぬ異色の人で、世界的なアルミ精錬会社を創設した功績は大きい。
5	小谷　節夫	のち、衆議院議員。日本初の衆議院議員の一人である近藤鶴代は妹。
6	西田　善蔵	上海・大連支店長および古河各社の北支代表等を経て帰国。その後、日本電線配給会社専務、古河電工副社長等の要職を経て、電線工業会理事、日経連常任理事となり業界の発展に尽くした。昭和51年6月14日、92歳の天寿を全うした。生前、藍綬褒章、勲三等瑞宝章を贈られ、正五位に叙せられた。
7	島田菊太郎	ロンドン支店長として10数年間欧州に駐在。中国では上海の中華電気製作所（中国政府と古河・住友の合弁会社）の代表取締役兼古河出張所の監督として上海に駐在し、都合22年間古河に勤務。その後、東芝に転じ、要職についた。
8	山東　実	
9	水内　忠	上海支店勤務中退職し、満洲工廠の専務、日本ケミカルコンデンサーの社長を歴任。
	佐原　誠	中国各地の支店に勤務後、本社に戻り営業責任者となった。のち帝国電線、太陽電線、千代田電線の役員となり、その後七星興業の社長に就任。
10	関川　三国	
11	森田竜太郎	
12	香原　貞光	上海・京城支店長となり将来を期待されていたが、惜しくも物故した。
	三木　鵠吉	
	佐藤　広亀	古河合名から古河商事、古河電工を経て、昭和電線電纜の取締役に就任。戦後、川崎電気の社長になった。
13	遅沢達太郎	
	中内　二郎	
	門脇　盛一	
14	立脇　耕一	中国および国内の各営業機関勤務を経て、電線各社の共同出資による満洲電線の専務となる。終戦時は奉天居留団の副団長。引き揚

期	氏名	活躍の状況
		げには血の滲むような努力をした。帰国後、人事部長、常務を経て、古河化学工業の初代社長に就任。また、滬友会会長として会の発展に努力した。生前、藍綬褒章、勲四等旭日章を贈られた。また、満洲からの引揚げに対する勲功により、外務大臣から表彰状が送られた。
	奥中 恒一	
	斎藤 昌義	
	松本 定次	
	林 英雄	新京出張所長を最後に退職し、関係会社に転じた。
15	野口 三郎	終戦まで28年間中国に勤務。終戦当時、上海支店長であった。戦後は古河を辞め、民和興業の取締役その他を歴任した。
	岡田進一良	
	清島 円造	
16	黒田 三郎	
	山田 明	
	成沢 英夫	
17	織田 収	
	椿 道蔵	
19	長田 安次	上海支店次長兼中華電気常務で終戦を迎えたが、引き続き数年上海に残留した。帰国後、外国部副部長、福岡支店長を歴任した。
20	小川 理	横浜ゴム工業（古河系）に入社。調査部長、企画部長、金町ゴム工業代表取締役を歴任。戦後は、古河系の三水会勤務を経て、東南アジアの華僑との貿易に活躍。
22	南浦 辰治	
25	稲川 三郎	上海・大連支店勤務後、天津および北京出張所を開設し、初代出張所長となった。戦後は、福岡支店長、平塚電線工場の初代工場長、総務部長、常任監査役を経て、古河産業の専務となる。現在、日興鉱業、三楽商事の役員、滬友会副会長、霞山会理事。
30	近藤与志久	戦前は中国各地、戦後は名古屋・大阪支店勤務を経て本社伸銅事業部次長から古河産業常務、東京電化社長を歴任した。
	中村 弘	本社、上海勤務後、天津の華北電線に出向し工場建設に努力したが、戦後は退職し、家業を継いだ。
31	森岡 昌利	入社後、応召。終戦まで大半を戦地で過ごした。（その間、金鵄勲章受賞、感謝状を授与される）。戦後、本社労働組合長、労組連合会委員長を経て、人事部長、常務、専務となり、営業を統括した。その間、海外拠点のひとつとして、ブラジル古河を設立した。現在、古河電池の社長として第一線で活躍。
32	太田 良祐	戦前は上海・天津・北京、戦後は門司・福岡勤務を経て本社業務部長代理、福岡支店長となり、第一防災の社長。次いで東工物産に転じ、古河グループの訪中に尽力した。

期	氏名	活躍の状況
33	森崎　正夫	
	林　三千男	
35	神辺　開治	戦後、上海支店から引き揚げ、本社貿易関係に勤務。その間、台湾出張所勤務 2 回、欧州出張10数回に及ぶ。現在、古河・住友・バンディ社合弁の日本バンディ社の社長。
	佐原　元一	
36	宮川　速水	名古屋・大阪支店長を経て、専務海外事業部長として世界各国を回っていたが、イラン滞在中発病し、帰国後死去。
	西村　敏雄	
	安田　秀三	
	岡　正住	
	増田　末一	
38	山谷　儔	
40	清弘　正己	主として貿易関係で活躍し、海外各地に長期滞在。現在は、柴崎製作所に移り、社長付き渉外担当である。
	山田　尚	貿易関係で活躍し、米国駐在員として長期滞在。現在は日本精密管工業の専務。
	山田　静雄	主として営業関係を担当。現在は東邦商会に勤務中。
41	長谷川伸一	古河産業の営業、総務部長を経て常務営業本部長となる。現在は、東京架線の社長である。
43	田中　義則	東大を経て入社。現在は常務大阪支店長として営業の第一線で活躍。
	藤原　真吾	東大を経て入社。現在は東栄建材の社長。
	西願寺　守	
44	上田　茂	愛知大学を卒業（昭和25年）で入社。現在は営業担当常務として会社の中枢で活躍中。
	大坪　茂	愛知大学を卒業（昭和25年）で入社。現在は横浜電機を自営。
45	小木曽治夫	東京商大を経て古河電池に入社し、取締役産業機器営業部長。

日商岩井（鈴木商店　日商　岩井産業）

・鈴木商店…明治32年、台湾の樟脳の一手販売権を握るなどで、急速に拡大した商社。大正 6 年には年商16億 4 千万円で、三井物産の11億円を凌ぐ勢いであり、鈴木商店の関係する会社は30社近くに達していた。主な会社に、大日本製糖、神戸製鋼所、東レザー（帝人の前身）・播磨造船所・豊年製油などがあった。昭和 2 年に始まった昭和の大恐慌で、政界・財界の大混乱の最中に鈴木商店は倒産。

・日商　　…昭和3年、鈴木商店の貿易商権を継承して、旧鈴木商店の社員が設立した会社。

・日商岩井…昭和43年、当時業界5位の日商と業界10位の岩井産業が合併してできた。

期	氏名	活躍の状況
		鈴木商店に入社した同窓　15人
3	宗像　金吾	成発東糧桟に移り、満洲で活躍した。
6	多賀　二夫	上海・ボンベイ支店長となり、日商に移って取締役。のち、中央毛織の社長。
9	前川力太郎	東亜煙草に転じた。
13	大野　万夫	エタニットパイプを経て、大鹿振興の常務。
13	吉田　彰克	鈴木商店を退職後は自営。
14	木村球四郎	日本レーヨンに転じ、のち自営。
	田中　淳一	上海・漢口で活躍。
	村上　愛治	興国同志会を経て、大阪ユネスコ協会の理事。
15	伊藤　覚平	日商へ移り、金属部長、北支総支配人等を歴任。
	小沢　清次	豊年製油へ転出。
	古川　清行	帝人へ移り、のち常務。
16	久重福三郎	書院へ戻り、教授。
	竹下　元	三機工業を経て、藤井合金製作所へ移った。
17	種子田武熊	鈴木商店勤務中、夭折。
	甲斐多聞太	帝人へ移り、のち帝人商事常務。
		日商に入社した同窓　27人
6	多賀　二夫	鈴木商店から移籍。
14	田中　淳一	鈴木商店から移籍。
15	伊藤　覚平	鈴木商店から移籍。
25	太宰　守	関係会社・中央毛織に移り、のち他に転じた。
	金澤　伍一	戦後入社したが、中央毛織に移った。
27	中馬　靖友	戦後入社。
28	横田　芳郎	引揚後、日商に入り機械・原子力部長、広島支店長を歴任。
	長谷川　稔	戦後、日商に入り台湾・シンガポールで活躍。
29	手塚　操	引揚後、関係会社の東邦プラスチック工業等に勤務。
	長谷川光雄	引揚後、日商に入り、取締役物資部長で退任。関係会社の社長を歴任。現在、テクニコの会長。
31	高橋欽次郎	日商の各地に勤務後、イマゴン興業所に転じた。
36	中山　一三	日商岩井の理事としてシンガポールを拠点に活躍した。
	秋山　安正	各地の支店長を歴任。

期	氏名	活躍の状況
37	永野　羊男	繊維部長のとき中途退社。現在三昌実業取締役神戸支店長。
	緒方　正己	各地勤務後、熊本スポーツランド社長となる。
38	川口　金三	大阪本社勤務中夭折。
41	四方　浩二	理事として中国貿易室にあって活躍。
	石橋　斗	バンコク支店長を経て中国貿易室嘱託。
42	倉田　俊介	石炭部次長、ジャカルタ事務所長等を経て、「ケイエム国際」に転じ営業部次長。
	本橋　忠生	一時期在職。
	大久保任晴	日商勤務は短いが、現在は日中経済協会専務理事として日中貿易の権威。
	高田　実	ニット部長として活躍。
	植前　良平	関係会社・東邦プラスチック工業の社長。
43	山中　一生	常務鉄鋼第一本部長として活躍。
44	蓬莱　得八	東京本社の受渡総括部長として活躍。
	永井　士郎	花王石鹸に転じたが、死去。
45	加藤　庄六	業界では「アフリカの加藤」として有名。海外プロジェクト部長を経てロンドン支店開発室長。
岩井産業に入社した同窓　13人		
16	桑原　五郎	上海支店長、南方地区総支配人、大阪支店長を経て取締役に。
17	瀬部伊三郎	上海支店長、華中支配人、大阪支店長を経て常務取締役に。
25	丹呉　恒平	戦後、静岡支店長から日華興業に転じた。
26	川瀬　徳男	各地勤務後、三福商事社長に転じた。
29	磯西　英次	ニューヨーク事務所長、シンガポール支店長を経て専務となり三宝樹脂工業社長、日商岩井の監査役を歴任した。
30	森本　清治	日商岩井に移り中国貿易のダミー会社・大豊の社長を最後に日本海交易副社長に転じ、中国貿易に専念。
31	稲富　正男	大豊の副社長を最後に退任。
32	平井　透	岩井産業ニューヨーク支店勤務を最後に退任し、塚本総業に転じた。
37	柴田　武夫	岩井産業海外各地勤務。現在は、日本橋梁社長。
	風間　金丸	定年後、ニッコウスチール社長を経て、日本海交易に勤務。
38	青山　貢	日商岩井から第一原子力グループ事務局に転じた。
	井上俊一郎	日商岩井から関連会社に転じた。
40	岡部　照夫	日商岩井石油の常務取締役に。

住　友

　住友は、三井・三菱・大倉等の政商型財閥と異なり、どちらかといえば鉱山型財閥である。明治後半期、銀行・鉄鋼、・銅・肥料を四本柱に多角経営に乗り出して成長した。

書院25期（大正14年入学）からは、住友から書院に派遣生を送る制度が実施され、銀行・本社交代で選抜され、毎年１人ずつ派遣されるようになった。

期	氏名	活躍の状況
4	福田千代作	住友における最古参。高田商会から住友総本社に移り、初期の対中国諸案件に参画し、のち上海販売店支配人。のち内地勤務となった。在滬（在上海）10数年の経験と知識を買われ、昭和14年、上海居留民団助役（のち団長となる）となり、戦時中の上海邦人のために多大な貢献。
5	太田外世雄	農商務省から住友に転じ対華業務を担当した。
7	小松　正則	外務省から住友総本社に入社。のち住友生命保険に転じ社長に就任。
11	富岡　末雄	書院寮監から住友に転じ、上海販売店総支配人から戦後、住友本家支配人となった。
12	大西　基重	書院から直接採用された第１号。主として主計業務を担当。特に、戦後の財閥解体に際し寝食を忘れ対策にあたり奮闘したことは有名である。ボルネオ殖産常務、その他要職を経て、住友不動産嘱託。
14	平林　正幹	住友伸銅所の天津・北京営業所勤務後、住友生命保険に転じ常務となった。
15	川口　憲一	住友銀行上海支店長、住友本社上海事務所長を歴任。終戦時は、上海において住友諸企業の最高責任者として苦労した。
16	南　透一	住友銀行から住友本社・北京事務所に出向し、さらに南方要員として赴任途次、乗船・大洋丸の沈没という悲運に遭遇。
17	田中粗次郎	天津販売店から住友生命を経て日新電機に転じ、専務取締役になった。
	中富　貫之	上海販売店から満洲に転じて、満洲航空の常務取締役なった。
	石　順蔵	戦時中満洲住友金属の取締役営業部長兼総務部長となった。戦後は、社員の引揚げ、復員者の受け入れ、復職の斡旋に尽力した。のち住友金属系列会社の役員を歴任。
	後藤　憲三	住友製鋼所文書課長、計画部長を歴任後、中京電機取締役となった。
23	加納　吉松	住友銀行から満洲軽金属の設立委員として満洲へ。戦後は銀行各支店長を歴任。のち、丸大ハムの常務取締役になり、監査役に。
24	鎌田　健吉	住友銀行から住友金属を経て、東洋アルミに転じ、取締役になった。
25	児島真一郎	住友銀行に入社。
26	高松　義雄	住友電工に入社。
27	深本　春夫	住友銀行に入社。各支店長を歴任。戦後は、大阪で社会事業に尽力している。
28	高橋　武雄	東京販売店に入社。中国各地に勤務し、戦後は、昭光商事鉄鋼部長となった。
29	田中　政治	住友銀行に入社。戦時中、満洲国官吏となった。

期	氏名	活躍の状況
30	吉元　晴雄	住友電工に入社。戦後、日新電機に勤め、早逝。
31	大石　明信	住友合資に入社。満洲住友金属に転じ終戦。戦後、住商事にうつり、最初の海外出張員としてインドに勤務。のち大華貿易常務として共産圏貿易を開拓した。商事復帰後は名古屋支店長、鋼管本部長を経て専務となり、顧問に。現在は日本国貿易促進協会理事。
33	牧田　穣	住友金属工業に入社。営業関係の要職を経て日本ステンレス工業常務、住金物産常務となり、現在は住金名古屋スチールセンター社長。
35	坂田　逸郎	満洲住金からダイキン工業に転じ、取締役管理部長を経て欧州ダイキン工業社長、次いで、ダイキン工業常務。のち東京ダイキン空調社長。
	橘　良高	住友金属工業バンコク事務所長を経て和歌山鋼管加工社長。
36	山本　尚長	バンコク事務所長を経て、住金鋼管工事取締役支配人。
37	上野　有造	住友銀行赤羽・大森支店支店長を経て、雄電社専務となった。
40	佐味謙太郎	住友銀行下関支店長から岸和田信用金庫理事。
	百瀬　源	住友銀行各地支店長を歴任後、西南三善信用組合理事長。のち「銀泉」横浜支店長。
	深水　邦基	住友信託銀行東京証券部長から富士工常務不動産部長。
	中山　節夫	戦後、特別調達庁、輸出入銀行を経て、住金物産に入社し貿易関係担当。のち住金物産顧問。
41	小倉　義信	日本の大学を経て、住友銀行入社。
45	鈴木　雍	日本の大学を経て、住友銀行入社。
	瀬古　由郎	日本の大学を経て、住友銀行入社。

トーメン

　日本の商社はその生い立ちから、財閥系商社、繊維商社、鉄鋼商社の3つに分けられる。トーメン（東洋棉花が昭和45年にトーメンに社名変更）は前2社を兼ねた商社である。東洋棉花は大正9年、三井物産棉花部が分離・独立したものである。その理由は、物産の中で棉花部が最大の営業部になったうえ、綿花・綿糸布が投機的商品であったことによる。創立時の同窓は三井物産から移籍した次の10人である。その後、独立した東洋棉花に入社したものが35人いる。

期	氏名	活躍の状況
		三井物産から東洋棉花へ移籍した10人
2	己斐　平二	取締役上海支店長として上海紡織の役員も兼務し、長く上海綿業界の重鎮として活躍。帰国後、営業責任者についた。
5	三枝　理悦	電信のエキスパートとして活躍。

期	氏名	活躍の状況
8	芳賀　金六	己斐のあとを継ぎ上海支店長となり、上海紡織その他の社長を兼務したのち、取締役に。帰国後、三洋油脂の社長となった。
12	掛川　真吉	インドネシア支店長を経て監査役。
	村上　辰治	上海紡織取締役青島工場長となった。
13	小林秀太郎	東棉紡織の常務となった。
	平尾精一郎	京畿染色（朝鮮）、帝国化成の社長を歴任。
14	上田　和勝	漢口支店長を経て、東棉紡織の常務となった。
15	本田　賢男	漢口支店長として在勤中、日本人綿花同業会の会長に推される等の活躍。
18	奥田　千之	中国各地支店長を歴任し、満洲東棉紡織の初代社長となった。帰国後は監査役に就任。
		独立後の東洋棉花に入社した35人 戦後は引揚者の受け入れは極めて困難で、退社・転職する者が続出した。
20	清水　暢	東棉化成工業常務、味の世界社長、三洋化成工業常務を歴任。
21	秋口京太郎	取締役となり前途を嘱望されていたが、惜しくも早逝。
23	樅木　辰人	郷里で独立したが、復職して東洋空調社長、その他の会社役員を歴任。
24	香川　英史	30歳代の若さでバンコク支店長に抜擢され、日タイ合弁事業の開拓に尽力。戦後は、各営業部長をつとめたあと、取締役、東京支社長、副社長、昭和37年社長。相談役になるまでの10年間、重責を担い、会社の発展に貢献。この間、業界、財界の各種協会、委員会および経済使節団の責任者となり、我が国の貿易、産業の発展に貢献すること大。昭和39年藍綬褒章、同49年勲二等瑞宝章を受章。現在は顧問。
27	宇敷　正章	バンコク支店長、穀肥部長等を歴任後、食糧関係担当常務を歴任、南海興業社長に。
	村山達太郎	上海・天津支店勤務後帰国。管理部門を歩きサンポット工業その他役員を歴任。
31	中山　昌生	戦後、各部長、各支店長を歴任後、常務に就任。神戸で大型穀物サイロを建設するなどして将来を嘱望されていたが、惜しくも早逝。
	長　　博	戦後、毛麻部・管理部門を歩き、味の世界、大阪ハムの社長を歴任。
33	鳥羽田　熙	サンフランシスコ支店長をつとめた後本店に戻り、機械営業部の拡充に努め、専務に昇進。その後、三洋化成工業社長。現在は同社相談役兼サンペトロケミカル（日石化学、三洋化成工業の合弁会社）社長。
	筒井　司	退社組。
34	野瀬　信一	定年近くに病を得て死去。
	古谷　陽	東芝から途中入社し台北駐在後退社。
35	植松　清一	台北駐在のあと、部長、監査役に就任。その後、東京ハードボード

期	氏名	活躍の状況
		工業社長、東信交易取締役を歴任。
	栗田　定吾	退社組。
	小川　弘一	退社組。
36	石川　久	台北駐在のあと、札幌支店長を経て取締役。のち、東京ミサワホーム社長。
	藤田　照男	ソウル支店長、インドネシアの合弁会社「IPI」社長、日本天然ガス興業副社長を歴任。現在は沃度輸出工業会専務理事。
	山口　勝之	退社組。
	小畑　英資	中国貿易のベテランとして活躍したが、定年後まもなく死去。
37	小竹　祥文	退社組。
	横井　秀信	退社組。
38	上野　慎一	ジャカルタ主席駐在員、名古屋支店長を経て、伊丹工業社長。
	松下　京平	各部長、茨城ファーム社長を経て、勝田パブリックゴルフクラブの役員。
	皿谷伊勢男	カラチ駐在後、木材建材部門に専従し、トーケン工業常務、東信交易取常務を歴任。
40	秋山　征士	各地支店長・各部長を歴任後、城北商事社長に就任。
	藤本　博	海外各地勤務後、非鉄金属本部長で定年。のち、光洋インターナショナル常務。
	小野　敏平	台北勤務後、南海興業常務となり、定年後はトーメン保険センターに勤務。
	芹沢　五郎	台北支店長をつとめた後、国内各支店を経て現在中国室嘱託。
	鹿島　達也	名古屋支社勤務中に死去。
41	高遠　三郎	海外各地勤務後機械営業に専念、のち常務となり建設部門を担当。
	島田　澄夫	中国貿易の専門家。定年後はユナイテッド・パブリッシャーズ総務経理部長に就任。
42	大坂　雄治	国内各地勤務後退社。現在、吉村商事取締役。
44	陳　万増	東信交易台北支店に勤務後、協東貿易股份有限公司董事長。
45	温品　清司	愛知大学（昭和26年卒）から入社。現在、審査部主任部長。
聴	垂水　茂夫	聴講生から戦後入社。英語の才能を発揮したが、退社後死亡。

伊藤忠商事

　伊藤忠は丸紅と同様、明治5年に開業した呉服反物商「紅忠」を遠祖とするが、明治26年、綿糸商「伊藤糸店」ができてからは貿易商社としての基礎を固め、大正7年伊藤忠商事、昭和16年三興、昭和19年大建産業と名称を変更してきた。戦後、昭和24年に伊藤忠商事に戻ってからは、総合商社としての道を歩むことになる。書院同窓が入社したのは70人に

達し、比較的地位を得たものが多い。

期	氏名	活躍の状況
5	石黒　昌明	天津支店から豊田紡織に入社、取締役となり上海で活躍。当時の居留民の中では代表的な人物、※2017年にノーベル文学賞を受賞した「イシグロ・カズオ」は昌明の孫。
7	宮崎彦一郎	神戸支店長、大同貿易社長、丸紅監査役を経て神戸商工会議所会頭に三選され、関西財界の重鎮であった。
	田中　筧	海外各支店長、大同貿易社長、大建産業専務として活躍。
	奥田　沢司	上海支店長。
9	功力　寅次	海外各支店長から取締役中国総支配人を経て、常務となった。のち、三興常務、大建産業取締役、呉羽航空機副社長となった。戦後、イサオ商事およびAIU保険の日本総代理店を創立して社長となった。
	岡田　達一	
	松島庄一郎	海外勤務後、大同貿易を経て、東洋自動車専務となった、
	中西　義一	
10	植松　真経	上海・天津支店長から天津大福公司専務となり、裕大紗廠、宝成紗廠の経営にあたった。のち、天津紡績公司専務として活躍。
	吉井民三郎	
12	西岡　清市	青島支店長。
	田中　加作	
13	松本　嘉吉	
	中尾　慎三	
	森沢磊五郎	
	湯房　章人	
	四倉　武保	漢口支店長。
14	大山　捷男	上海支店長から取締役。のち華中総支配人となり、三栄紙業、不二製油の社長を歴任。
	児玉　勇三	漢口支店長、加地鉄工所社長を歴任。
	松尾政次郎	
	堂西司馬次	
	今井　直弼	
	是近　秀男	漢口・済南支店長。
	田中　宗雄	
15	岡　武雄	大同貿易取締役、伊藤忠上海支店長として活躍。
	野島　豊	
	阿部　豊一	
	木村　健吉	
	田窪　正信	
	河野　和一	

期	氏名	活躍の状況
16	細田　年三	広東・済南支店長。
	人見　勝正	
	鈴木信一郎	
	辻　　衛	
17	長田宇一郎	
	根岸　準三	
19	三沢　瀨之	伊藤忠、丸紅、岸本の3社が合併してできた三興の上海支店長をつとめ、興華染色廠の社長を兼務。また、上海綿糸布同業会会長その他の公職につき健闘。戦後、呉羽ゴム工業専務を経て、日東物産商事社長を歴任。
	石村　祐二	
23	柴田　敬十	漢口・青島・仏印・パキスタン各支店長を歴任。中部プリンス自動車社長、伊藤忠自動車役員等を経て、シ・アイ・シー会長。
24	宮崎　武雄	
26	前田　増三	蛇の目ミシンに移り、社長となった。
29	伊藤　正弥	
33	島津四十一	羊毛のエキスパートとして活躍。伏原紡織を経て、現在中央整毛取締役。
	車田　修一	戦後入社。本社、支店勤務後、名古屋支店機械建設部長を経て、昭和45年に伊藤忠ハウジングの社長となる。
34	岡田　陸郎	各支店勤務後、総務部長を経て伊藤忠運輸倉庫の常務となる。
	内山　雅夫	上海支店勤務後、退社。
35	望月今朝男	香港・台北支店長を歴任した。
36	今村　隆	香港支店長代理、サイゴン出張所長を経て、退社。
	池田　安正	特殊鋼部長、台北支店長を経て、伊藤忠運輸倉庫の専務。現在はナイキ金属社長。
38	藤原　敏夫	東南アジア各地支店勤務後、油脂部長を経て岩手シー・アイ・ファーム社長となる。
	永江　和夫	戦後入社。中国室の重鎮。卓越した中国語をもって日中貿易に活躍中。
	橋本　清	神戸税関から入社。流通管理本部長付として税関関連業務にあたっている。
	坂井　一	シベリア抑留3年。繊維一筋に生き、大建繊維を経て、東洋電化工業取締役。
40	馬殿幸次郎	鉄鋼事業開発室長代理、高雄事務所長、スラバヤ SPINDO、マレーシア SPIM 各社長を歴任。
41	赤沢　修二	ヨハネスブルグ支店長、原子力室、海外事業部勤務を経て、シアトル水産合弁会社副社長。
42	小林　哲郎	石炭部長、欧ア副総支配人、中近東支配人を歴任。現在は取締役開発本部長兼中国室担当。

期	氏名	活躍の状況
	加藤　文夫	繊維関係で活躍。現在、伊藤忠運輸倉庫の常務、大阪支店長。
	小島　敬三	中国貿易の草分けとして活躍。
44	沢田　隆夫	繊維関係からジャカルタ合弁事業に転出。現在、伊藤忠ハウジングの名古屋支店長。
	本田　実	一貫して穀物肥料関係で活躍。のち、メキシコ支店長、海外事業部長代理、丸一商事中国事業部担当。
	大原　一善	繊維関係に長く、現在大阪本社ニット部に勤務。
46	三好竜一郎	食品畑を歩き、砂糖部長を経て食品本部長。現在取締役。
	山本　忠雄	大阪本社流通管理本部長付。
	島田　純一	中国室長から初代北京事務所長。現在は香港支店で中国貿易を担当。

日綿実業（元　日本綿花）

　日綿実業の前身である「日本綿花」は明治25年、綿花商として創立され、急速に増大する紡績業に対し、原綿の供給にあたった。明治36年、上海支店を開設、続いて漢口支店、同40年代には、天津・青島・済南・鄭州・香港・広東・大連・営口・鉄嶺・長春・ハルピン等に支店・出張所を開設。

　華名を「日信洋行」と称し、中国人に親しまれ、綿花・綿糸布の取引、紡績工場の経営、油工場の開設等の先達といっても過言ではない。書院出身者は日清貿易研究所の馬場義興以下40数人がいる。

　本来業務のほか、居留民団に対する活動にも多大なる貢献をした。

期	氏名	活躍の状況
日	馬場　義興	初代の漢口支店長。
3	土井　米市	天津・漢口支店長を歴任。中国通として内外の信望厚く、国際会議のときには我が国綿業界の要望に応じて、たびたび顧問役を引き受けた。昭和4年、船津辰一郎氏の勇退により、後任として在華日本紡績業会の理事に就任し、上海居留民団にも貢献。
	谷口英次郎	大連・漢口の支店長。
	砂田　実	天津支店長。
4	東　芳雄	各所長を歴任後、綿花商を自営。
	林田　勇	大連・奉天・鉄嶺の各所長を歴任。
6	吉崎　治郎	早く退職して、上海で自営。
8	三田　義一	上海・漢口等各所長を歴任。
	飯塚　重史	天津支店長。

期	氏名	活躍の状況
9	長野　勲	本社から華北交通参事に転じ、中国要人の信望が厚かった。
	宮川　安敬	大連支店長。
	中島　止水	漢口支店次長のとき、転出。
	石川　勝敏	日華製油漢口所長から取締役に昇格したが、昭和20年、漢口で客死。
	荒井　平造	漢口の工場長。
10	長谷川　肇	天津支店次長。
11	門多　義道	各支店長を歴任後、天津醸造取締役へ。
14	中村哲三郎	日綿繊維取締役。
16	重松　善信	夭折。
	大久保正作	夭折。
	坂本　七郎	満洲綿花取締役から能代商工会議所専務理事となった。
	三輪　範義	日本絹繊糸輸出組合専務理事。
17	川口　直人	「大成」常務取締役。
	大坪　市郎	漢口泰安紡績取締役。
18	古賀　方一	各地支店長を歴任。日中輸出入組合大阪所長を経て、日新運輸へ。
19	上松　薫	上海江北棉花公司専務理事から小西商店常務、東北工作所取締役を歴任。
	恵美　芳一	南満工業専務理事から日本木材輸入協会大阪支部長。
	山口　勇男	各地紡績勤務後、天津で自営。
20	青山　義親	永大ベニヤ常務から大阪永大ハウス販売の取締役へ。
	塚谷　明智	夭折。
	内藤　英成	ビルマ日華油脂在勤中戦没。
	増谷竹次郎	夭折。
23	瀬浪　正平	終戦後、退社。
29	鹿島　満周	戦後、中国貿易室に勤務。
35	木谷　達郎	日信貿易の機械部長からマニラ支店長となる。
42	石川　勝美	東京商科大学から入社。インド・北京・香港駐在後、エネルギー資源を求めてアフリカ・中南米・サウジアラビア・豪州・ニュージーランド・カナダに在勤。現在は、燃料エネルギーおよび業務本部参与。
44	木内　秀一	東京商科大学卒。本社審査部長。
	高田　三郎	東京商科大学卒。本社広報部室長。
	金田　政雄	宝国実業に勤務。
45	福原　昭二	愛知大学（昭和25年卒）から入社。中国貿易部副部長。
	松田　孝一	愛知大学（昭和26年卒）から入社。昭和48年退社。
46	森川　崇	神戸経大から入社。ブラジル支店長。

丸　紅

　ルーツを求めれば、伊藤忠商事とは同根。大東亜戦争中、合併でできた大建産業が、戦後経済力集中排除法の適用を受け財閥解体により、昭和24年に新発足した会社である。その主流をなすのは明治5年、開業の呉服反物商「紅忠（丸紅商店）」と、大正9年創業の「大同貿易」である。

　大同貿易は戦前、マニラ麻・中国麻の輸入では三井物産と肩を並べる貿易商社であった。

期	氏名	活躍の状況
7	田中　　筧	宮崎とともに大同貿易を創立。
	宮崎彦一郎	戦後、神戸商工会議所会頭等数多い公職に就いた。
15	岡　　武雄	
16	宮坂　正延	
19	丹羽　省吾	
25	安沢　隆雄	
26	畠山　勉	
35	橋口　政行	丸紅商店から丸紅へ。消息不明。
36	長田　憲一	丸紅商店から丸紅へ。戦死。
	春名　和雄	戦前、マニラ支店勤務、。戦後、本社食糧部門で活躍し、ロンドン支店長、丸紅米国社長等の要職を経て、現在は副社長。大東亜戦争中、比島軍司令部華僑対策係長のとき、その心のこもった指導に、華僑会長以下心服した。戦後の比島裁判において、軍の華僑関係者に一人の犠牲者も出なかったのは、春名の指導の賜物である、と高く評価。
	大峽　一男	戦前・戦後を通してバンコクに駐在。支店長としてタイ・インドシナ・ビルマで活躍。また、日本人会会長を永年つとめ、帰国に際してタイ政府から勲章を授与された。現在、磯村豊水機工の会長。
37	森口　薫	戦前は海南島に勤務。戦後、機械部に籍を置き中国・ソ連等共産圏貿易に従事。目下、療養中。
40	賀来揚子郎	門司出張所勤務時代から食糧の輸入に関係し、本社でもカリフォルニア米、タイ米、台湾米等外米の輸入については第一人者。現在は丸紅を辞して、「豊生ブレーキ」社長。
41	秋山善三郎	戦後の入社。食糧部門に籍を置き、米国駐在中は砂糖・大豆・玉蜀黍等の三国間貿易の開拓に尽力した。帰国後は食糧部長となり、現在、日産丸紅の常務。
	木村　隆吉	中国・台湾貿易に従事。台湾勤務を経て現在は中国貿易に専念。
43	沢村　駿朔	東京商科大卒。又一・浅野物産を経て入社。畜産飼料分野を歩き、現在は丸紅飼料取締役。
44	金丸　照夫	神戸経済大卒で入社。カラチ支店長を経て、東欧地区支配人。現在

期	氏名	活躍の状況
		は海上統轄部勤務。
	三宅　源嗣	東北大卒で入社。米国勤務ののち、ロンドン支店長。現在は機械部海外事業管理室長。
45	三宅　欣平	愛知大卒（昭和25年卒）で入社。バンコク支店勤務を経て、現在は輸入繊維部長。

又　一（現在　金商又一）

　又一発祥の歴史は100数十年前に遡るが中国との関係は新しく、大正の初期に上海に支店を設置したのに始まる。又一は、貿易の重点を中国においたので、最盛期には中国における支店・出張所は30か所に達する盛況を見せた。したがって、会社首脳も書院出身者を重用し、同窓も縦横に腕を振るうことができた。

　又一の戦前の中国貿易は、書院同窓によって運営されたといっても過言ではない。

期	氏名	活躍の状況
11	有井　勘一	中国市場の開拓に功績あり大正末期に取締役に就任。退職後も日本絹人絹輸出振興の専務となり、交易営団絹人絹部長を経て大阪北繊維製品交易の社長。次いで、大北産業社長も歴任。
14	南井幾久司	戦争中は傍系の黒鉛事業に関係して華北にいたが、戦後は大和カーボン工業に勤めた。
16	渡辺吉之助	戦後、南海綿業を経営した。
	鈴木信一郎	
17	山崎　一毅	漢口支店長時代、民団参事会長、商工会議所理事、体育協会等の公職に就き、社会・公共のため尽力した。また、天津に転じてからは取締役華北総支配人となり、あわせて蒙疆甘草工業公司、天津耐火器材を経営した。
	松本　元次	戦後、南海綿業を経営した。
	広岡　謙一	
	吉村　祐三	
23	小野　好男	
27	村田　季雄	北支に勤務。
31	栗田　五郎	戦前・戦後を通じてジャカルタで活躍し、インドネシアの主といわれた。
33	車田　修一	又一は中支では「阿部市洋行」と称していた。車田はその蕪湖支店を開設し支店長となった。戦後は退職。

期	氏名	活躍の状況
	小山　太朗	小山は阿部市洋行の杭州支店を開設し支店長として腕を振った。戦後は退職。
35	翠田　実	蕪湖に勤務。戦後は退職。
	浜田　守保	漢口に勤務。戦後は退職。
36	原田　益夫	杭州に勤務。戦後は繊維製品の輸出にあたり香港支店長、交易部長を歴任。現在は、金商倉庫運輸総務部長。
	田尻　親種	のち、戦病死。
	井上　博治	漢口に勤務。のち戦病死。
37	大森　創造	杭州に勤務。戦後は退職。のちに参議院議員となる。
	竹内　馨	北支に勤務。
38	森脇　優登	戦後は退職。
40	田中　市松	米国・カナダの市場開拓を行い名古屋支店総務部長。
	日野　茂樹	パキスタン・ビルマに駐在。戦後は井関農機に転じて外国部長。
41	平尾　尚	香港勤務後、大阪支社で中国貿易に専念。
42	田尻　正己	南京に勤務。
	白木　通雄	東南アジアで活躍。現在は大阪支社機械部副部長。
43	川崎　利彦	綿糸布輸出組合の海外調査に当り、米国金商又一社長を経て現在東京本社総務部長。
	浅川　義基	東京本社機械部長として中国・東南アジアで活躍。
	阿部　学	戦後、ブラジルに移住し大活躍。
?	松田　博	広東に勤務。

兼松江商

　「兼松江商」は、明治22年創業の「兼松」と、明治38年設立の「江商」が、昭和42年に合併して新発足した会社である。

・兼松は明治33年、上海に支店を開設し日中貿易のスタートを切ったが、翌年の北清事変後の恐慌で閉店のやむなきに至った。

・江商は大正2年、中国綿花の取り扱いのため青島に出張所開設。以来、各地に営業所を設け中国との取引の拡大をはかった。

期	氏名	活躍の状況
		兼松に入社した同窓　29人
15	田窪　正信	昭和7年、田窪正信が経営する「正信洋行」を代理店として満洲に進出。その後、各地に支店・営業所を開設し、昭和14年にはその数14を数えるにいたった。
30	増本　晃	戦後、兼松と日立エレベーターの合弁会社（香港）の責任者となった。

期	氏名	活躍の状況
	泉　喜一郎	
33	世利　展雄	日中貿易の先駆者として中国出張中不測の理由で監禁され抑留数年に及んだ。現在は元気で郷里・福岡で暮している。
34	原田　実之	大陸への唯一の門戸であった香港支店長をつとめた。
	山田　忠	大陸への唯一の門戸であった香港支店長をつとめた。
	中原　照雄	
35	五十川　統	
	河田　要一	
	玉井　三郎	
	村岡　侃	
36	深沢　治平	
	下条　義克	大陸への唯一の門戸であった香港支店長をつとめた。
	小畑　英資	
37	仲田　茂	
40	糸谷　札輔	
	坂下　雅章	戦後も香港に勤務し訪中も数10回に及び、今や香港の主として有名。
42	彭　桂嶺	
	伊藤　四郎	中国室
43	川崎　弌	
	河岡　盛助	
	東端　晴男	大阪支社
	山崎　正則	共進石油
	吉村　基泰	
44	安藤　馨	兼松電子部品の常務。
	宮田　一郎	常務
	小田　啓二	常務
	安井　寛	兼松繊維加工社長
45	比嘉　昭男	中国室
		江商に入社した同窓　27人
9	松原　秀三	
11	一宮　晃	初代所長または主任として新規開拓の責任を担った。
	坂上　武史	初代所長または主任として新規開拓の責任を担った。
13	広瀬　渉	
15	光石　重爾	
	白須　大順	
	鈴木　択郎	卒業後、1か月勤務したが病のため退職。のち書院の教授となった。
16	木村　左近	長男も江商に入社し親子二代江商マン。

期	氏名	活躍の状況
	小原　和吉	
	小林　市平	
17	山田六合夫	
19	浅野十二生	上海勤務を経て本社に戻り、常務となった。
26	西村　剛夫	
30	中島　順一	
33	片岡　光	
34	萩原　七郎	
	瀬尾彦次郎	
35	菊地喜久治	
	水野　雅文	
	妻木　辰男	
	田浦　正成	
36	堀　深	
	河合　税男	
37	浅野　栄市	
	八木　了彦	
38	菊池　四郎	
43	石黒　孝	機械プラント部で活躍。
12	落久保半一	東京銀行から入社。
24	有吉　正義	
33	伊藤　陸郎	第一勧銀から入社。海外事業部に勤務。
	有野　芳郎	外務省から入社。海外事業部に勤務。

(3) 海運関係

日清汽船

　1907年・明治40年、日清貿易研究所の白岩龍平が創立した大東汽船・湖南汽船・大阪商船・日本郵船の現地運行部門の4社が合併して生まれた会社である。

期	氏名	活躍の状況
1	牧田　武	漢口支店長心得から本店調査役になった。
2	谷田部羊次郎	日本郵船から日清汽船創立とともに移り、のち上海輪船公司に転じた。
3	後藤富賀美	漢口支店長を十余年つとめ、居留民団、商工会議所の幹部となった。
5	油谷　恭一	在社12年、渋沢栄一を会長とする日華実業協会の専務となった。のち、中支那振興の創立に際し理事に就任。戦時中は華中経済の中

期	氏名	活躍の状況
		枢にあって活躍した。
8	篠原　昇	
10	増谷　太一	漢口支店助役をつとめた。
11	辻　喜三郎	
18	松尾　良人	漢口支店助役をつとめたのち、東亜海運に移った。
	梅林　寒月	昭和14年、東亜海運創立とともに、そちらに転じた。
	児玉　宗二	昭和14年、東亜海運創立とともに、そちらに転じた。
19	西牟田真雄	昭和14年、東亜海運創立とともに、そちらに転じた。
	和田　恂	昭和14年、東亜海運創立とともに、そちらに転じた。
21	水田　二輔	昭和14年、東亜海運創立とともに、そちらに転じた。
	三角　寅雄	昭和14年、東亜海運創立とともに、そちらに転じた。

東亜海運

　昭和14年8月、日中海運の重大さに鑑み、東亜海運法により、「東亜海運」（資本金1億円）が東京で設立され、初代社長は元遞信大臣・河田烈である。出資者は11社で、一大国策会社が誕生したのである。

出資会社…日清汽船（揚子江と中国沿岸航路）　日本郵船（日中連絡航路）　大阪商船（中国沿岸航路）　近海郵船　三井汽船　川崎汽船　岡崎商店　阿波共同汽船　原田汽船　大同海運　山下汽船。

　書院同窓は日清汽船に早くからいた者、日本郵船・大阪商船から転入した者および36期以降の新卒入社を含めて、30人くらいに達した。

期	氏名	活躍の状況
6	田中　実	
	香取　和作	
11	津秋　寿吉	
12	大森　輝雄	
13	遠藤　丈夫	
	相本　宗市	
18	松尾　良人	
	梅林　寒月	
	児玉　宗二	
19	西牟田真雄	
	和田　恂	
21	水田　二輔	

期	氏名	活躍の状況
	三角　寅雄	
22	幸塚　俊介	
23	伊志嶺朝良	
	川勝　栄	
	野見山　栄	
30	近藤　泉	
32	田代　正文	
33	石田　四郎	
36	近幸　一郎	
38	高田　武	
	加藤　幸男	
	綱木　正昌	

大連汽船

　大連汽船は大正 4 年（1915年）、満鉄の子会社として設立された。日露戦争で長春以南の鉄道の権利を手に入れ、明治40年（1907年）、満鉄が設立されたが、手足となる海運がなかった。当時、東支那海・海域の実権は、完全に列強に支配されていたため、その対抗策として誕生したのが大連汽船である。

　大連汽船設立の目的は 2 つある。①満鉄の海上輸送の動脈確保である。②北支沿岸から列強の海運を駆逐し、大連・上海・香港から欧州を結ぶ「一大亜欧ルート」を開拓する。

　第一次大戦の勃発により、列強船舶の極東水域からの撤退と満洲国建国による物資輸送の増大等により、大連汽船は飛躍的な発展を遂げた。昭和16年末には社船65隻・228,000総トン、備船を含めると90隻・294,000総トンで、日本郵船、大阪商船に次いで国内第 3 位の地位を占めるに至った。主要航路は「大連－青島－上海」の定期航路と「大連－台湾」「大連－内地の国策定期航路」で、満洲特産物の一手輸送を行い、隆昌の一途をたどった。しかし、大東亜戦争の勃発により、船舶は次第に戦禍を受け終戦時には僅か18隻・39,000総トン足らずとなってしまった。

　大連汽船に在籍した同窓は次のとおり。

期	氏名	活躍の状況
7	林　　正春	本社営業課長として将来を嘱望されたが早逝した。
	鶴野　政三	人格高潔。天津・青島支店長を経て神戸支店長となり、関西海運界に雄飛。
8	佐藤　信二	青島支店長・神戸支店長を経て常務に栄進した。
20	加藤　敏彦	天津支店長として北支で活躍。
22	小野　豊和	本社営業課勤務中、満洲国総務庁に招聘された。
24	藤田　良次	大東亜戦争勃発とともに台湾に派遣され、船舶統制一元化による船舶運営会社に入社。幾度となく戦火に遭うが九死に一生を得て帰還し、運営会解散まで在籍した。
25	土屋弥之助	戦後世界紅卍字会に入会、日本総会長になった。

山下汽船

　山下汽船は不定期船を主体に活躍した特異な船会社であるが、中国海運にも関心をもち、揺籃期にあった中国民間船主の育成・発展に協力した。書院同窓は次の9人である。

　山下汽船は昭和39年4月、新日本汽船と合併し、社名を山下新日本汽船と改称した。

期	氏名	活躍の状況
11	筒井　　茂	書院から京都帝大を経て入社。上海支店次長から漢口支店長となり、のち大同海運に転出した。
15	毘舎利善資	神戸本社から上海支店次長になり、上海を中心として活躍。
	新保謹五郎	鈴木商店から入社。中国各地に勤務。青島支店長時代終戦となり退社。戦後、新潟臨港海陸運送東京支社長となった。
20	万代竹二郎	終始上海支店に勤務。のち、大同海運に転出。
	伊藤　武雄	主として青島・大連支店に勤務。
22	小沢　恒二	本社・上海支店・本社と経理畑を歩き、戦後、関係会社に転出した。
	岩屋　三男	上海支店勤務中、姉妹会社・山下鉱業に転出。昭和15年、取締役上海支社長として中北支各支店の統轄運営にあたった。また、漢口下流の大冶煤礦公司と華北の東亜電気化学工業廠の経営に参画。戦後、山下汽船顧問、内外商運常務を経て、現在、八星商事会長。
25	納富　政彦	上海支店勤務中終戦で退社。中国国営招商局日本支社に勤務。のち、タイシップ社在日代表として活躍中病死。
43	紙谷　勝治	現在、山下新日本汽船社史編纂室長である。

日本郵船

日本郵船に入社したもの27人は次のとおり。

期	氏名	活躍の状況
2	山口　啓三	最初、商務印書館に入った。のち、中国第一の出版社になった同書館が、当時資本金80万円の日華合弁の会社であったのは、興味のあることである。その後、日本郵船に転じ、主として上海にいて活躍した。山口の自慢のひとつは、外人の独占であった上海港の水先案内に、海軍の協力を得て日本人を入れたことである。さらに、上海築港問題についても、国際的に相当な働きをした。戦時中、東亜海運・中支那振興・中国招商局等の共同出資により中華輪船公司が創設されたとき、専務に就任した。
	谷田部羊次郎	日本郵船から中華輪船公司に転じた。
3	鈴木　佐七	
	三宮　勝平	
5	博多　伝治	
	丸山　英三	日本郵船から中華輪船公司に転じた。
	居川　栄世	
	高橋　英雄	
	阿部　信一	一時、独力で船会社を経営していた。
6	清水　孝悌	
	香取　和作	日本郵船から東亜海運に転じた。
	田中　実	
7	佐藤　良文	
	塩月　蘭平	
10	石原　清十	
	床井庄左衛門	
12	大森　輝雄	日本郵船から東亜海運に転じた。
13	遠藤　丈夫	日本郵船から東亜海運に転じた。
	相本　宗市	日本郵船から東亜海運に転じた。
14	山本久一郎	
15	大橋　福松	日本郵船から中華輪船公司に転じた。
	島尾為三郎	日本郵船から中華輪船公司に転じた。
16	宮川順三郎	のち、熊谷組に転じ常務となり、東都土建業界で活躍した。
	工藤敏次郎	
17	鈴木　一	
18	武石　胤哉	
22	川勝　栄	戦後も引き続き郵船に残った。

（4）紡績関係

　中国の紡績業が手工業時代から機械紡織工業に移ったのは、清の光緒
16年・明治23年（1890年）で、李鴻章が上海で機器織布局を創立したの
をもって嚆矢とする。日清戦争に勝利した日本は明治28年（1895年）の
馬関条約（下関条約）により、初めて中国開港場での工場設立が公認され、
表舞台に立った。次いで外国も権利を取得するに及び、工場建設の機運は
やや上昇したが、光緒25年・明治32年（1899年）の中国の状況は、華商
工場16箇所・41万錘に対して、外商は4工場・22万錘にすぎなかった。

　当初、日本は華商工場を買収することで進出をはかったが、第一次世界
大戦が勃発し欧米諸国が中国に進出する余裕がなくなったため、その間隙
に乗じて次々に工場を建設した。昭和8年（1933年）には華商工場89箇所・
264万錘、英系工場3箇所・18万錘に対し、日系工場は41箇所・179万錘
の多きを数えるに至った。上海では、上海紡、日華紡、華豊紡、内外綿、
同興紡、公大紡、東華紡、大康紡、豊田紡および裕豊紡の各工場が軒を連
ね天津・青島等数多くの工場が進出した。

　このように、わが国の紡績と中国紡績との関係は密接であるのにもかか
わらず、同窓の紡績会社への入社は比較的少なかった。

大日本紡績

　大日本紡績（現在ユニチカ）は、明治22年（1889年）に創設された尼
崎紡績に始まる。上海・天津・青島・その他各地に工場と営業機能をもっ
ていたが、同窓で入社したものは僅か18人に過ぎない。

期	氏名	活躍の状況
8	岡田　達一	宮川毛織工場の合併で入社。戦時中、上海の仏慈製薬廠の専務を務めた。
11	大和　籐七	書院から直接入社した草分け。青島大康紗廠、上海営業所長、中支総事務所長等を経て、大和田カーボン工業の社長に転じた。
12	川村臣三郎	青島工場人事主任を最後に退社し、興亜院に転じた。
14	畠　佐十郎	上海大康紗廠、東京営業所長、無錫の慶豊紗廠を経て終戦までフィリピン勤務。戦後、月瀬鉱業所長を経て傍系の鳥居工務店の専務に転じた。
18	原　吉平	大日本紡績社長。のち、ニチボーと日本レイヨンの合併後はユニチカの会長。

期	氏名	活躍の状況
		昭和2年（1927年）には外務省派遣東亜経済調査旅行団員として主としてアフリカを視察、昭和9年の日蘭会商には長岡大使に随行してジャワで半年間駐在、昭和10年の日埃会商には笠間大使に随行して7ヶ月間カイロに滞在した。 　終戦時、商務部副部長。終戦により会社首脳部が公職追放されるや取締役となり、昭和24年から18年にわたり社長として在任。昭和44年、ニチボウと日本レイヨンの合併後はユニチカの会長となった。その間、日本紡績協会会長に推薦され、戦後日本の紡績業界の復興発展と綿製品の輸出に尽力し、その功績で勲二等瑞宝章を受章。さらに、日本貿易振興会の理事長を2期つとめ、勲一等瑞宝章を受章の栄に輝いた。 　戦後は日中貿易の促進に尽力し、吉田書簡により破棄されたとはいえ、各界に先駆けてビニロン・プラントの対中輸出契約を締結。昭和39年の東京オリンピックで優勝したニチボウ貝塚の女子バレーボールチームを率いて北京を訪問。このとき、ビニロン・プラントの成約を支援したこともあり、中国側から大歓迎を受け、周恩来総理とも会談する等戦後の日中経済・文化交流に先駆者的役割を果たした。また、永く滬友会副会長、大阪支部長をつとめ、同窓のために尽力した。
	岡崎　勝造	退社後、牧場経営。
	改田　陸郎	退社後、青島で運送業自営。
19	大西恭四郎	戦前は、仏印・タイへ派遣され、また日本棉花協会に出向。戦後は、総務部長、監査役を経てオーツタイヤ専務、岡山の中国鉄道の専務等を歴任。
	山口　勇男	退社後、泰安紡等に勤務。
21	藤永卓一郎	大康紡で上海・青島・天津の各営業部門を担当、在華紡棉花協会等にも協力。また、傍系製薬会社を復興経営した。
22	湯浅　之夫	青島工場人事主任、上海天章造紙廠支配人を歴任。
27	中浜　三郎	中国各地の営業所、工場勤務。戦後は尼崎工場長などを歴任。
	加藤　隆徳	早逝した。
32	馬場　三郎	中国各地に勤務。戦後は各工場の労務課長、工場長代理を歴任。
33	岩本　頼人	戦前は天津、戦後は国内各工場勤務後、ビニロン部長となり、のち「山松」常任監査役。
40	佐藤　泰司	戦前は上海工場、中支事務所勤務。戦後は住宅産業部長、香港事務所長兼宝冠紡織廠経理等を歴任。現在は阪奈開発の常務。
42	増田　幸雄	書院から京都大学卒で入社。財務、子会社関係業務に従事、ユニチカ・ケミカル、日本エステル等に出向。現在は、ニッコールの専務。
44	芝田　真躬	書院から京都大学卒で入社。庶務課長、事務管理部長を歴任後、日本エステル取締役。

鐘　紡

　鐘紡は支那事変（昭和12～14年）後、急速に大陸各地に進出し、紡績・毛織・皮革・鉱山・農場・牧場等広範囲にわたり、30有余の工場、または事業所を建設ないし買収、あるいは受託してめざましい進出ぶりを示した。その陰にあって、常にパイオニア的な役割を果たし、荊の道を切り拓いた同窓の活躍は見逃せない。鐘紡に入った同窓は17人であった。

期	氏名	活躍の状況
16	有馬　捨己	鐘紡から金剛莫大小（メリヤス）に転じ社長になった。のち、メリヤス工場を自営。
18	森　　政忠	鐘紡から外務省に転じた。
19	宮田　清蔵	上海公大第二紗廠から北支棉花協会業務部長に転じ、ついで、華北紡績工業会に入り、業務部長、企画部長、総務部長を歴任。戦後は、富山非鉄金属協同組合常務理事を経て日興鉱業代表取締役。
	大江　　広	戦時中、阿南彰徳軍管理第一廠長となり、次いで江蘇海門軍管理江北興業公司第三廠長に転じた。のち、華中棉花統制会監査部長、江北棉花協会理事のとき終戦。戦後は長崎県コンクリートブロック工業組合専務理事。
	黒田　五一	鐘紡から満洲化学工業に転じた。戦後は西日本陶管連盟東京事務所長その他を歴任。
20	田所　恒定	公大第一紗廠から華中棉花協会検査部長に転じた。戦後は日本棉花裁定協会に移った。
	吉田　敬愛	青島工場から興中公司に転じた。
	天野　清生	公大第二紗廠から万和天津支店長となった。戦後は四日市市中小企業相談所長。
	土屋　文男	張家口毛織工廠廠長、本社用度課長をつとめた。
21	釜沢　軍一	夭折した。
22	宇田　　修	奉天康徳染色公司から上海華中蚕糸に転じた。
26	遠藤章三郎	のちに東洋大学に転じた。
	福岡　英明	満洲国建国時、興安西省阿魯科爾沁旗公署に転じた。
	福満　　篤	奉天省盤山県の金融合作社に転じた。戦後は鹿児島で高校教諭となった。
27	川瀬　　清	公大第一紗廠から戦後は岐阜県で日華産業を自営。
	長田　陽一	上海公大第三紗廠から大治の日鉄に転じた。戦後は八幡製鉄の各部を歴任。
	吉岡　四郎	公大第三紗廠から青島日華興業に転じた。戦後は大阪日新運輸に勤めた。

帝　人

帝人には帝国人絹時代からの同窓が3人、その後2人が入社した。

期	氏名	活躍の状況
15	古川　清行	終始営業畑を歩き、販売部長から東京支店長を経て取締役に。昭和39年、関連会社に転じた。
17	甲斐多聞太	人事労務管理部門に専念。本社支配人から子会社の責任者となる。テニスに異常な情熱を注ぎ、帝人庭球部に尽くすところ大。80数歳になっても庭球部に籍を置いている。
20	岡口規矩二	終始工場に勤務し、一時、子会社に転じた。
36	松野　稔	戦後子会社・広島硝子工業に入社し、取締役を経て社長になった。
45	塩見　義基	帝人商事に出向。その後、タイ・フィラメント副社長、ファリアン取締役経理部長を歴任したが、自営のため退社した。

東洋紡

東洋紡には次の7人が入社した。

期	氏名	活躍の状況
17	畑生　国彦	裕豊紡上海工場に入社。中国各地勤務を経て満洲恒化工業常務で終戦。帰国後、東邦商事（のち東洋紡実業）の常務となる。
18	西岡　幸三	唐山華新紡および厚和製粉の社長、ならびに北支の東洋煙草公司董事を歴任。戦後は新興産業取締役。
19	田中　信一	裕豊紡上海工場に入社。東洋紡本社、工場勤務を経て中国に渡り、天津工場建設に従事。北京営業所長、唐山製鋼の常務を歴任。戦後は中林綿布常務、四日市メリヤス（現東洋ニット）社長となる。
33	一瀬　誠	裕豊紡上海工場に入社。戦後は八雲化学に移り、のち貿易会社を自営。
34	田中　忠夫	東洋紡武昌製錬工場に勤務。戦後は本社に戻り、のち「岡本」取締役に転じた。
37	佐藤　人実	本社、各工場勤務後、関係会社に転じた。
44	功力　健次	呉羽紡に入社したが合併により東洋紡に転じ、事業開発総括部参事となる。

同興紡

　大正9年、中国に本社を置く純然たる在華紡績として創立された。上海に紡績工場2ヵ所、印染工場1ヵ所、青島に紡績工場1ヵ所、天津にメリヤス工場、針金・釘工場各1ヵ所を有し、異色の紡績会社であった。終戦とともに接収されたが、昭和35年、名古屋で再建に成功した。同窓は以下のとおり5人。

期	氏名	活躍の状況
18	八波　石水	青島工場長、本社事務部長、天津出張所長および関係会社役員を歴任。戦後、名古屋で工場を再建し社長・顧問となる。
	横田　正雄	引き揚げ後、個人企業で活躍している。
20	小高　浩	引き揚げ後、個人企業で活躍している。
23	石川　務	引き揚げ後、水戸で中学校の教師をつとめている。
41	立川　正文	創業者・立川団三の後継者で、名古屋同興紡の再建から参画し、八波のあとを継ぎ社長となった。将来を期待されていたが、急逝した。

富士紡

富士紡にはつぎの 4 人が入社した。

期	氏名	活躍の状況
12	米元　英雄	満洲・遼陽の富士紡系の満洲紡績に転じ、総務部長、新京所長となったが、終戦の混乱期に死去。
19	百瀬　陸郎	安東工場長から満洲紡績に移り経理部長。さらに済南の日華合弁・済南染色の代表取締役、北京の東亜被服の専務となった。戦後は富士機工専務、日加工業およびジャパン・エンジニアリングの役員を歴任した。
	宿本楢治郎	安東の醋織布工場の専務となった。戦後は日本特紡協会、エンジニアリング、理化学成型などに勤務。
	細田常次郎	夭折した。

豊田紡織

期	氏名	活躍の状況
5	石黒　昌明	外務省嘱託から伊藤忠に入社し、中国各地に勤務。大正 8 年頃、上海で紡織会社設立を計画していた豊田紡績の始祖・豊田佐吉および伊藤忠初代社長の伊藤忠兵衛に勧められて豊田紡織廠の設立に参画。昭和 3 年には常務となった。 ※石黒昌明は、2017年のノーベル文学賞を受賞したカズオ・イシグロの祖父である。
44	藤井　利勝	京都大学卒でトヨタ自動車工業紡織部に入社。一貫して営業畑を歩き、専務となり活躍。

上海紡

期	氏名	活躍の状況
13	村上　辰治	上海・天津の工場に勤務。
23	江口　宣介	上海工場に勤務。戦後は熊本の中央紡績、三友エージェンシーに勤めた。

棉花協会

期	氏名	活躍の状況
7	富士木鷹二	総務部長。後藤理事長の下で縦横の活躍をした。
	奥田　沢司	企画部長。後藤理事長の下で縦横の活躍をした。
8	後藤　禄郎	在華紡績同業会・天津支部理事となり、紡績事業発展に尽力した。大東亜戦争以降、華北における綿花獲得の一元的統制機関となった北支棉花協会の理事長になった。
9	藤原　忍	業務部次長。後藤理事長の下で縦横の活躍をした。
19	富田　清蔵	業務部長。後藤理事長の下で縦横の活躍をした。
22	永淵　周造	中日棉花協会での活躍は見逃せない。
23	佐藤　克己	在華紡、日本紡績協会における活躍は見逃せない。

(5) その他の会社

日清製油

日清製油には70年の歴史がある。その社名が示すとおり中国との関係は深く、同窓の活躍はめざましい。

期	氏名	活躍の状況
4	村岡敬四郎	傍系の日清化学の社長となった。
6	世良　一二	関東大震災後常務に抜擢され、30余歳の青年重役として満洲特産品の貿易に活躍。在職20余年。のち退職して京城で第一殖産・京畿産業等を経営し、再度満洲に進出して満産産業社長、康徳産業社長を兼任した。戦後は大洋通信電機の社長となった。
	石川　仁平	関東大震災後常務に抜擢され、30余歳の青年重役として期待されたが、惜しくも他界。
15	飯塚　雅蔵	長らく大連支社に勤務して常務・大連支社長となった。
17	青柳徳太郎	ハルピン支店長から中銀に入り、さらに大興公司に転じて総務部長から常務となった。
18	伊藤　剛介	終戦時、ハルピン支店長。戦後、満洲の特産物に対する豊富な知識と経験を買われ中国側に留用され、昭和25年帰国。その後常務となり、社業の発展に尽力。
20	青木　槇太	若くして退社。
21	坂口　幸雄	昭和30年に社長となり、現在は会長の要職にある。昭和47年には勲三等旭日中綬章を受章。経団連・関経協の常任理事。また、世界製油業者協会の副会長として海外で知られ、壮者を凌ぐ活躍ぶりである。
22	横田　桂	やがて、専務となった。
23	毛利　攻	
30	山田　康雄	昭和29年に死去。

期	氏名	活躍の状況
36	岡島　　正	終戦時、興安嶺山中で戦死。
38	森　　精市	日清保険サービスの専務。

華中鉱業

　昭和13年4月、揚子江流域の鉱産資源開発のため、中支那振興の子会社として日本製鉄が主体となって設立された国策会社である。日本側は現金出資、中国側は鉱業権出資の形式をとった日中合弁会社である。

　設立時、日本製鉄にいた同窓は加藤広夫（23期）と伊藤正己（26期）の2人のみ。当時、加藤は北支関係の業務に従事していたため、伊藤が出向を命じられ上海に派遣された。伊藤は業務を遂行するには書院同窓の協力が絶対に必要と考え、馬場教授に要請し、中馬靖友（27期）の入社を実現し、その後さらに数人の同窓が入社。昭和14年度からは毎年卒業生3人を迎え入れ、約30人の在籍者を数えるに至った。

　当時の華中鉱業は、鉄鉱石・蛍石・銅鉱石の開発が3本柱で、昭和13年から同19年までの採掘量は鉄鉱石569万7千トン、マンガン鉱6万2千トン、硫化鉄鉱3万9千トン、蛍石20万2千トン、銅鉱石3千トンの多きに達した。

　会社は仕事の性質上、中国各地に鉱業所または弁事処を次々に開設した。その場合、まず先遣隊を派遣し、その設営に当らせたが、そのときは必ず同窓の社員が派遣されるのが常であった。これは、地元中国人との接触、中国人労務者の管理等で、書院出身者がいかに重要な役割を果たしていたかの証左である。上海本社で、労務担当者会議が開催された場合、出席者の90％を書院同窓が占め、あたかも同窓会の観を呈していた。終戦直前、同窓社員の相当数が大動員で召集されたが、敗戦となるやそれぞれ任地や会社の集結地（漢口・馬鞍山・南京・上海等）に戻り、引き揚げ帰国に当たっては中国側各機関との折衝に大活躍をしたことが語り伝えられている。

期	氏名	活躍の状況
5	塙　　金吾	漢口弁事処開設時、先遣として派遣された。
12	南出　真演	
24	築地多計士	
26	伊藤　正己	日本製鉄から派遣され、書院の馬場教授に懇願して27期中馬靖友

期	氏名	活躍の状況
		の入社が実現した。馬鞍山鉱業所開設時、先遣として派遣された。
	伊東　敏雄	
27	中馬　靖友	南京弁事処開設時、先遣として派遣された。
32	雨宮　治良	
	久保田重男	象山鉱業所開設時、先遣として派遣された。
33	渡辺主基雄	
34	脇田　五郎	
	光安　源市	
	中上　昌三	
	竹田　憲三	
35	橋本　昇	鳳凰山鉱業所開設時、先遣として派遣された。
	中園　静雄	銅官山鉱業所開設時、先遣として派遣された。
	佐藤　照勝	桃沖鉱業所、蚌埠および徐州弁事処開設時、先遣として派遣された。
	坂下　惣平	
36	松野　稔	武義鉱業所開設時、先遣として派遣された。
	尾見　博己	
37	佐藤　勇	
38	原田　留吉	義烏鉱業所開設時、先遣として派遣された。
	荻原　義久	
39	織本　貴光	
	坂本　浩	
	東　輝夫	
40	田沼　菊弥	
	小野　桂	
	重松　盛二	

満洲航空と中華航空

満洲航空…満洲事変後の昭和7年9月、満洲国政府・満鉄・住友の共同出
　　　　資で創設された。

中華航空…盧溝橋事件後の昭和13年12月、中国の特殊法人として創設さ
　　　　れた。

　いずれも、軍部の満洲・北支進出に伴い、国策会社としての特殊任務を
背景とした会社である。したがって、軍の指導力は極めて強かったが、奥
地の経済開発・文化交流等民生面で果たした役割は大きかった。

期	氏名	活躍の状況
		満洲航空
15	末松　米市	会計課長から終戦時、航空写真処副処長。
17	中富　貫之	経理部長から常務。終戦前、軍部と意見が合わず、退社。
	塩谷　俊次	朝鮮銀行から転籍し、財務部長となる。
20	金山　芳雄	会計課長。
24	吉川　義博	用度課長。
34	時乗　一雄	営業課員。
		中華航空
17	三井雄三郎	経理課長から東京支店会計課長となる。
27	橋本　義雄	満洲航空から中華航空設立のため派遣され、物動計画課長、会計課長等歴任。
29	桑島　信一	文書課長。

満洲電業と華北電業

満洲電業…昭和9年、満洲各地にあった電気事業が大合同され創立された「一国一業」の国策会社である。その中心は初期の満鉄電気作業所（のちに南満洲電気として独立）である。満洲電業に在籍したものは17、8人と思われるが、姓・名の明らかな者は次の12人。

華北電業…昭和15年、創立されたが、満洲電業同様、華北各地にあった軍管理工場が合併してできた国策会社である。日本側代表として副総裁に就任した同窓の1期・内藤熊喜を含めて6人となる。

期	氏名	活躍の状況
		満洲電業
5	末綱　畔	主席秘書役
8	高井　恒則	経理部長。後に満洲電化理事。
10	高橋　芳蔵	元鈴木商店・大連支店長。
	埜島　経太	中国語の諺語書きのよくできる人・俳人。
23	多門　登	動員局次長。才物で、多門を中心に後輩は集まった。
24	尾野　四郎	
	矢野　一郎	
25	秋田　四郎	
	大西　槐三	
26	法林　一麿	
29	河本　靖	

期	氏名	活躍の状況
30	山本　臣	
	華北電業	
1	内藤　熊喜	華北電業副総裁。
20	若林　武雄	初代・人事課長。
26	法林　一麿	満洲電業から転じ、人事課長。
38	窪田元次郎	
39	今田　章	
40	吉田　倬三	

東洋拓殖

東洋拓殖は、韓国の経済開発を目的として、明治41年に創設された半官半民の国策会社である。

当初は、韓国に対する移民奨励、韓国農業者に対する資金の貸付、各産業界への投融資が主であったが、大正6年、東洋拓殖株式会社法が改正され、営業区域はアジア全域に拡大された。大正7年当時、中国における店舗は北京・天津・青島・上海・張家口・大連・奉天・長春・ハルピン・チャムス・間島の多きを数え、その事業も綿作事業（中支裕華墾植公司、新農墾植公司）、製糖業（サイパン南洋興発）、製粉事業（上海・蘇州・無錫・蕪湖）と国策会社的性格を強めた。

東洋拓殖は、終戦とともに、閉鎖機関に指定され、38年間にわたる活動に終止符を打ったが、国策会社としての使命達成に貢献した書院同窓は次の16人である。

期	氏名	活躍の状況
6	栗田　実	大正10年朝鮮総督府から入社。済南駐在所勤務。
18	宇賀治孝臣	中国各駐在所勤務後、上海支店長。
	河西　孝一	青島支店入社。天津で病没。
	金谷　忠次	入社、まもなく退社。
	中島　章	大連支店入社、まもなく病没。
19	栂野清兵衛	綿作事業に取り組み、江蘇省の実力者・張謇氏と提携し、裕華墾植公司・新農墾植公司を設立、最新式の開墾棉田を完成し、良質の綿花生産に貢献。その功績は大なり。帰国後、富山競輪常務、大協物産常務を歴任。
	和田　平市	朝鮮・満洲の各支店で活躍。
23	森　春雄	大連・天津勤務後、満洲国に転出。

期	氏名	活躍の状況
28	井口　保夫	東京本社から木浦・天津勤務後、北京支店次長で終戦。
	中島嘉一郎	東京本社から奉天勤務後、青島支店次長で終戦。
34	楠城　正巳	中国各地に勤務した。
37	清水　広	中国各地に勤務した。
38	清水健次郎	中国各地に勤務した。
40	芹沢　五郎	中国各地に勤務した。
	岡本　健	中国各地に勤務した。
	利田　幸雄	中国各地に勤務した。

東亜興業

　東亜興業は対華投資を中心に、南潯鉄路借款、京綏鉄路借款、井富鉄路借款、有線電信借款などのほか、済南博益製糖借款、電灯借款、上海宝成・申新両紡績借款等があった。また、上海において銀資金600万円を運営融資し、邦人の不動産取得、居住の安定をはかり、併せて共同租界の市参事会員選挙権を増大ならしめる有力な素地を作った。

　東亜興業には、日清貿易研究所出身の白岩龍平が常務となり、同じく郡島忠次郎が済南担当幹部であった。書院出身者は次のとおり。

期	氏名	活躍の状況
7	増田　省吾	宜昌電灯公司に出向。のち新京の大隆号に転じた。
12	古田　早苗	南京駐在員から上海支店長となった。その後、東京の泰平組合に転じた。
17	外間　政恒	漢口勤務後、満洲国監察院、外交部を経て華中水電公司に移った。次いで、汪政府財政部海州塩務管理局、上海特別市財政顧問となり終戦。戦後は沖縄にあって沖縄中小企業連合会会長。
18	野崎　駿平	書院教授に転じた。
19	吉木　正光	上海・新京に勤務し、戦後は大栄工業の取締役。
20	今鷹瓊太郎	上海・東京に勤務し、戦後は三重県で高校教諭。
30	大庭　永次	上海で終戦。

大冶鉄山

　明治32年、官営八幡製鉄所は漢冶萍公司（大冶鉄山および漢陽鉄廠を経営）と大冶鉱石の輸入契約を締結し、支那事変までは横浜正金銀行からの借款により、規模の拡大をはかった。大冶に出張所を設置して日中関係は平穏友好裡に終始した。同出張所には23期の加藤広夫が駐在していた。

昭和13年10月、支那事変により大冶鉱山の諸施設は破壊されるに及び漢冶萍公司はその経営を日本側に委託したので、日本製鉄は同年12月、大冶鉱業所を設置し経営に当った。大冶鉱業所の最盛期（昭和18年10月）、従業員は邦人1,048人、中国人10,550人を数え、採掘した鉄鉱石は500万トンに達した

　書院同窓は、指導者として迎え入れた漢冶萍公司の日本人顧問・江口良吉（2期）のほかに3人がいた。

期	氏名	活躍の状況
2	江口　良吉	指導者として迎え入れられた漢冶萍公司の日本人顧問。
27	長田　陽一	公大紡から入社。その後積出港の石灰窯で中国人関係業務を担当した。終戦まで大冶鉱業所の運営にあたった。
35	吉田　哲郎	現役兵として入隊。
	岩橋　恒治	大冶鉱山で中国人関係業務を担当した。また、機関車暴走事件に巻き込まれて左脚大腿部を切断したが、終戦まで大冶鉱業所の運営にあたった。

東亜煙草

　東亜煙草には、次の5人が勤務していた。

期	氏名	活躍の状況
9	前川力太郎	鈴木商店から移り、上海・奉天・東京等に勤務した。
22	渡辺　三朗	奉天市政公署に転じ、戦後は福井経済調査庁第一部長。
	間宮　恒	主として奉天にいたが、終戦時には東京本社資材課長であった。
23	平田　春彦	奉天から華北煙草の販売課長になった。
24	岩田　良一	奉天省公署に転じた。

7　金融界

　我が国の銀行界が中国とかかわりをもったのは、比較的新しい。日清戦争で勝利を得たものの、三国干渉により列強の威力を見せつけられた頃の我が国銀行界は、中国を金融市場と見るだけの実力に欠け、わずかに横浜正金銀行が明治26年（1893年）に上海に支店を開設したに過ぎない。

　次いで、明治の末期に台湾銀行、大正末期に朝鮮銀行が上海に進出したが、その間約四半世紀近い空白がある。支那事変の末期、上海に店舗を構えた邦人系銀行（地場銀行を除く）には前記3行のほか、三井・三菱・住

友の３行があり、併せて俗にいう「６大銀行」と呼ばれていたが、後者の財閥系３行は上海に支店を有するのみで、広く中国に進出したのは国策的使命を帯びた前記３行のみであった。

　したがって、書院同窓の就職先は、正金・台銀・朝銀に集中していた。戦後、正金は東京銀行となり、台銀・鮮銀の両行は閉鎖機関の指定を受け消滅した。また、満洲国の成立により誕生した満洲中央銀行・満洲興業銀行には多くの同窓が活躍していたが、終戦によりその職場を失った。

　銀行界に職を得た同窓の足跡を尋ねるにあたり、まず前記３行における同窓の一覧を掲げることにする。

横浜正金銀行　台湾銀行　朝鮮銀行への就職者一覧

期	横浜正金銀行	台湾銀行	朝鮮銀行
1	鮫島三雄　片山精一		
2	川上市松　大野　弘　中川芳郎　利根川久		
3	田中徳義　森田元治郎		
4	北脇寛造　森　美材		
5	鶴田　龍		
6	鉄林　昶		
10	中村豊秋	上田省一	
11	石原栄次郎		※浦川秀信
12		門田繁勝　水田一郎　古江雄吉	島津清一郎
13	島田佐七	成田豊勝　森繁雄	藤田稠夫
14	住田　肇	大谷義忠	中川喜久松
16		重松善信	富原守保
17		紀野光彰　栗山新三　新上吉三郎	塩谷俊次
18	公門　仲　○吉野俊介　○三沢　温		※佐藤寛一　三島恒彦
19	富田　稔　専頭秀治　井上貞一		
20		江野弘士	
21	○比嘉良行　○小島慶作		※鋤柄治三郎
22	岩田運之丞	国井俊明	
23	2		中原　亨
24	○有吉正義　○原口輝雄　○井上　進		

期	横浜正金銀行	台湾銀行	朝鮮銀行
28	○五島利一　○三木善吉		※三好　宏
29	○田中聰助		田口末雄　※山崎正夫
30			志波正男　三谷津久夫
31	○辻　武雄		坂井義雄 ※三浦計太郎
32	○宮西喜作　○久保田重男		
33	○古賀優雄　○名越吉備雄	伊藤睦郎　藤原　德	
34	○山本　桓　○福地　稔	森内正夫　赤松良一	田辺正登
35		田村　忠	
36		佐藤熙喜	
37		内田聯平　前田知德 深堀吉郎	加藤大助
40	○久保　徹		
計	39人（○印18人）	22人	19人（※印6人）

注…①正金の○印は戦後東京銀行へ移籍。②朝銀の※印は満洲興業銀行へ移籍。

横浜正金銀行

　横浜正金銀行は明治13年（1880年）、国立銀行法に基づいて設立され、我が国の代表的外国為替銀行として広く海外に支店を設立し、明治26年に上海に支店を開設した。日清戦争後の我が国は列強に伍して中国との関係が深まり、殊に列強の経済進出が激化する中で、正金は対清借款団における日本政府を代表する窓口となった。また、日露戦争に勝利した結果、満洲・関東州における銀行業務の拡大、北京政府に対する借款業務の取り扱いなど、中国事情に明るい人材を必要とした。書院同窓は、前記一覧のとおり1期から6期までに12人の同窓が入行している。下表は消息の判明した者について紹介する。

期	氏名	活躍の状況
1	鮫島三雄	後年、鹿児島の147銀行に移り、各地支店長を経て、南薩鉄道の社長となった。
2	大野　弘	日露戦争後、遼陽支店の開設に尽力。のち、長春支店を経て在職10年で退行。大正3年、漢冶萍公司の設立に伴い監督補佐として同公司に入社。
	利根川　久	天津支店副支配人から中華滙業銀行に転じ専務理事となった。後年、日本興業銀行に籍を置いた。
	川上　市松	北京・営口の支配人を歴任。満洲中央銀行の設立にあたり、創立委員の一員として正金から派遣され、創業に参画した。

期	氏名	活躍の状況
5	鶴田　龍	北京支店時代、対清借款団の事務を担当。5か国借款団会議が開かれた際には渡米し、その後、ロンドン・ハルピン・漢口に在勤、アレクサンドリア支配人を経て本店業務部長、常任監査役となる。退任後は、大倉洋紙の専務となった。
6	鉄林　昶	北京支配人心得から満洲中央銀行の創立に参画。のち、検査課長、ハルピン総支配人となり、のち満洲林業総務理事に転出。さらに、親和木材社長、満洲硫安工業の理事長を兼ねた。戦後は、新音電機社長、森本組監査役を歴任した。
10	中村　豊秋	南方各地の支配人をつとめ、インドネシアで活躍した。
13	島田　佐七	参事となり、天津の三昌洋行に転じた。
14	住田　肇	1年で退職。書院助教授を経て、満洲の正隆銀行に入る。さらに、桜ビール、日曹人絹パルプ、太平洋鉱業マニラ支店長となって銅・鉄鉱石の内地輸入に活躍した。
18	公門　仲	満洲中央銀行に派遣され、同行の大連・ハルピン支店長を歴任。さらに、興農金庫設立にあたっては特に選ばれて首席理事となり、興農合作社中央会の理事も兼ねた。戦後は、岐阜の十六銀行の役員となった。
	吉野　俊介	戦後、東京銀行に移籍、各地支店長を歴任。
	三沢　温	戦後、東京銀行に移籍、各地支店長を歴任。
19	富田　稔	満洲中央銀行へ移籍。戦後、奈良の三栄相互銀行の専務となる。
21	比嘉　良行	戦後、東京銀行渋谷支店長で退職。郷里沖縄に帰り、沖縄銀行頭取になり、那覇商工会議所会頭を兼務。
24	有吉　正義	東京銀行カルカッタ支店長から監査役へ。
33	名越吉備雄	東京銀行九龍・シンガポール各支店長。
	古賀　優雄	東京銀行バンコク支店長からアジア部長を経て、常任監査役へ。
34	福地　稔	東京銀行シンガポール支店次長をつとめた。
40	久保　徹	東京銀行九龍支店長から検査役となり、在任中。

台湾銀行

　明治32年、台湾の中央銀行として発足し、海外では華中・華南に進出した。上海に支店を設立したのは明治44年11月のことであり、同行への書院同窓の就職は少ない。

期	氏名	活躍の状況
10	上田　省一	派遣されて中華滙業銀行の設立に参画した。後年、西原借款の善後処理に功績があった。
12	古江　雄吉	在職10余年で辞し、農林中央金庫に入り、のち理事となって戦後の農村金融に尽力。さらに、肥料公団副総裁になった。

期	氏名	活躍の状況
14	大谷　義忠	在職20年にして、蒙疆銀行に聘され北京支店長、業務部長となった。さらに、中国聯合準備銀行の設立に伴い顧問室に勤務し、冀東銀行の顧問を兼任した。

朝鮮銀行

　明治42年11月、朝鮮の中央銀行として設立された。当時、我が国の朝鮮・満洲経営が急を告げる時期にあたり、大正２年にはそれまでの正金銀行の発行する兌換券が流通する関東州および満鉄沿線には、政府の方針により、それに代わって朝鮮銀行券の流通が認められ、朝鮮銀行は大連をはじめ満洲各地に進出、支店網を広げた。

　昭和12年１月、満洲興業銀行が設立されるにあたり、朝鮮銀行の在満支店20ヵ店と全行員をすべて譲渡し、その母体となった。また、支那事変の勃発にともない、華中・華北、殊に華北の占領地区全域にわたって進出し、終戦時の店舗数は華北36店、華中５店の多きに達した。

期	氏名	活躍の状況
11	浦川　秀信	満洲興業銀行に移籍、のち満洲鉱業開発へ移った。
12	島津清一郎	上海勤務の後、北支太原地区を総括し新義州支配人で終戦。
14	中川喜久松	満鉄へ転出。
16	富原　守保	華北前線の支店長を歴任。戦後、郷里・沖縄で琉球銀行設立に参画、総裁に就任。沖縄の金融・経済界の発展に尽力した。
17	塩谷　俊次	上海勤務の後、華北に移り、さらに満洲航空へ転出し財務部長に就任。
18	佐藤　寛一	満洲各地に勤務。満洲事変のときは治安維持会の委嘱を受けて東三省銀号とその付帯事業の管理責任者となった。満洲興業銀行に移籍後は各地支店長を歴任。戦後は東京相互銀行から第一相互銀行の常務に迎えられ、同行の再建に尽くした。『謎の老大国』のほか多数の著書がある。
	三島　恒彦	満洲各地に勤務の後、冀東銀行の設立にあたり同行顧問に派遣されたが、不幸にも通州事件に遭遇し尊い犠牲となった。
21	鋤柄治三郎	満洲興業銀行へ移籍して各地支店長勤務。
23	中原　亨	上海支店副支配人で終戦、被接収業務の責任を全うした。帰国後、九州・久留米に九州紡網（のち第一紡績と改称）を創設し専務に就任。新々紡績界に異彩を放つ。
29	田口　末雄	聯銀顧問室付きのちき引き揚げ。のち福岡の正金相互銀行の取締役となる。
30	志波　正男	済南から引き揚げて、正金相互銀行の創設に参画。さらに、日本不

期	氏名	活躍の状況
		動産銀行（日本債権信用銀行）に移り、常務となる。退任後は山梨県にゴルフ場を建設して社長となる。

日本銀行

　日銀における同窓の入行は、20期の金子繁太郎を嚆矢として、次の11人である。

期	氏名	活躍の状況
20	金子繁太郎	満洲中央銀行の設立にあたり、大沢副総裁に随行して同行へ移り、終戦時は経理局次長。日銀へ戻り、出納局次長のとき、急逝したのが惜しい。
22	中島　才治	戦後、外事局勤務中早世した。
23	松本　良幸	国庫局総務課長から名古屋銀行協会常務理事に転出。
24	林　　清人	富山事務所長、文書局調査役を経て阪神相互銀行の取締役に転出。さらに、但馬銀行調査役に転じた。
28	遠藤　　進	中央儲備銀行に派遣され、南京総行を経て漢口駐在の顧問補佐時代に終戦。戦後、金融戦犯に問われて投獄、12年の刑を受けたが再審を申し出て無罪となる。帰国後は、鹿児島支店長を経て大阪銀行協会専務理事となった。
30	替地　大三	戦時中、上海・バンコクに駐在して占領地区内中央銀行の設置に貢献。戦後、為替管理局総務課長で退任。のち、塚本総業常務、高千穂交易常務を経て電算機販売の千代田情報機器を興して社長となった。
35	渡辺　長雄	戦後、香港事務所を開設、アジア調査課長、松山支店長を経て海外経済協力基金へ業務部長として出向。退行後は日興リサーチセンター常務のかたわら日興証券顧問。目下、経済評論家として売り出し中。『カントリー・リスク』等の著書あり。
38	久保田太郎	考査局、岡山支店、調査局の調査役を歴任。『台湾経済』の著書がある。
40	瀬戸　貞夫	考査局、統計局の調査役を経て福岡銀行協会事務局次長となった
43	松崎　利夫	6年余りで退職。
46	玉置　孝	書院から東大卒後、入行。高松支店長を経て目下、営業局長の要職にある。

三井銀行　三菱銀行　住友銀行　日本興業銀行

期	氏名	活躍の状況
		住友銀行
13	大工原友一	早く退職して独力で東京プレス工業を興し社長となる。社業は大いに発展した。

期	氏名	活躍の状況
14	石田　耕一	
	大杉　義雄	
15	川口　憲一	
16	南　透一	
18	岩本　軍男	満洲国の委嘱を受けて営口商業銀行の設立、営口過炉銀行の整備にあたり、同行支配人となった。しかし、華北に聯銀が設立されるに及び同行顧問室付きに迎えられ、総務部長を経て天津河北銀行顧問となった。
22	徳丸　巌	
23	加納　吉松	
24	鎌田　健吉	
25	児島真一郎	
27	深水　春夫	
29	田中　政治	
37	上野　有造	
40	佐味謙太郎	
	百瀬　源	
41	小倉　義信	書院から東京大学を出て入行。アメリカ勤務が長く、現在、専務でロンドンに駐在。
45	鈴木　雍	書院から神戸経済大学を出て入行。専務から住友クレジット・サービス社長に転じた。
	瀬古　由郎	書院から愛知大学・神戸経済大学を出て入行。取締役から日本電気の専務に就任するなど、異例の出世街道を歩いている。
		三井銀行
15	雑賀　広充	
16	宮本栄太郎	満洲中央銀行設立の際に転出し、同行の育成につとめた。
17	浜田　実秀	
	清水　健二	
22	篠原　久司	
24	飯村　満	
45	樋本　浩二	
45	池子　俊夫	
		三菱銀行
13	富田　壽男	華語・英語の才に優れ、根津院長に請われて母校の助教授となる。のち三菱に入り、海外勤務を経て取締役となった。
24	小山　正延	後年、霞ケ関信用金庫の理事長となった。
31	染谷　春雄	戦後、関西に染谷クリニックを開設して成功している。
32	栗坂　健一	

期	氏名	活躍の状況
35	徳田　計資	
37	日野原朝典	
38	青柳　星美	
		日本興業銀行
2	利根川　久	横浜正金銀行から中華滙業銀行に入り、同行閉鎖後は西原借款の善後処理のため、同借款の債権者銀行（興銀・台銀・朝銀）の代表行である興銀に籍を置いた。
10	上田　省一	台湾銀行から中華滙業銀行に入り、利根川と同じ道を歩んだ。
17	三井雄三郎	永年勤続後、公正取引委員会事務局長に転出した。

満洲中央銀行

　満洲中央銀行は満洲国の成立に伴い、旧来の東三省官銀銭号、吉林永衡官銀銭号、黒竜江省官銀号、辺業銀行などの資産・負債および人事を吸収・継承し、昭和 7 年 7 月に設立され、満洲国における唯一の中央発券銀行として発足した。設立にあたっては日銀・正金はじめ邦人系有力銀行のほか満鉄から有為の人材を集めて準備がすすめられ、書院同窓でこれに参画した者が多かった。

　満洲中央銀行は、創立から閉鎖まで13年の短命に終わったが、終戦後も発行した銀行券の流通力はいささかも衰えることなく、民生安定に大きく貢献したことは特筆すべきことである。同行の発足により書院同窓では昭和 8 年卒の29期から正式採用が始まり、以降多数の同窓が在籍したが、活躍の期間は短く、全員が引き揚げ者として第二の人生を歩んだ。

期	氏名	活躍の状況
2	川上　市松	横浜正金から推薦・派遣。
6	鉄林　昶	横浜正金から推薦・派遣。
10	浜田　増人	
13	森　繁雄	台湾銀行から推薦・派遣。
16	久富　治	満鉄から。満鉄の代表として創立委員となり、設立後は筆頭秘書となり得意の中国語を駆使して活躍。
	宮本栄太郎	三井銀行から推薦・派遣。
18	公門　仲	横浜正金から推薦・派遣。
	城　慶次	中華滙業に入行し、同行閉鎖後は一時教壇に立ったが、当行設立により入行、各地支店長を経て昭和12年 8 月蒙疆銀行の前身となった察南銀行設立に参画。中央銀行復帰後さらに北支那開発に転出、

239

期	氏名	活躍の状況
		軍管理頤中公司の青島支配人となった。
19	富田　稔	横浜正金から。戦争末期、軍命を受けて漢口の中江実業銀行の指導育成を担当した。
	南郷　龍音	満鉄から。満鉄派遣スタッフのとして満洲国金融法、中央銀行法の起草に当り、影の人となった。戦後は久留米大学。鹿児島大学の教授になった。
20	金子繁太郎	日銀から推薦・派遣。
	鈴木　輝之	満鉄から。渡部銀行、東三省官銀銭号の接収事務を担当し、当行の設立に貢献した、
21	野副　重勝	三井銀行から推薦・派遣。
	柏原　公芳	
23	佐藤　彦次	上海銀行からその道のエキスパートとして迎え入れられ、創業期の同行の育成に貢献。帰国後、秋田相互の常務となり、多くの名誉職を兼任した。
24	南郷　武定	
	田辺　湊	
26	長谷川　勧	
27	森田　藤治	
	江下　清一	
	吉田　九郎	
28	妻木　正三	
	菅野喜久哉	
29	柴田　実	
	辻　平八郎	青和銀行の常務となった。
	岡田　卓穂	
	高根　一顕	
	手塚　操	
	乾　次郎	
	稲垣　信行	
30	城　繁雄	中国財務局から呉相互銀行に移って専務に昇進。
	松田　亨	
	林　太郎	
	勝田　一夫	
	小林　治助	
	和田　一朗	
	鈴木　丹司	
	梯　茂生	
	松見慶三郎	

期	氏名	活躍の状況
	中島　浩	大坂の相互信用金庫の理事長。
	若林　輝夫	
	中川　四郎	
31	北沢寅次郎	
	浜田　清人	
	藤本　俊策	
	津田　一男	
	高橋欽次郎	
	中川　義信	
	中井川信雄	
	徳野外志男	
	浅野徳太郎	
	塚田　喜文	
32	竹内　信夫	
	菊　　勝	
	棟元　栄次	
	下柳田英造	
	出口　将夫	
	済木　健次	
33	副島　清高	
	大賀　孝	
	大場　政孝	福岡銀行の常務。
	吉村　賢二	
	黒田　晋	
	渡辺主基雄	
34	山内　正朋	北九州財務局から十八銀行に移り常務。
	山本　正三	
	水野　鈴彦	
35	穴沢　健二	
	上野　善臣	
	松本　達雄	
	中島　俊吉	
36	江渕　薫	
37	今村　俊一	
	井上　道高	
	吉田　善以	

満洲興業銀行　興農金庫　蒙疆銀行

満洲興業銀行…昭和12年1月、満洲における一般商業銀行として日満合弁の当行が設立された。設立にあたって、満洲における朝鮮銀行の20店舗と行員が母体となり、邦人系地場銀行の正隆銀行と満洲銀行の両行を吸収・合体してできたものである。

興農金庫　　…昭和18年、戦時体制の長期化に伴い、満洲の農業振興をはかる目的をもって、従来の興農合作社から金融部門を分離し、新たに特殊法人の興農金庫が創設された。このとき、政府から筆頭理事に公門仲（18期）が任命された。また興農合作社からその代表として中島吾郎（21期）が理事に就任。

蒙疆銀行　　…昭和12年12月、察南銀行を前身とし、察哈爾地区の中央発券銀行として設立された。その創設にあたっては書院同窓が参画していた。

福徳相互銀行…戦後の混乱期に北九州・関西・東京方面を中心に、零細金融の「日掛貯金」が普及したが、当局の指導により、地区ごとに整理・統合されて「殖産無尽株式会社」となり、次いで「相互銀行」に衣替えした。現在の「東京相互・平和相互・名古屋相互・福徳相互および正金相互」の5行がその後身である。各行には書院同窓が多く一時は「同文書院銀行」と異名を流した。

期	氏名	活躍の状況
		満洲興業銀行
11	釈河野竜丸	正隆銀行から
	浦川　秀信	朝鮮銀行から
18	佐藤　寛一	朝鮮銀行から
21	鋤柄治三郎	朝鮮銀行から
25	新谷　音二	正隆銀行から
26	二川　薫	満洲銀行から。ハルピン支店長をつとめ、帰国後は四国財務局から高松相互に移り、専務に昇進。
28	吉岡　直	満洲銀行から

期	氏名	活躍の状況
	三好　宏	朝鮮銀行から
29	山崎　正夫	朝鮮銀行から
30	永友　霊	満洲銀行から。終戦の混乱時に、接収事務を管掌し、得意の中国語を駆使して重慶軍に留用されていた。
31	林　茂	満洲銀行から
	美和映二郎	満洲銀行から。山陰合同銀行の役員から米子ガスの社長へ転出。
	三浦計太郎	朝鮮銀行から。のち白洋汽船専務。
34	松林　浩二	
	野田　竜男	
		興農金庫
18	公門　仲	筆頭理事
21	中島　吾郎	興農合作社からその代表として理事に就任。
30	代元　正成	満鉄から参加した。
		蒙疆銀行
14	大谷　義忠	台湾銀行から。終戦前には業務部長の要職についた。
18	城　慶次	満洲中銀から
27	江下　清一	満洲中銀から
30	若林　輝夫	満洲中銀から移籍し、終戦時の混乱期によく同行の接収事務を管掌した。
		福徳相互銀行
1	内藤　熊喜	東京殖産無尽・取締役会長。
18	佐藤　寛一	東京殖産無尽・東京支店。
22	酒家彦太郎	常務
	中浜　義久	取締役
25	新谷　音二	支店長
26	法林　一麿	東京殖産無尽・大坂支店。のち専務に昇進。大阪支店は関西の福徳殖産と合併して福徳相互銀行となる。
27	数村吉之助	常務
29	飯谷　肇	東京殖産無尽・東京支店。
30	山本　臣	取締役
34	増永　行雄	常務

8　公認会計士

　戦前は、会計に関する検査・鑑定・証明等を行う「計理士」なる制度があったが、本格的な職業会計人としての道が開かれたのは、昭和23年、公認会計士法の施行により、新しい会計監査制度に基づく「公認会計士」

が誕生してからである。書院同窓で公認会計士は25人を数えるが、判明したものは次のとおり。

期	氏名	活躍の状況
11	片山　徳光	計理士・税理士を経て昭和40年、公認会計士登録。同48年には黄綬褒章を授与された業界の長老である。米寿を迎え、なお矍鑠（かくしゃく）としている。
13	下地　玄信	昭和24年、第2回公認会計士特別試験に合格。同34年には黄綬褒章を授与され斯界の草分け的存在である。
19	宜保　之則	
22	久松　金六	昭和24年、第1回公認会計士特別試験に合格。現在、監査法人・福岡センター会計事務所代表社員、同法人・長崎事務所長として活躍している。昭和37年、黄綬褒章、同46年、勲五等瑞宝章叙勲の栄に浴した業界の大先達である。
23	宮崎　俊重	
24	馬淵　悦男	
29	中山　清一	
	藤原　孝夫	
30	勝田　一夫	
41	松本　和夫	
	下村　行正	東京・杉並で公認会計士・税理士事務所
	松本　棟正	
42	坂田健太郎	
	森近　嘉人	センチュリー監査法人代表社員
43	松崎　利夫	
44	隈井　要	東京・中野区で隈井公認会計士事務所
45	酒井　恒久	

9　満洲国

満　鉄（南満洲鉄道株式会社）

半官半民の国策会社で、設立は明治39年、書院第3期生が卒業の年であった。

満鉄は日露戦争の結果、ロシアから譲渡された長春一大連間、その他の鉄道経営を中核として、製鉄・炭鉱・農業など経済開発を担当したばかりでなく、附属地の地方行政、社会文化をも掌握する全満洲経営の統合機関であった。

　初期において、書院同窓の入社は意外に少なかった。入社した者も満鉄本来の事業からすれば傍系の調査・情報関係が多く、鉄道などの本来業務に携わった者はほとんどいなかった。日露戦争後の満洲自体が植民地的雰囲気に包まれており、満鉄内には官学中心の官僚的空気がただよっていた。したがって、書院建学の精神「中国民族との提携・協力」という気風は見られなかった。このことが、書院生の満鉄入社を阻んだのではないか。しかし、後年、満鉄と書院の間で取り交わされた「満鉄から書院への給費生派遣制度」が生まれてからは、書院生の満鉄入社組が増えることになった。
　ここでは「満鉄給費生派遣制度」を境として、前期（19期以前）と後期（20期以降）に分けて状況を示す。
※「活躍の状況」が空欄は、把握できなかったことによる。

前期の同窓の活動（1〜19期）

期	氏名	活躍の状況
特	山田純三郎	最初に入社した。
1	野村　正	庶務課長として枢機に参画し、後年母校同文書院向けの「満鉄派遣生制度」を創設した功労者。※満鉄から同文書院へ、一定水準以上の留学生を派遣する制度。
	髙島大次郎	雲南総督顧問から満鉄入り。営口図書館長として中国人の子弟の教育、文化事業に一生を捧げた。
	岩間　徳也	南金書院院長として教育界に終始し、金州の聖者として慕われた。
	亀淵　龍長	満蒙土地旧慣調査で絶大な成果を挙げた。後年東大の末弘・我妻栄両教授の「中国土地制度調査委員会」に加わるなど中国土地問題の権威となった。著書『支那旧慣調査』あり。
	若林　兵吉	中国人子弟の教育に一生を捧げた。
	和地　永辰	
	横山　吏弓	情報畑に勤務。
	佐々木盛一	満蒙毛織から転じ、ハルピン公所長になった。
	田中　拳二	
	上田　賢象	
	野村　潔己	
	妹尾安次郎	
	加納　武昭	
2	井坂　秀雄	調査部で経済調査に従事。のちに中国実業公司に移った。著書『満洲経済調査』あり。

期	氏名	活躍の状況
	永尾　龍造	調査部で中国民族研究の権威となった。著書『支那民族誌』あり。
	横川安三郎	陸軍の通訳から満鉄へ。のち国際運輸に転出。
	西山　保壮	調査部を経て、東洋拓殖入社。
	森　　啓蔵	
	小田原寅吉	
	岡島　貞	
	新羅　祐三	
	斎藤　元昇	
	角谷八平次	
3	天海謙三郎	『満洲旧慣調査報告書』編纂の有力メンバー。一時、三菱総経済研究所に招かれたが、のち満鉄に復帰。中国慣行調査の顧問的存在となり、満洲土地制度研究の重鎮。
	三浦　義臣	渉外で活躍。満洲国建国後は財政庁顧問や弘報協会の理事になった。
	岡元　理治	
	岩橋　義隆	
4	足立直太郎	
	川上　又治	
	亀井　宝一	
	太田　惟一	
	重松　林	
	日高長次郎	満鉄から本渓湖煤鉄公司営業部長を経て自立し、鉄鋼材料の取扱いで産をなした。
	久保村道彦	傍系の大連汽船に転じ、戦時中、軍需工業へ移った。
	伊藤文十郎	調査課資料主任
	久保田　清	
	丸　　巌	
	森本栄次郎	
	権藤八洲生	奉天満鉄公所時代に調査活動をしていた。
5	末綱　胖	満洲電業に移って重きをなした。
	星　　武雄	蒙古調査で有名。著書『蒙古調査』あり。
	田中　階	
	阿南　鎮民	同文書院の寮歌「長江の水」がある。
	玉生　義郎	
	岡崎　弘文	
	芹沢　良策	
	石射猪太郎	上海総領事、東亜局長、ブラジル大使など外交界で活躍。
	小川　清	鄭家屯公所長も務めた。
6	梅津　理	

期	氏名	活躍の状況
	角徳　一郎	
	木谷　繁二	
	大藤　義夫	
	坂元藤三郎	
	松田秀五郎	
	梅原　俊明	奉天満鉄公所詰め。
	山崎　堅司	奉天満鉄公所詰め。
7	升巴　倉吉	撫順炭鉱で労務の権威といわれ、満洲国奉天省顧問、満洲労工協会で活躍。
	島田　好	調査関係に勤務。
	西村　潔	調査関係に勤務。
8	高井　恒則	撫順炭鉱、本社、奉天省顧問、満洲電業経理部長、満洲電気化学工業常務理事。
	高森　芳	山東鉄道を経て満鉄に入社、産業調査に従事。
	有馬　馴馬	関東都督府から満鉄へ。金州公学堂、営口商業学校等で中日人の教育に貢献。
	川村　宗嗣	主として奉天省附属地行政事務に従事。中国民法研究者として著名。
	佐藤　信二	
9	長野　勲	日本綿花から満鉄へ。華北交通参与となる。真面目な研究家で著書に『阿倍仲麻呂とその時代』『日本外交60年史』がある。
	松原　菊蔵	
	藤原　忍	
10	遠田　康	撫順で炭鉱労務を担当。
	野島　経太	張作霖の全盛時代7年間を目のあたりにして、奉天の満鉄公所で暮した。その間の渉外経験を『石榴のあだばな』に書き残した。
11	渡辺　勝美	
	中村　亮	
	星野　竜男	
	間生卯之助	
	守屋　剛二	
	大山　秀治	
	青木久我太	
	高久　肇	あとから入社し調査課配属。
	志村　悦郎	あとから入社し調査課配属。のち、上海事務所長時代に病没。
12	川井　正久	
	税所　謙助	
13	味岡　謙	
	志賀　秀二	のちに、通遼で満鉄公所長をつとめた。

期	氏名	活躍の状況
	里見　甫	
14	中川喜久松	朝鮮銀行から入社。上海事務所で調査活動。
16	久富　治	満鉄吉林公所長をつとめた。
	大宰松三郎	ハルピン事務所、包頭公所等を歴任して情報活動で名を挙げた。中国現代史、青幇の研究家としても知られている。
	大矢　信彦	北京事務所で調査・情報を担当。のちに満洲国通信社に転じた。
	竹内　虎治	調査課交通関係に従事。
	永淵　良次	鉄道関係から華北交通へ転じた。
	上野　誠一	
17	大友　狎	
	横尾　徳市	
	大島　繁	のち、華北交通水運局に転じ青島事務所長になった
18	中沢　博則	撫順・大同などで鉱山労務管理の権威となった。のち満洲国から北京の興中公司に転じた。
	愛甲　一	地方部不動産に関係した。
	紅林　卓次	撫順炭鉱で活躍。
	蛸井　元義	公主嶺農事試験場から自治指導部、満洲国参事官と満洲国郷村建設に心血を注ぎ建国の基礎工作に尽力した。
	谷本　碌治	同期の中で一番早く満鉄係長に昇進したが、早逝した。
	鎌形　幸作	主任に昇進し出世街道を驀進するかに思えたが、早逝した。
	木下　助男	
	久保　勇	
19	南郷　龍音	調査課で金融財政を研究、のち大学教授となった。著書『金融問題研究』あり。
	山田　弘之	調査課に入り、のち満洲国総務庁参事官文書科長の要職に転じた。
	新田　高博	上海事務所にあって調査情報特殊工作で大活躍した。
	衛藤　隅三	満鉄社員会消費組合を結成。のち、上海で弁護士。
	小野　武八	日清汽船から転じた。
	上杉　益喜	満洲国参事官で活躍。
	山口　勇男	
	藤山貞司郎	

後期の同窓の活動（20〜45期）

　満鉄は書院卒業生の入社を強く望んでいたが、希望者はまことに少なかった。満鉄の大蔵公望理事から書院１期生の庶務課長・野村正に、書院卒業生の誘致について相談があり、野村正が進言した「満鉄給費生派遣制度」が実現した。給費生の採用基準として、①現社員のうち採用１か年を

経過したものから数人と②全国の当年度卒業の中学卒業生の中から成績順位10％以内の者10数人を採用することとした。野村正は、全国各地を遊説し、その衝にあたった。

　大正9年（1920年）第1回満鉄からの派遣生18人（①4人、②14人）が書院20期生として入学することになった。第2回14人、第3回13人と以降引き続いて送り込まれ、最後までこの制度は続けられ、満鉄からの派遣生の数は130人に達した。

※姓名のうち、姓のみの表示にてはご寛容のほど。

期	氏名	活躍の状況
20	高谷	地方部。のち、満洲国吉黒塩務権運局顧問、満洲塩業会社役員と塩一筋。
	中山	
	高橋	調査課
	宮本	商工課
	松本	
	新井	興業部・鉱山関係
	加藤	華北交通
	岸水	
	松井	資料畑
	後藤	調査課。のち、安東副市長となり、中共軍の犠牲になった。
	富樫	農務課から、畜産会社に転じた。
	伊藤	鉄道関係
	大井	
	田草川	
	木村	
	鈴木	吉長鉄路
	岡田	
	滝田	
	甘粕	阜新炭鉱、鉄道関係
	村田	外務省から転じた。
21	水谷　国一	調査課で法制、資料課長を務め、帰国後は国会専門委員、予算委員会調査室長となった。著書『支那における家族制度』などがある。
	田中	吉林満鉄病院・満洲国農務関税関係で名を挙げた。
	万沢	鉄道部から華北交通に転じた。
	久家	撫順炭鉱
	鶴田	鉄道関係

期	氏名	活躍の状況
	山県	経理部
	大平	北京事務所
	島田	鉄道部
	高久	鉄道部
	玉名	社会課
	恒見	鉄道部
	平原	
	原	
	小川	
	村田	外務省から転入して外事法制調査を実施。
	坂梨	中途転入
	大津	
22	小佐	用度部倉庫・購買課長に昇進。
	淵脇	鉄道部から華北交通に転出。
	中浜	調査課から秦皇島税関長に転じた。
	堀	商事部から日満商事に転じ、石炭燃焼という地味な研究に没頭した。
	奥村	総裁室、鉄道総局
	安武	鉄道部
	清田	鉄道部
	宮本	地方部、商事部
	酒家	奉天地方事務所、満業課長、昭和製鋼所部長になった。
	山本	撫順炭鉱・労務課・満洲国政府・満洲日日理事となった。
	山下	撫順炭鉱・撫順県副県長、終戦後撫順平頂山事件における日本軍の罪を負わされ、久保炭鉱長と共に亡くなった。
	松井	調査・情報畑からのちに、北京大使館副領事になった。
	林	終戦時、通化副市長で中共軍に拉致されたまま行方不明になった。
	宮地	鉄道部
	平野	上海事務所で調査・情報に活躍した。
	戸倉	上海事務所の調査マンで、その後満洲国郵政監察局に移り、協和会の部長時代、ソ連軍に抑留されハバロフスクで無念にも他界した。
	吉野	調査・情報にいた。
	浜田	
	市川	
	籠谷	
23	山崎	
	木付	情報畑から満洲国に転じ法制局参事官、吉林省警務庁長となり、国民勤労部時代ソ連に抑留された。
	鍋島	衛生課、満鉄病院、日赤病院を歴任した。

期	氏名	活躍の状況
	永野	情報課からマンチュリヤ・デイリー・ニュース理事となった。
	斎藤	調査課・鉄道総局資料課長等で重きをなし、満洲糧棧研究の権威でもある。
	植村	資料畑から鉄道高等学院教授となり『中国鉄道の現状』『一満鉄社員の手記』（槿花一朝の夢）等の著書がある。
	浜本	鉄道畑から北京・南京・香港の駐在調査員を経て、弘報課長となった。
	吉田	
24	平野	調査課から新京特別市公署に転じ、吉林副市長時代ソ連に抑留の憂き目にあった。
	小室	撫順炭鉱勤務。
	馬淵	撫順炭鉱勤務。
	吉野	鉄道部勤務。
	岡田	情報畑勤務。
	中島	
	徳山	
	佐々木	
	隈部	
25	中崎	業務畑で元気者。
	広瀬	華北交通石門の愛路部長に転じた。
	山口	満鉄の社歌の作者、中国社会の研究者。
	和田	金融調査に情熱を傾けた。
26	重松	鉄道畑勤務。
	平野	鉄道畑勤務。
	杉原	鉄道畑勤務。
	橋口	調査部勤務。
	石田	北支経済調査所関係で調査の企画・連絡のカギを握り、満洲経済年報を執筆。
	尾崎	早くから中国研究者として一家を成した。
	栗林	文書課から東辺道開発に転出した。
27	安斎	満鉄からの派遣生。包頭綏遠方面で土地開墾の基礎研究に没頭した学究。
	金田	満鉄からの派遣生。
	徳岡	満鉄からの派遣生。支那事変後、上海にいて情報活動で名を挙げた。
	水江	満鉄からの派遣生。
	数村	
	三吉	
	渡部	満洲青年学校からの入社。

期	氏名	活躍の状況
28	土井	
	奥村	満鉄からの派遣生。資料畑。
	坪川	満鉄からの派遣生。吉林・南京に駐在した調査マン。
	門井	満鉄からの派遣生。鉄道畑。
	浜中	満鉄からの派遣生。地方部から、北京留学、情報系に転じて、漢口に駐在。
	岡本	
	三好	
	小島	
	坂井	
	若林	
	諸冨	
	長谷川	華北交通に転じ、愛路課長で苦労した。
29	枝村	満鉄からの派遣生。
	鹿島	満鉄からの派遣生。
	中島	満鉄からの派遣生。
	田中	満鉄からの派遣生。
	中西	上海事務所にあって中共研究に専心した。
	中山　（清）	
	飯谷	
	稲葉	
	百々	
	荻原	
	中山　（高）	
	田子	
	吉岡	
30	及川	満鉄からの派遣生。
	迫田	満鉄からの派遣生。
	前田	満鉄からの派遣生。
	阿部	満鉄からの派遣生。
	金原	満鉄からの派遣生。
	内田	満鉄からの派遣生。
	林	
	甲斐	
	武藤	
	西木戸	
	大石	

期	氏名	活躍の状況
	藤次	
	和田	
	山本　（純）	
	代元	
	佐藤	
	林　　（忠）	
	泉	
	秋山	
	田村	
	下林	
	俵	
31	堀本	満鉄からの派遣生きっての名物男。
	松島	地方部勤務。
	山内	地方部勤務。
	羽立	撫順炭鉱勤務。
	森次	
	宮内	
	白石	
	谷	
	上原	
	由井	
	磯川	
	為藤	
	小松	
	清田	
	松井	
	富岡	
	山田	
32	下	
	室屋	
	佐藤	
	豊原	
	飯田	
	広川	
	橋口	
	折橋	
	小谷	

期	氏名	活躍の状況
	前田	
	岡	
	柴田	
33	近藤	
	日高	
	加藤	
	七沢	
	副島	
	竹本	
	石田	
	平島	
	玉置	
	望月	
	吉田	
	両角	
34	小倉	この期から、学徒通訳出陣が始まった。
	本村	
	谷口	
	秋本	
	増永	
	清水	
	穴沢	
	深川	
	藤岡	
	古河	
	西本	
	白山	
	坪上	
	榊	
	阿部	
35	服部	
	前田	
	長柄	
	斎藤	
	河島	
	松田	

期	氏名	活躍の状況
	魚山	
	田中	
	後藤	
	河合	
	田代	
	谷本	
36	古市	
	鹿毛	
	村岡	
	田中	
	牛島	
	手塚	
	浅川	
	大坪	
	樹野	
	湯下	
	横川	
37	奈良岡	
	尋木	
	今村	
	阿部	
	斎藤	
	佐藤	
	諸永	
	橋坂	
38	鶴田	昭和16年、大東亜戦争勃発の12月に繰り上げ卒業、多くは原籍地の連隊に入営。
	武藤	
	山根	
	伏木	
	木田	
	白柳	
	岡田	
40	信元	昭和18年、戦争は熾烈を加えた中で、40期生は9月に繰り上げ卒業。
	佐伯	
	高橋	

期	氏名	活躍の状況
	高田	
	清水	
41	平松	昭和18年10月、臨時徴兵検査が始まる。 満鉄からの派遣生。
	小松	満鉄からの派遣生。
	小倉	満鉄からの派遣生。
	立上	満鉄からの派遣生。
	西	満鉄からの派遣生。
	大空	満鉄からの派遣生。
42	坪井	ほとんどの学生は学徒出陣していた。 満鉄からの派遣生。
	日高	満鉄からの派遣生。
	西野	満鉄からの派遣生。
	今西	満鉄からの派遣生。
	今野	満鉄からの派遣生。
43	藤原	満鉄からの派遣生。
44	樋口	満鉄からの派遣生。
45	赤坂	
	松村	
	小川	

10 華北交通からの給費学生

　華北交通の設立は昭和14年4月、本社は北京。当初、同社の構成員のうち日本人の大半は満鉄から派遣されたもので、その中核をなす人材には書院出身者が多かった。そこで、総務局人事主幹・万沢正敏（21期）、養成主幹・渕脇巌（22期）、経理局主幹・山県彦三郎（21期）らの発案により、将来の幹部候補生確保の一環として、華北交通から同文書院に給費学生を派遣することが決まり、昭和15年・1940年から実施された。この事務担当は、総務局養成主幹室・豊原幸夫（32期）、次に斎藤洲臣（35期）に引き継がれ、終戦までその任に当たった。

期	氏名	活躍の状況
41	菊野	華北交通派遣生。
	伊藤	華北交通派遣生。
	小島	華北交通派遣生。

期	氏名	活躍の状況
42	伊藤	華北交通派遣生。
	平尾	華北交通派遣生。
	大坂	華北交通派遣生。
	大原	華北交通派遣生。
43	大門	華北交通派遣生。
	金岡	華北交通派遣生。
	樗木	華北交通派遣生。
44	今村	華北交通派遣生。
	橋本	華北交通派遣生。
	大坪	華北交通派遣生。
	佐々木	華北交通派遣生。

以上で「活躍する東亜同文書院卒業生の状況」は終了。

おわりに

　愛知大学東亜同文書院大学研究センターは、以前文部省に選定をうけた「オープン・リサーチ・センター」プロジェクトに続いて、2012年度からは文部科学省私立大学戦略的研究基盤形成支援事業の一環として、「東亜同文書院を軸とした近代日中関係史の新たな構築」というさらなるテーマで研究に着手した。この中で、①「近代日中関係史の再検討」、②「「大旅行調査」から見る近代中国像」、③「書院の教育と中国研究システム」、④「書院から愛知大学への接合性」、⑤「書院及び初期愛知大学卒業生の国際的就業」、の5グループを編成し、調査研究を進めてきた。

　本書は、上記⑤の「書院及び初期愛知大学卒業生の国際的就業」のグループの調査研究の成果に当たる。この成果を巡り、2017年1月22日に本学でシンポジウムを開催した。その成果は『同文書院記念報』Vol. 25の「別冊」として刊行されたが、会場からは様々なご意見をいただいた。それらも踏まえ、原発表の英語、中国語での論考についても日本語に直して分かりやすくし、さらに編者が、書院の旧制大学後の卒業生や戦時下の繰り上げ卒業生および繰り上げ進級生で、戦後の愛知大学や他大学への編入生たちの就業軌跡についての調査研究を新たな章として加え、ここに愛知大学東亜同文書院大学記念センター刊の叢書の一冊としてまとめ、刊行する運びとなった。

　したがって、本書は5人で6本の論考をまとめたことになる。「はじめに」にも紹介したように、それぞれを興味深くお読みいただき、書院の全体像を卒業生の就業軌跡からご理解いただければと思っている。すでに「はじめに」でふれたとおり、第1章のポール・シンクレア氏が書院のビジネススクールとしての中国語の語学教育は、世界でも先駆的であったと位置づけている点は、ビジネススクールとして書院教育の本質を解き明かしたものといえる。その点では書院教育は今日からみても十分に再評価出来るシ

ステムがあるといえ、そうした書院教育の結果としての就業軌跡が、第6章に集約されているといえるだろう。そして、書院生が率先して自主的に計画を立案し、実行した大旅行を始め、書院生のネットワークの強さ、獲得したコスモポリタン的性格と堂々たる実績などは、今日的なグローバル化の人材育成に資するという点で、もっと再評価されてよく、化石となった書院ではなく、生きている書院として今後ももっと見直していくべきであろうと思われる。

　最後に、本書をまとめ、刊行するに当たり、多くの方々にお世話になった。

　本書の執筆者にはお二人の海外の方々がおられ、インターネットの時代とはいえ、ご連絡など色々お世話になった。また、許雪姫先生の中国語の原論文は、執筆者の一人である石田卓生氏に翻訳をお願いし、見事な日本語論文となった。

　また、本学事務局の田辺勝巳研究支援課長には刊行経費などでお世話になった。さらに本書の藤田執筆分の卒業生のデータベースについては、元当センター事務職員の朝倉一七代氏にその作成をお手伝いいただいた。ゲラに至る原稿チェックでは、当センター事務職員の伊藤綾子氏と佐原陽子氏にお世話になった。

　最後に出版にあたっては、「株式会社あるむ」にお世話になった。とりわけ担当の寺西功一氏には、詳細なデータチェックの労と表紙編集などでもご苦労をおかけしたが、力量を発揮していただき、うまくまとめあげていただいた。心より厚くお礼申しあげる。

　以上、あわせてご協力いただいた皆様方に厚くお礼申しあげます。

　2020年3月6日

　　　　　　　　　　　　　　　　　　　　　　　　　　藤田佳久

執筆者紹介

《編者》

藤田佳久（Fujita Yoshihisa）

1940年愛知県生まれ。元愛知大学東亜同文書院大学記念センター長、同フェロー。
名古屋大学大学院博士課程中退。奈良大学助教授を経て愛知大学教授、同名誉教授。理学博士。
専門領域：地理学、東亜同文書院研究、中国の地域研究
主要著書・論文
　『東亜同文書院　中国大調査旅行の研究』（大明堂、2000年）
　『東亜同文書院生が描いた近代中国の地域像』（ナカニシヤ出版、2011年）
　『東亜同文書院　中国大調査旅行記録』1〜5（大明堂、不二出版、1994〜2011年）
　『東亜同文書院生が記録した近代中国』（あるむ、2007年）
　（編著）『日本人学徒たちの上海——上海日本中学校生と東亜同文書院生』（あるむ、2017年）

《執筆者》

ポール・シンクレア（Paul Sinclair）

カナダ・レジナ大学、ビジネス行政学部准教授。大阪大学外国語学部で PhD (2006)（「日本の高等教育機関における中国語教育の歴史的展開」）。トロント大学教育学部で MA。
主な著作
　「東亜同文書院とアメリカ海外貿易研究所とのカリキュラムの類似性について」（『東亜同文書院記念報』26、愛知大学）
　「漢語学事始め——明治初期の漢語学習を中心に」（『大学研究』23）
　「中国語教育の中の地域研究——大阪外国語大学の歴史からの検証」（『大阪外国語大学言語社会学会研究会報告書』5）
　ほかに中文、英文著作あり。

石田卓生（Ishida Takuo）

愛知大学東亜同文書院大学記念センター研究員。博士（中国研究）（愛知大学）。
専門：近代日中交流史、中国語教育史
著書：『東亜同文書院の教育に関する多面的研究』（不二出版、2019年）
共著：『歴史と記憶——文学と記録の起点を考える』（愛知大学国研叢書第4期第2冊、あるむ、2017年）
論文：「『華語萃編』初集にみる東亜同文書院中国語教育の変遷——統計的手法を援用した分析」（『中国研究月報』第72巻第2号、2018年）

許雪姫（Hsü Hsüeh-chi）

台湾中央研究院台湾史研究所特聘研究員兼所長。博士（国立台湾大学）。

専門：清代台湾制度史、台湾家族史、台湾人海外活動、二・二八事件、オーラル・ヒストリー

主要業績

共著：『近代日中関係史の中のアジア主義──東亜同文会・東亜同文書院を中心に』（あるむ、2017年）

『近代台湾の経済社会の変遷──日本とのかかわりをめぐって』（東方書店、2013年）

論文：「二戦前後在漢口的台湾人」（『台湾史研究』第26巻第1期、2019年）

小川 悟（Ogawa Satoru）

1935年名古屋市生まれ。1958年愛知大学卒業。1995年富士ゼロックス退職。

1995年表現技術研究所代表に就任「正しい文書の書き方、正しい敬語の話し方」指導。

1996年富士ゼロックス総合教育研究所専任講師として同講座を担当。

著書：『正しい文書の書き方』（日本経済新聞社、2002年（2012年日経文庫入り））

『正しい敬語の話し方』（日本経済新聞社、2009年）

所属：2012年日本寮歌振興会広報部長、NHK、各新聞社を担当

愛知大学東亜同文書院大学記念センター叢書

東亜同文書院卒業生の軌跡を追う

2020年3月30日　第1刷発行

編　者　　藤田 佳久
発　行　　株式会社 あるむ
　　　　　〒460-0012 名古屋市中区千代田3-1-12
　　　　　TEL (052)332-0861　FAX (052)332-0862
　　　　　http://www.arm-p.co.jp　E-mail: arm@a.email.ne.jp
　　　　　印刷／興和印刷　　製本／渋谷文泉閣

ISBN 978-4-86333-162-4　C3023